König / Volmer
Systemisch denken und handeln

System und Organisation · Band 10

Herausgegeben von Eckard König

Eckard König / Gerda Volmer

Systemisch denken und handeln

Personale Systemtheorie
in Erwachsenenbildung
und Organisationsberatung

Unter Mitarbeit von
Annette Bentler, Thorsten Bührmann,
Katja Luchte und Florian Söll

Beltz Verlag · Weinheim und Basel

(2005)

Eckard König, Dr. phil. habil., Jg. 44, hat einen Lehrstuhl im Institut für Erziehungswissenschaft an der Universität Paderborn mit den Arbeitsschwerpunkten Erwachsenenbildung/Weiterbildung, Organisationsberatung und Grundlagenforschung der Sozialwisssenschaften. Langjährige Beratungstätigkeit in unterschiedlichen Organisationen.
Anschrift: Universität Paderborn, Fachbereich 2, 33095 Paderborn

Dr. Gerda Volmer, Jg. 56, ist nach mehrjähriger Forschungs- und Projekttätigkeit Leiterin des Wissenschaftlichen Instituts für Beratung und Kommunikation in Paderborn. Arbeitsschwerpunkte sind Begleitung von Organisationsentwicklungsprozessen, Projektmanagement, Teamentwicklung, Coaching, Durchführung von Ausbildungen in Systemischer Organisationsberatung.
Anschrift: Neuhäuser Str. 108, 33102 Paderborn

Druck nach Typoskript

© 2005 Beltz Verlag · Weinheim und Basel
www.beltz.de
Druck: Druckpartner Rübelmann, Hemsbach
Umschlaggestaltung: Federico Luci, Odenthal
Umschlagabbildung: Corbis GmbH, Düsseldorf
Printed in Germany

ISBN 3-407-25359-1

Inhaltsverzeichnis

Kapitel 5: Personale Systemtheorie und Organisationsberatung....... 155

Vorwort

Systemtheorie gilt weithin als ein bloß theoretisches Unterfangen – auf der anderen Seite ist „systemisch" in Gefahr, eine bloße Leerformel für alle möglichen Vorgehensweisen zu sein. Dieses Buch verbindet die Systemtheorie und das praktische Handeln und zeigt, dass systemisches Arbeiten sowohl theoretisch fundiert als auch praktisch folgenreich ist.

Grundlage ist das im 1. Kapitel dargestellte Konzept der in der Tradition von Gregory Bateson entwickelten „Personalen Systemtheorie", das die Aufmerksamkeit sowohl auf die jeweiligen Personen des Systems als auch auf die Kommunikation, die sozialen Regeln, die Regelkreise, die Abgrenzung zur Systemumwelt und die bisherige Entwicklung richtet.

Probleme, so eine der Hauptthesen der Personalen Systemtheorie, ergeben sich aus dem Zusammenwirken der unterschiedlichen Faktoren eines sozialen Systems. Daraus ergibt sich als Aufgabe für das praktische Handeln, zunächst diejenigen Faktoren zu erkennen, die zu einem Problem geführt haben. Für die Lösung des Problems gibt es dann nicht nur eine Möglichkeit, sondern die Ansatzpunkte liegen auf den verschiedenen Ebenen des sozialen Systems. Was das in konkreten Situationen heißt, wird im 2. Kapitel dargestellt.

Das 3. Kapitel widmet sich forschungsmethodischen Konsequenzen des theoretisches Konzeptes der Personalen Systemtheorie. Zunächst werden hier Möglichkeiten der Erforschung sozialer Systeme aufgezeigt, um dann eine besondere Form, das Konstruktinterview, ausführlich darzustellen.

Die Kapitel 4 und 5 zeigen Konsequenzen der Personalen Systemtheorie in zwei Bereichen: der Erwachsenenbildung und der Organisationsberatung. Im Rahmen einer „systemischen Erwachsenenbildung" wird die Aufmerksamkeit auf die unterschiedlichen sozialen Systeme der Erwachsenenbildung, das Teilnehmersystem, das Auftraggebersystem, das Leitungssystem und das Veranstaltungssystem gelenkt. Zugleich erhält damit die klassische Forderung nach „Teilnehmerorientierung" eine neue Bedeutung. Im Rahmen von Organisationsberatung werden die Konzepte systemische Organisationsberatung, systemisches Coaching, systemische Organisationsentwicklung und systemische Schulentwicklung dargestellt und mit Hilfe von Fallbeispielen verdeutlicht.

Das abschließende 6. Kapitel schließlich befasst sich mit der Frage, wie sich systemisches Denken und Handeln lernen lässt: Erfolgreiches Handeln erfordert „Systemkompetenz" als die Fähigkeit, sich erfolgreich in einem sozialen System zu positionieren. Verdeutlicht wird dies anhand des Übergangs vom Studium in den Beruf: Systemkompetenz stellt für den erfolgreichen Berufseinstieg eine zentrale Voraussetzung dar, wobei es bei diesem Wechsel sozialer Systeme insbesondere darauf ankommt, das neue System zu „verstehen".

Grundlage dieses Buches sind zum einen unsere praktischen Erfahrungen in Erwachsenenbildung, Weiterbildung, Beratung und Coaching, zum anderen langjährige Forschungstätigkeit zu Fragen einer systemtheoretischen Grundlegung von Erwachsenenbildung und Organisationsberatung. Damit ist ein Buch entstanden, das ebenso die theoretischen Grundlagen als auch die praktischen Konsequenzen der Personalen Systemtheorie aufzeigt.

Paderborn, Frühjahr 2004

Eckard König, Gerda Volmer

Kapitel 1:   Grundlagen

1.1   Das Systemmodell der Personalen Systemtheorie

Eckard König

1.1.1   Rezeption der Systemtheorie in der Sozialwissenschaft

Das Ursache-Wirkungs-Denken ist unser klassisches Erklärungsmodell im Alltag: Wenn es Probleme mit einem Mitarbeiter gibt, fragen wir nach den Ursachen: Liegt es an der Persönlichkeit des Mitarbeiters, seiner fehlenden Motivation, am Verhalten der Vorgesetzten, an den Kollegen? Hat der Mitarbeiter eine falsche Aufgabe? Wenn Teilnehmer in einem Training unzufrieden sind: Liegt es an den Teilnehmern, am Thema, am Vorgehen des Trainers? Mit solchen Fragen setzen wir ein bestimmtes Denkmodell voraus, nämlich das Ursache-Wirkungs-Denken: Die Einstellung des Mitarbeiters, seine Aufgabe oder ein bestimmtes Verhalten anderer wären dann Ursache für bestimmte Wirkungen.

Seit den 40er Jahren werden zunehmend Zweifel an der Leistungsfähigkeit dieses Ursache-Wirkungs-Denkens deutlich. Offenbar lässt sich in komplexen Situationen nicht die Ursache definieren, sondern es wirken verschiedene Faktoren aufeinander:

– Für das Verhalten eines Mitarbeiters mögen seine Einstellung und vielleicht seine Aufgaben eine Rolle spielen, aber möglicherweise sind zugleich bestimmte Vorerfahrungen, das Verhalten der Vorgesetzten oder die Kollegen relevant.

– Probleme in einem Training lassen sich in der Regel nicht auf eine einzige Ursache zurückführen, sondern auch hier spielen wieder verschiedene Faktoren wie die Ziele der jeweiligen Teilnehmer, ihre Erwartungen, die Person des Trainers, seine Vorerfahrungen, aber auch besondere Randbedingungen wie die Ausstattung des Tagungsraumes usw. eine Rolle.

Diese Erfahrung führt seit der Mitte des 20. Jahrhunderts dazu, nach anderen Erklärungsmodellen für komplexe Prozesse zu suchen. Eben das ist der Ansatz für die Entstehung der Systemtheorie: „Immer mehr", so Ludwig von Bertalanffy, einer der

Begründer der Systemtheorie, „tritt uns auf allen Gebieten... das Problem der organisierten Kompliziertheit gegenüber, das anscheinend neue Denkmittel erfordert... Damit gelangen wir aber zur Systemtheorie" (Bertalanffy u.a. 1972, 20).

Seit den 70er Jahren werden zunehmend systemtheoretische Ansätze auch in den Sozialwissenschaften aufgegriffen. Zu nennen sind hier insbesondere:

- Der Rückgriff auf Systemtheorie in der Soziologie, insbesondere durch die Konzepte von Parsons (1976), Luhmann (1984) und Willke (1999; 2000; 2001)

- Der Rückgriff auf Systemtheorie in der systemischen Therapie (vgl. z.B. Schlippe/Schweitzer 2002) oder in der systemischen Beratung (z.B. Hahn/Müller 1995; Königswieser 2001; König/Volmer 2000; Palmowski 2002)

- Der Rückgriff auf Systemtheorie in der Psychologie (z.B. Tschacher 1990; 1997; Kriz 1999; Schiepek 1991)

- Der Rückgriff auf Systemtheorie in der Allgemeinen Pädagogik (z.B. Büeler 1994; Huschke-Rhein 1998; 2003; Reich 2002), in der Schulpädagogik (z.B. Käser 1993; Krüssel 1997; Voß 1997) oder in der Sozial- und Sonderpädagogik (z.B. Lüssi 2001; Speck 2003).

Dabei liegt jedoch die Schwierigkeit solcher Ansätze darin, dass es nicht „die Systemtheorie" gibt, sondern dass hier auf unterschiedliche Konzepte zurückgegriffen wird. Deutliches Beispiel dafür ist der Begriff „Selbstorganisation", auf den unterschiedliche Autoren immer wieder zurückgreifen (vgl. Bolbrügge 1997):

- In der Physik wird von Hermann Haken der Begriff „Selbstorganisation" im Zusammenhang mit der Lasertheorie eingeführt. Selbstorganisation bezeichnet dabei die Heranbildung räumlicher und zeitlicher Strukturen, die sich nicht prognostizieren lassen. Selbstorganisation besagt, so Haken, „dass ein- und dasselbe System ganz verschiedenartige Strukturen annehmen kann... Die entstehenden Strukturen werden ja dem System nicht außen aufgeprägt, es findet sie vielmehr von ganz alleine, d.h. eben durch Selbstorganisation" (Haken/Wunderlin 1991, 24).

- Im Rahmen der Biologie hat Humberto F. Maturana „Selbstorganisation" oder „Autopoiesis" definiert als Systeme, die sich selbst erzeugen: „Eine autopoietische Maschine ist eine Maschine, die als ein Netzwerk von Prozessen der Produktion (Transformation und Destruktion) von Bestandteilen organisiert (als Einheit definiert) ist, das die Bestandteile erzeugt, welche 1. aufgrund ihrer Interaktionen und Transformationen kontinuierlich eben dieses Netzwerk an Prozessen (Reaktionen), das sie erzeugte, neu generieren und verwirklichen, und die 2. dieses Netzwerk (die Maschine) als eine konkrete Einheit in dem Raum, in dem diese Bestandteile existieren, konstituieren (Maturana 1985, 184f.). Als Standardbeispiel für ein autopoietisches System führt Maturana die Zelle auf: „Eine Zelle ist ein Netzwerk chemischer Reaktionen, die Moleküle derart erzeugen, dass sie 1. durch ihre Interaktionen genau das Netzwerk an Reaktionen erzeugen bzw. an ihm rekursiv mitwirken, welches sie selbst erzeugte, und die 2. die Zelle als eine materielle Einheit verwirklichen" (Maturana 1985, 158).

– Rolf Huschke-Rhein versteht unter Berufung auf Maturana Autopiesis zunächst als Selbststeuerung: „Allgemein ist Autopoiesis ein Theorem für die interne Selbststeuerungsfähigkeit lebender und sozialer Systeme" (Huschke-Rhein 1998, 14). Bei der Übertragung auf Bildungspsrozesse wird Selbststeuerung jedoch als Ziel angesetzt: „Aus systemischer Sicht ist das Ziel der Bildungsprozesse die interne Fähigkeit eines Menschen oder einer Gruppe zur Selbstorganisation... Aufgabe der Erziehung ist demnach die Organisation der Förderung von Selbstorganisation, erstens durch andere Menschen und zweitens durch die pädagogischen Systeme" (Huschke-Rhein 1998, 15).

Je nach dem systemtheoretischen Verständnis wird hier „Selbstorganisation" anders erläutert: Bei Haken als Heranbildung von Strukturen, bei Maturana als die Fähigkeit eines Systems, sich selbst zu erzeugen, bei Huschke-Rhein als Bildungsziel.

In dieser Situation ist es sinnvoll, genauer zu unterscheiden, auf welches systemtheoretische Konzept man sich jeweils bezieht. Im groben lassen sich hier drei Konzepte unterscheiden (vgl. ausführlicher König/Zedler 2002, 171ff.):

– Die Allgemeine Systemtheorie in der Tradition von Ludwig von Bertalanffy

– Die soziologische Systemtheorie in der Tradition von Parsons, Luhmann und Willke

– Die Personale Systemtheorie in der Tradition von Gregory Bateson.

Diese drei Ansätze sollen im folgenden dargestellt werden.

1.1.2   Allgemeine Systemtheorie

Die ersten Entwürfe einer Systemtheorie standen unter der Erwartung, ein universelles Erklärungsmodell entwickeln zu können, das gleichermaßen Grundlage für unterschiedliche Disziplinen wie Mathematik und Technik, Biologie und Sozialwissenschaften bietet. Ludwig von Bertalanffy, einer der Begründer der sog. „Allgemeinen Systemtheorie", ist davon überzeugt, dass sich systemtheoretische Prinzipien auf unterschiedliche Gebiete anwenden lassen:

„Wie schon erwähnt, finden wir allgemeine Systemmerkmale auf den verschiedensten Gebieten: im lebenden Organismus, im Verhalten und in soziokulturellen Phänomenen... Daraus resultiert die auf den ersten Blick überraschende Tatsache, dass z.B. verallgemeinerte kinetische, formal identische Gesetze sich auf Gegebenheiten anwenden lassen, die so verschieden sind wie chemische Systeme, tierische und menschliche Gemeinschaften und Wirtschaftsprozesse. Andererseits unterstreicht dies den Wert der allgemeinen Systemtheorie für die Denkökonomie, indem Prinzipien, die auf einem Gebiet gefunden wurden, auf ein anderes, ungenügend bekanntes übertragen werden können" (Bertalanffy 1970, 126).

Die 50er und 60er Jahre sind die große Zeit der Allgemeinen Systemtheorie (vgl. Müller 1996). Zu nennen sind hier:

- Die 1955 gegründete Zeitschrift „General Systems", die sich als Forum des neuen Wissenschaftskonzeptes versteht und in der Autoren aus verschiedenen Disziplinen das theoretische Verständnis der Systemtheorie zu explizieren suchen.

- Die Arbeiten des Biologen Ludwig von Bertalanffy (1901 - 1972), der bereits in den 30er Jahren auf dem Hintergrund biologischer Forschung Systemtheorie proklamiert und dann in den 50er Jahren zu einem entscheidenden Begründer der Allgemeinen Systemtheorie wird (vgl. Bertalanffy 1968; 1970a).

- Als neuere Arbeit z.B. die „Allgemeine Systemtheorie" von Anatol Rapoport (1988), der in der Systemtheorie eine „Gegenströmung gegen die zunehmende Aufspaltung der Wissenschaft" sieht: „Befürworter der Allgemeinen Systemtheorie haben es sich zur Aufgabe gemacht, hinreichend allgemeine Prinzipien zu suchen, die sich auf viele verschiedene Zusammenhänge anwenden lassen: physikalische, biologische, psychologische und soziale" (Rapoport 1988, Vorwort).

Die Allgemeine Systemtheorie versteht sich als ein Gerüst von Grundbegriffen zur Beschreibung und Erklärung von Sachverhalten in unterschiedlichen Bereichen (vgl. Saldern 1998, v.a. 67ff.). Die zentralen Grundbegriffe sind „System", „Element", „Relation" und „Systemumwelt":

Ein „System" ist definiert als eine Menge von Elementen, zwischen denen Wechselwirkungen bestehen. Diese Definition wurde bereits 1955 von Hall/Fagen eingeführt: „A system is a set of objects together with relationships between the objects and between their attributes" (Hall/Fagen 1974, 127).

„Elemente" sind dann die einzelnen „Bestandteile", in die sich ein komplexes System zerlegen lässt: Zellkern und Zellplasma als Elemente des Systems Zelle, Thermostat und Heizkörper als Elemente des technischen Systems Heizung usw. Dabei ist nicht ein für allemal festgelegt, was Element und was System ist, sondern es von der Perspektive des Beobachters abhängt, was er als Element oder als System ansetzt (Bertalanffy 1949, 42ff.):

- Das Zellplasma kann nach der jeweiligen Perspektive als Element des umfassenderen Systems Zelle oder als eigenes System betrachtet werden, das dann wiederum in neue Elemente zerlegt wird.

- Vom physikalischen Standpunkt gliedert sich das Protoplasma in einzelne physikalische Partikel, vom chemischen Standpunkt in Fermente.

„Relationen" sind die Beziehungen, die zwischen Elementen bestehen, wobei der Regelkreis die typische Form darstellt: Im Unterschied zwischen dem klassischen Ursache-Wirkungs-Denken, in dem ein Element A auf ein Element B einwirkt, sind Systeme durch wechselseitige Beziehungen gekennzeichnet: Ein Element A wirkt auf B, zugleich aber (ggf. über mehrere Zwischenschritte) wirkt B auf A zurück: Klassisches Beispiel dafür ist der Regelkreis zwischen Thermostat und Heizung (Bertalanffy 1970, 117): Der Regler wirkt auf die Heizung, während zugleich die Heizung (vermittelt über ein Thermometer) den Regler beeinflusst. Daraus ergibt sich folgendes Grundmodell des Regelkreises: A wirkt auf B, und umgekehrt wirkt B auf A:

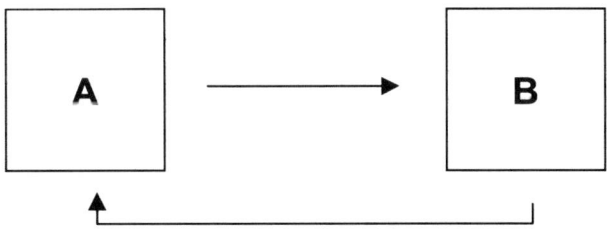

Jedes System ist durch eine Systemgrenze von der „Systemumwelt" abgegrenzt. Je nach der Durchlässigkeit lässt sich dabei zwischen offenen und geschlossenen Systemen unterscheiden:

– Bei geschlossenen Systemen (Standardbeispiel ist das Sonnensystem) erklärt sich der Zustand des Systems allein aus dem System heraus.

– Offene Systeme stehen im Austausch zu der Umwelt. Klassisches Beispiel ist die Flamme, die im Austausch mit der sie umgebenden Luft steht. Offene Systeme sind auch tierische, pflanzliche und menschliche Populationen. Das bedeutet aber auch, dass sie durch Einwirkungen von außen zerstört werden können.

Dieses System von Grundbegriffen ist in der späteren Diskussion noch um weitere Begriffe erweitert worden (vgl. z.B. Saldern 1991; Müller 1996):

– Emergenz: Ein System kann Eigenschaften annehmen, die sich nicht aus den Eigenschaften der Elemente erklären lassen: Das System ist mehr als die Summe der Teile.

– Homöostase: Systeme bewegen sich innerhalb gewisser Grenzen in einem Gleichgewichtzustand.

– Dissipative Strukturen: Ein System verändert seinen ursprünglichen Zustand und entwickelt sich auf einen neuen stabilen Zustand hin.

Doch was leistet die Allgemeine Systemtheorie für die Erklärung und Steuerung sozialer Systeme? Was sind die Konsequenzen für das praktische Handeln?

Wenn man sich die Literatur daraufhin betrachtet, so zeigt sich, dass insbesondere das Modell des Regelkreises übernommen wird: „Systemisches Denken heißt, anstatt in linearen Verläufen in Kreisläufen zu denken" (O'Connor/Mc. Dermott 1998, 45). Soziale Situationen lassen sich somit unter der Perspektive betrachten, welche Faktoren (Elemente) sich wechselseitig beeinflussen (ebd., 46):

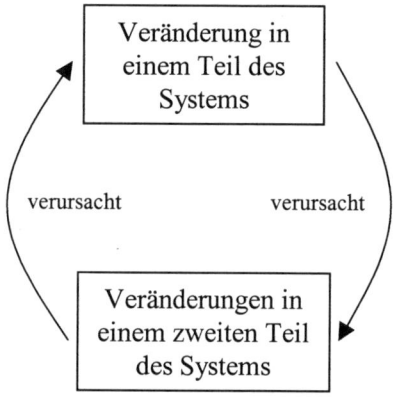

Beispiele aus dem Alltag sind z.B. Gesprächsverläufe. Das Verhalten des einen Gesprächspartners wirkt auf das des anderen und umgekehrt (ebd., 49):

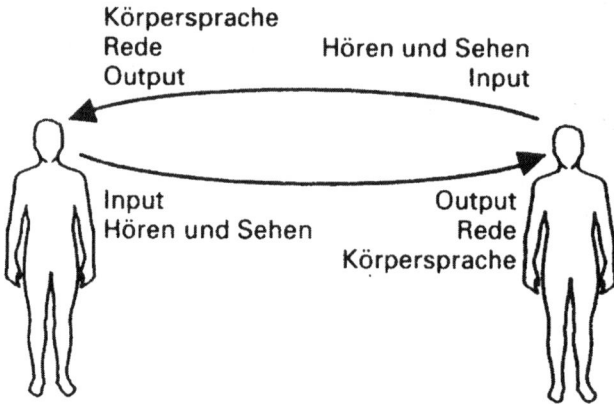

Häufig sind jedoch solche Regelkreise komplexer. So ist für Gilbert Probst der wirtschaftliche Erfolg eines Unternehmens häufig durch einen zentraler Regelkreis zwischen Verkauf, Ertrag, Innovation, Forschung und Entwicklung, neuen Produkten, Qualität der Produkte und Kundennutzen bestimmt (Gomez/Probst 1999, 77):

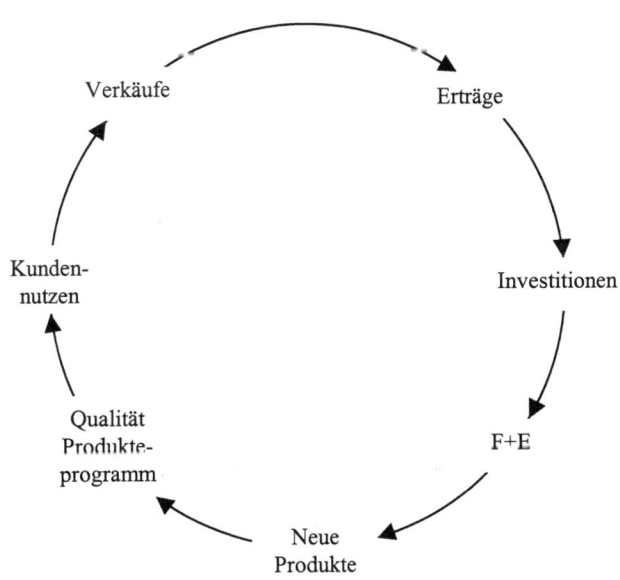

Dieser Regelkreis lässt sich dann im Blick auf ökologische Faktoren und soziale Verantwortung erweitern, so dass sich ein komplexer Regelkreis des Unternehmens ergibt (ebd., 80):

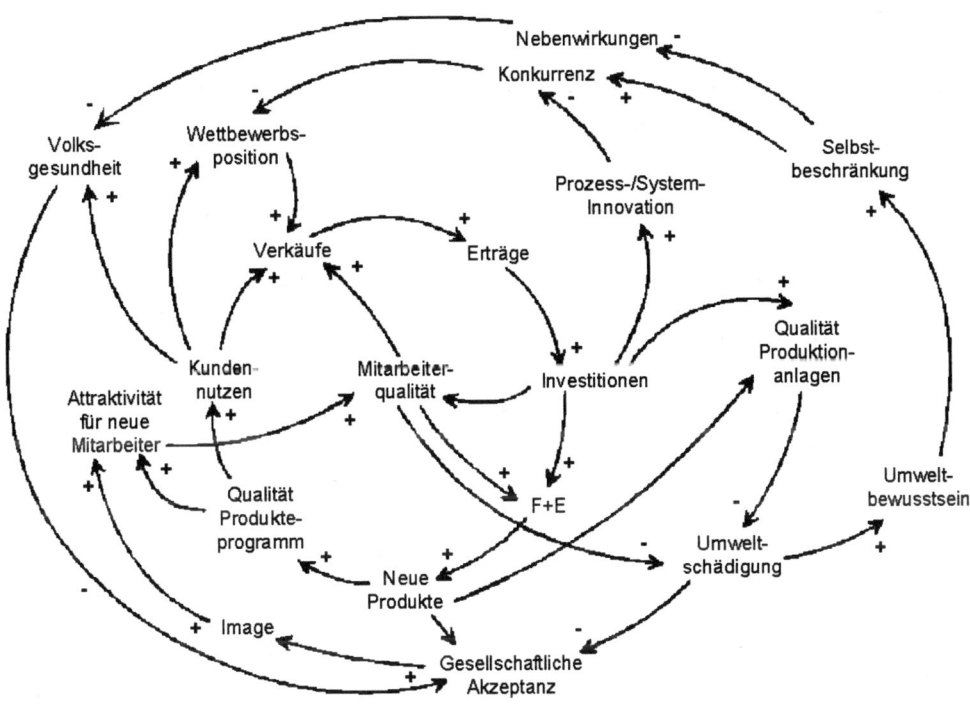

Der Vorteil eines solchen Modells liegt darin, dass es über das traditionelle Ursache-Wirkungs-Denken hinausführt: Es wird nicht nach „der" Ursache eines Problems gefragt, sondern die Aufmerksamkeit wird auf verschiedene Faktoren eines komplexen Systems und die dazwischen bestehenden Wechselwirkungen gerichtet.

Andererseits aber treten bei der Übertragung der Allgemeinen Systemtheorie auf soziales Handeln deutliche Probleme auf:

– Die Allgemeine Systemtheorie versteht sich als Universalwissenschaft, die für unterschiedliche Bereiche gleichermaßen Gültigkeit besitzt. Doch werden damit nicht zentrale Unterschiede zwischen technischen, biologischen, ökologischen, sozialen und politischen Systemen verwischt? Nützen Untersuchungen über technische Systeme bei der Bearbeitung von Konflikten in einem Team? Reagiert nicht das soziale System Team anders als z.B. ein Laser?

– Die Allgemeine Systemtheorie liefert ein Modell zur Erklärung von komplexen Sachverhalten. Aber sie sagt wenig über konkrete Interventionen: Was kann eine Trainerin konkret tun, wenn sie weiß, dass Probleme in einem Kurs aus einem Wechselkreis von der Thematik, ihrem Verhalten, der Eigendynamik des Teilnehmersystems und möglichen Randbedingungen resultieren? Was soll eine Beraterin tun, wenn sie weiß, dass Probleme in einem Team im Zusammenhang mit Leistungen des Teams, Erwartungen des Vorgesetzten und äußeren Anforderungen stehen? Benötigt man nicht hier weiterführende konkrete Hinweise?

1.1.3 Soziologische Systemtheorie in der Tradition von Niklas Luhmann

Seit den 60er Jahren wird zunehmend deutlich, dass Systemtheorie die Besonderheit unterschiedlicher Disziplinen berücksichtigen muss. In diesem Kontext entsteht die soziologische Systemtheorie, als ein Begriffsystem zur Beschreibung komplexer sozialer Situationen, wie sie insbesondere von Niklas Luhmann (1927 - 1998) entwickelt und dann von Helmut Willke (geb. 1945) weitergeführt wurde.

Im einzelnen ist die Systemtheorie Luhmanns, wie er sie insbesondere in dem Buch „Theorie sozialer Systeme" (Luhmann 1984, 30ff., ähnlich 1997, 16ff.) expliziert, durch folgende Grundbegriffe definiert (vgl. dazu u.a. Hohm 2000, 15ff.; Horster 1997, 55ff.; Krieger 1996):

– Im Unterschied zu traditionellen systemtheoretischen Ansätzen erfolgt die Einführung des Systembegriffs nicht auf der Basis der Unterscheidung von Element und Relation, sondern durch die Abgrenzung von System und Umwelt: „Als Ausgangspunkt jeder systemtheoretischen Analyse hat... die Differenz von System und Umwelt zu dienen. Systeme... konstituieren und sie erhalten sich durch

Erzeugung und Erhaltung einer Differenz zur Umwelt, und sie benutzen ihre Grenzen zur Regulierung dieser Differenz" (Luhmann 1984, 35; vgl. 1997, 60ff.).

- Die Unterscheidung zwischen System und Umwelt lässt sich auf verschiedenen Ebenen wiederholen. Innerhalb eines sozialen Systems führt diese Unterscheidung dann zur Systemdifferenzierung, d.h. zur „Wiederholung der Systembildung in Systemen" (Luhmann 1984, 37).

- Erst auf der Basis dieser terminologischen Bestimmungen werden Elemente eines sozialen Systems definiert: „Element ist also jeweils das, was für ein System als nicht weiter auflösbare Einheit fungiert" (Luhmann 1984, 43). Dabei hebt sich Luhmann nachdrücklich von der traditionellen Auffassung ab, dass ein soziales System aus Personen besteht, Personen zählen in Luhmanns Verständnis zur Umwelt sozialer Systeme. Element sozialer Systeme ist statt dessen jedes „Elementarereignis von Kommunikation" (ebd., 242). Das Sozialsystem Familie z.B. besteht dann, wie Luhmann im 5. Band der Soziologischen Aufklärung 1990 formuliert, „nicht aus Menschen und auch nicht aus 'Beziehungen' zwischen Menschen", sondern aus „Kommunikation und nur aus Kommunikation" (Luhmann 1990a, 197).

- Auf der Basis dieser terminologischen Bestimmungen werden dann zwei weitere Begriffe eingeführt, nämlich „Komplexität" und „Selbstreferenz". Komplexität zeichnet ein System aus, bei dem „auf Grund immanenter Beschränkungen der Verknüpfungskapazität nicht mehr jedes Element jederzeit mit jedem anderen verknüpft sein kann" (Luhmann 1984, 46). Ein Kommunikationsereignis kann also nicht auf alle Kommunikationsereignisse des sozialen Systems bezogen sein. Systeme müssen damit „Reduktion der Komplexität" leisten.

- Mit dem Begriff „Selbstreferenz" greift Luhmann den Begriff „Autopoiesis" im Anschluss an Maturana und Varela auf (Luhmann 1984, 57ff.). Ein System ist selbstreferenziell, „wenn es die Elemente, aus denen es besteht, als Funktionseinheiten selbst konstituiert" (ebd., 59). Im Band 6 der Soziologischen Aufklärung heißt es: „In diesem Sinne ist ein Kommunikationssystem ein autopoietisches System, das alles, was für das System als Einheit fungiert, durch das System produziert und reproduziert... Nur Kommunikation kann Kommunikation beeinflussen" (Luhmann 1995, 118).

Bei der Frage nach der Leistungsfähigkeit der soziologischen Systemtheorie ist zu bedenken, dass Luhmann in seinen Arbeiten eine soziologische Perspektive zugrundelegt, wobei es nicht um die Entwicklung von Handlungsmöglichkeiten für Erwachsenenbildung, Beratung und Therapie geht. Damit besitzt Luhmanns Systemtheorie für handlungsleitende Disziplinen heuristischen Wert, indem sie die Aufmerksamkeit auf besondere Sachverhalte sozialer Systeme lenkt: Reduzierung von Komplexität ist zweifelsohne ein Thema bei dem Umgang mit einer Flut von E-Mails, die Frage nach der Systemgrenze zwischen Team und Vorgesetztem ein Thema von Organisationsberatung.

Auf der anderen Seite aber versperrt Luhmanns Systemtheorie den Zugang zu spezifisch praktischen Fragestellungen:

– Indem Kommunikation und nicht Personen als Elemente sozialer Systeme definiert werden, rückt die Person des Erwachsenen, des Teilnehmers im Seminar, des Mitarbeiters oder des Vorgesetzten in den Hintergrund. Jürgen Habermas hat schon 1971 an Luhmann kritisiert, dass seine Theorie sozusagen „die Hochform eines technokratischen Bewusstseins" darstellt, „das... praktische Fragen als technische der Diskussion zu entziehen gestattet" (Habermas 1971a, 145f.).

– Luhmanns Systemtheorie generiert keine Methodik praktischer Intervention. Das bedeutet z.B. für Beratung, so Thorsten Groth (1996, 99), dass ein Berater mit der Frage nach gezielter Intervention sich als „professioneller Interventionist" von einer strengen, an Luhmann angelehnten Systemtheorie zwangsläufig entfernt.

Die Systemtheorie von Luhmann ist zwischenzeitlich insbesondere durch Helmut Willke weiterentwickelt worden, wobei in stärkerem Maße Fragen der praktischen Konsequenzen in den Blick kommen.

Willke definiert „System" im Anschluss an Luhmann nicht auf der Basis von Elementen, sondern mit Rückgriff auf die Abgrenzung von System und Umwelt: „Damit wird in aller Deutlichkeit herausgestellt, dass Systemtheorie notwendigerweise System-Umwelt-Theorie sein muss; denn die Funktion der Systembildung... lässt sich nur rekonstruieren, wenn der Bezugspunkt der Analyse außerhalb des Systems liegt: in der Relation zwischen Umwelt und System" (Willke 2000, 6). Daraus ergibt sich, dass auch für Willke die Kommunikation Element sozialer Systeme ist: Soziale Systeme bestehen „nicht aus konkreten Menschen, sondern aus Kommunikationen" (Willke 2000, 41).

Willke liefert im Unterschied zu Luhmann jedoch nicht nur ein Begriffsystem zur Beschreibung komplexer sozialer Prozesse, sondern versucht, auf der Basis dieses Begriffsystems Grundsätze für die Intervention in sozialen Systemen zu entwickeln. Der 2. Band seiner „Systemtheorie" ist mit dem Titel „Interventionstheorie" überschrieben und stellt – im Anschluss an Autoren wie Forrester, Senge oder Peters - eine Reihe von Maximen für praktisches Handeln zusammen (Willke 1999, 72ff., 182, 188). Exemplarisch seien hier einige dieser Maximen aufgeführt:

– „Komplexe Systeme reagieren auf die Veränderung vieler Systemparameter bemerkenswert gering: hier sind Interventionen weitgehend bedeutungslos."

– „Jedes System hat Stellen oder Druckpunkte..., auf die es sehr sensibel reagiert."
„Je stärker du drückst, desto stärker schlägt das System zurück."

– „Langsamer ist schneller."

– „More competition requires more cooperation."

– "Higher quality comes with fewer inspectors."

Zweifelsohne sind solche Maximen plausibel. Aber sie bleiben recht allgemein: Wie genau lassen sich die Druckpunkte eines sozialen Systems herausfinden? Was genau heißt, langsamer vorzugehen? Darüber hinaus: Muss man nicht, wenn man nach möglichen Interventionen fragt, die einzelnen Menschen des sozialen Systems mehr in den Blick nehmen und sie als handelnde Personen betrachten, die ein System verändern können? Doch eben damit wären sie nicht mehr Teil der Systemumwelt, sondern Teil des Systems selbst. Eben das ist der Ausgangspunkt für die Entstehung eines dritten systemtheoretischen Konzeptes, der Personalen Systemtheorie.

1.1.4 Personale Systemtheorie in der Tradition von Gregory Bateson

Ein drittes systemtheoretisches Konzept wurde von dem Anthropologen Gregory Bateson begründet. Bateson (1904 - 1980) studierte in Cambridge Biologie und Anthropologie und nahm dann an einer Reihe anthropologischer Expeditionen teil. In den 40er Jahren kam er in Kontakt mit der Allgemeinen Systemtheorie. Sein 1951 zusammen mit dem Psychiater Jürgen Ruesch verfasstes Buch „Kommunikation" stellt den Versuch dar, die Allgemeine Systemtheorie auf soziale Systeme bzw. die Kommunikation in sozialen Systemen zu übertragen.

Ab 1952 arbeitete Bateson zusammen mit dem Therapeuten John Weakland und Jay Haley in Palo Alto/Kalifornien an einem Forschungsprojekt der Rockefeller Foundation über „Paradoxien der Abstraktion in der Kommunikation". Dabei gelangte er in Kontakt mit einer zweiten Forschungsgruppe mit John D. Jackson, Virginia Satir, Paul Watzlawick, die (ebenfalls in Palo Alto) ein Projekt über „Homöostase in der Familie" durchführten. In der Folge entwickelte sich daraus eine enge Zusammenarbeit, in der eine deutlich auf praktisches Handeln ausgerichtete Systemtheorie entstand (vgl. Lutterer 2002; Marc/Picard 1991).

Bateson übernimmt die Hauptthese der Allgemeinen Systemtheorie, der zufolge Probleme nicht aus einer einzigen Ursache resultieren, sondern aus dem Zusammenspiel verschiedener Faktoren eines Systems. Er betrachtet dabei aber (im Unterschied zur soziologischen Systemtheorie in der Tradition von Luhmann) die handelnden Personen ausdrücklich als Elemente des jeweiligen Systems. So resultieren psychische Probleme von ehemaligen Korea-Kriegsgefangenen (das war das ursprüngliche Forschungsthema der Arbeitsgruppe) daraus, wie andere Personen mit ihnen umgehen. Probleme eines Mitarbeiters können etwas mit der Beziehung zwischen zwei Vorgesetzten zu tun haben, die ihre Konflikte auf dem Rücken des Mitarbeiters austragen.

Im Unterschied zur soziologischen Systemtheorie in der Tradition von Luhmann ist die Systemtheorie in der Tradition von Bateson von Anfang an auf praktische Zwecke ausgerichtet: Ziel ist es, neue Ansatzpunkte für therapeutische Praxis zu gewinnen. Virginia Satir, aber auch andere Therapeuten hatten Anfang der 50er Jahre in deutlichem Gegensatz zu der damalig herrschenden psychotherapeutischen Lehre begonnen, nicht nur mit einzelnen, sondern mit Familien zu arbeiten. Der Rückgriff auf die Systemtheorie im Anschluss an die Überlegungen Batesons stellt den Versuch dar, dieses praktische Vorgehen theoretisch zu legitimieren: „...wir bewegten uns auf völlig neuem Gebiet. Es war ängstigend, sich über die Grenzen des Erlaubten hinauszuwagen, denn wir setzten theoretisch und manchmal buchstäblich unser berufliches Ansehen aufs Spiel" (Satir in: Jürgens/Salm 1994, 405).

Nach dem zusammen mit Ruesch verfassten Buch „Kommunikation" hat Bateson noch in verschiedenen, relativ schwer lesbaren Abhandlungen versucht, sein systemtheoretisches Konzept weiter zu explizieren (z.B. Bateson 1982; Bateson/Ruesch 1995). Bekannt geworden ist sein Konzept jedoch erst durch das Buch „Menschliche Kommunikation" von Paul Watzlawick, Janet H. Beavin und Don D. Jackson (Watzlawick u.a. 1969). Die hier dargestellten „Axiome menschlicher Kommunikation" sind nichts anderes als eine allgemein verständliche und mit zahlreichen eingängigen Beispielen illustrierte Zusammenfassung der Systemtheorie Batesons.

Batesons Ansatz wurde zunächst in der systemischen Familientherapie weiterentwickelt, wobei das Schwergewicht weniger auf der theoretischen Klärung des Modells, sondern insbesondere auf der Entwicklung neuer systemischer Interventionsmöglichkeiten lag. Anfang der 90er Jahre haben dann Eckard König und Gerda Volmer im Zusammenhang mit der Entwicklung eines Konzeptes Systemischer Organisationsberatung explizit auf Batesons Systemtheorie zurückgegriffen und sie zu einer „Personalen Systemtheorie" weiterentwickelt. Darüber hinaus gibt es mittlerweile eine Reihe weiter Publikationen, die explizit (auch) auf Batesons Konzept zurückgreifen, um Verfahren zur Lösung komplexer Probleme zu entwickeln. Exemplarisch seien hier die Ansätze von Joseph O'Connor und Ian McDermott „Die Lösung lauert überall" (1998) sowie Martin Lehner und Falko E.P. Wilms „Systemisch denken – klipp und klar" (2002) genannt. O'Connor/McDermott sehen die Hauptansatzpunkte für die Lösung komplexer Probleme auf zwei Ebenen: der Ebene der Rückkopplungskreisläufe und der mentalen Modelle. Lehner/Wilms stellen eine Reihe von Instrumenten zur Lösung komplexer Probleme zusammen, die dann an Alltagssituationen verdeutlicht werden.

Bateson übernimmt zunächst den Systembegriff der Allgemeinen Systemtheorie, wenn er bei Systemen zwischen den einzelnen Teilen (Elementen), der Systemumwelt und den zirkulären Strukturen unterscheidet. Er verdeutlicht das an dem Beispiel einer Maschine: „Stellen Sie sich eine Maschine vor, an der wir, sagen wir, vier Teile unterscheiden, die ich locker als 'Schwungrad', 'Regler', 'Treibstoff' und Zylinder' bezeichne. Überdies ist die Maschine... mit der äußeren Welt verbunden... Die Maschine ist in dem Sinne zirkulär, dass das Schwungrad den Regler antreibt, der die Treibstoffzufuhr verändert, welche den Zylinder versorgt, der seinerseits das Schwungrad antreibt" (Bateson 1982, 129f.).

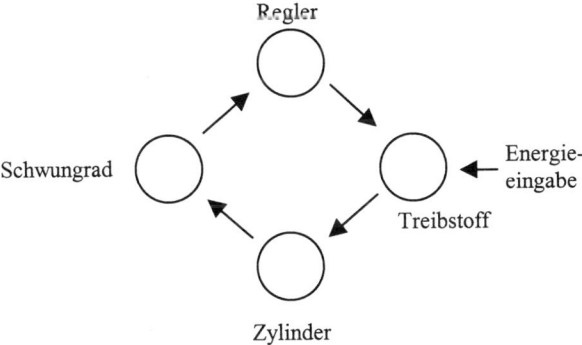

Bei der Übertragung auf soziale Systeme definiert Bateson die Personen als Elemente: Soziale Systeme, so Bateson, bestehen aus „teilnehmenden Individuen" (Bateson/Ruesch 1995, 305). Als Beispiele werden Familien, Patienten-Systeme oder politische Parteien aufgeführt. „Elemente" des sozialen Systems „Partei" sind Geschäftsführer, Verwaltungsassistenten, Mitglieder des Komitees und technische Ratgeber (ebd., 174ff.).

Der Unterschied zwischen sozialen und technischen Systemen liegt jedoch darin, dass die Personen nicht einfach reagieren, sondern die Situation deuten und auf der Basis dieser Deutung handeln. Bateson gibt dafür folgendes Beispiel: Man stelle sich vor, eine Person A gebe irgendeinen Laut von sich. Wenn eine Person B die Absicht hat, sich mit A's Hinweisen zu befassen, muss B dieses Verhalten deuten: Handelt es sich um eine „Drohung, eine sexuelle Annäherung, eine erzieherische Geste oder einen Hinweis auf die Zugehörigkeit zu derselben Spezies?" (Bateson 1982, 144). Wenn B das Verhalten von A als Drohung deutet, wird er anders handeln, als wenn er es z.B. als erzieherische Geste oder als sexuelle Annäherung interpretiert

Damit greift jedoch Bateson nicht auf systemtheoretische Überlegungen, sondern auf die sog. Handlungstheorie (vgl. dazu u.a. König/Zedler 2002, 85ff; Münch 2003) zurück. Hauptthese ist hier, dass Menschen handelnde Personen sind, d.h. dass sie sich Gedanken über ihre Situation machen und auf der Basis dieser Überlegungen handeln: Ein Mitarbeiter z.B. ist deshalb unmotiviert, weil er seine Arbeit langweilig findet, sich vielleicht von seinem Vorgesetzten abgelehnt fühlt usw.

Der Rückgriff auf die Handlungstheorie kennzeichnet die Veränderung der Allgemeine Systemtheorie zu einer „Personalen Systemtheorie", bei der die Personen nicht der Systemumwelt zugeordnet und damit aus der Betrachtung ausgeschlossen werden, sondern bei der die handelnden Personen entscheidender Teil des Systems selbst sind. Die Merkmale dieser „Personalen Systemtheorie" sollen im folgenden dargestellt werden.

(1) Das Verhalten eines sozialen Systems ist bestimmt durch die jeweiligen Personen.

Wenn es darum geht, in sozialen Systemen mit Menschen zu arbeiten, sie zu beraten, zu qualifizieren, mit ihnen Konflikte auszutragen, dann muss die Aufmerksamkeit zunächst auf die Personen als dem wesentlichen Teil des sozialen Systems gerichtet sein. Damit werden Personen Elemente des jeweiligen sozialen Systems.

Dabei ist nicht von außen und nicht ein für allemal eindeutig abzugrenzen, welche Personen zu dem System gehören. Ob z.B. in einer Familie die Großmutter oder die bereits ausgezogene erwachsene Tochter zu dem System zählen, ist nicht aus theoretischen Kriterien ableitbar, sondern ergibt sich nur im Blick auf eine konkrete Situation: Bei Konflikten in der Familie mag es sein, dass die Eltern, möglicherweise aber auch die Großmutter oder die nicht mehr in der Familie lebende Tochter eine entscheidende Rolle spielen. Je nachdem sind die Personen des sozialen Systems zu definieren. Gleiches gilt für andere Systeme: Konflikte in einem Team können durch die Teammitglieder verursacht sein, aber auch im Zusammenhang mit dem Vorgesetzten, mit einem ehemaligen Teammitglied, einer Stabsstelle entstehen – jeweils ist das entsprechende soziale System anders zu definieren.

(2) Das Verhalten eines sozialen Systems ist bestimmt durch die subjektiven Deutungen der jeweiligen Personen.

Das Verhalten eines sozialen Systems ist abhängig von den, wie wir im Folgenden formulieren, „subjektiven Deutungen", d.h. den Gedanken, die sich Menschen über die Wirklichkeit machen, aber auch von ihren Einstellungen, Befürchtungen und Zielen.

Watzlawick erläutert diese für die Personale Systemtheorie zentrale These in drei seiner Axiome:

1. Axiom: Man kann nicht nicht kommunizieren.
Jedes Verhalten in einem sozialen System wird gedeutet: Wenn von zwei Flugpassagieren sich der eine, A, unterhalten will und der andere, B, aber nicht, dann hat B drei Möglichkeiten: B kann dem anderen klar machen, dass er an einem Gespräch nicht interessiert ist, B kann auch nachgeben, oder B kann versuchen, „die eigenen Aussagen oder die des Partners zu entwerten" - in jedem Fall aber teilt er dem anderen etwas mit bzw. sein Verhalten wird von A gedeutet (Watzlawick u.a. 1969, 74f.).

4. Axiom: Menschliche Kommunikation bedient sich digitaler und analoger Modalitäten.
Digital und analog lässt sich im Groben mit verbal und nonverbal übersetzen: Gedeutet wird in sozialen Systemen nicht nur das, was der andere sagt, sondern ebenso, wie er es sagt bzw. wie er sich körpersprachlich verhält. Eine Abwendung kann als

Ablehnung oder als Zeichen von Eile gedeutet werden, ein Näherkommen als Zuwendung oder als Angriff.

2. Axiom: Jede Kommunikation besitzt einen Inhalts- und einen Beziehungsaspekt.

Dieses Axiom ist eine Konkretisierung des ersten Axioms: Verhalten wird sowohl im Blick auf den Inhalt als auch im Blick auf die Beziehung zwischen den beteiligten Personen gedeutet. Ein klassisches Beispiel führt Schulz von Thun (1981, 25) auf: Zwei Personen fahren in einem Auto. Der Beifahrer sagt zur Fahrerin: „Du, da vorne ist grün!". Die Antwort darauf lautet: „Fährst Du oder fahre ich?"

Die Äußerung „Du, da vorne ist grün!" ließe sich zunächst auf einer inhaltlichen Ebene als Information über einen Sachverhalt deuten und würde dann eine Antwort erwarten lassen wie „ich sehe es" oder „es wird aber gleich rot". Die Antwort der Fahrerin zeigt aber, dass sie die Äußerung im Blick auf die Beziehung deutet: „du kannst nicht richtig fahren", „fahr schneller".

Schulz von Thun (1981, 25ff.) hat dieses 2. Axiom noch weiter ausdifferenziert, indem er zwischen Sachinhalt, Selbstoffenbarung, Beziehung und Appell unterscheidet. Jede Äußerung lässt sich deuten

- im Blick auf den Inhalt: Welcher Sachverhalt wird dargestellt?

- im Blick auf die Selbstoffenbarung: Was gibt der Sprecher über sich selbst zu verstehen: „ich bin...".

- im Blick auf die Beziehung: Was sagt der Sprecher über den Gesprächspartner: „du bist...".

- im Blick auf den Appell: Welche Aufforderung ist mit der Äußerung verbunden: „du solltest...".

In Bezug auf obiges Beispiel könnten sich nach Schulz von Thun (1981, 31) damit folgende Deutungen der Äußerung ergeben:

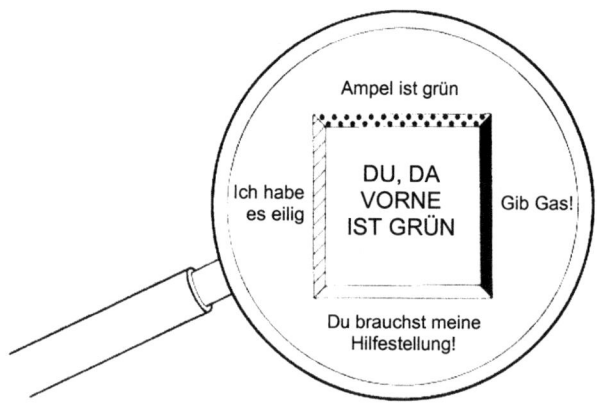

Dabei können die Deutungen verschiedener Personen durchaus unterschiedlich sein: Die Deutung, die der Sprecher bei seiner Äußerung beabsichtigt, muss keineswegs mit der Bedeutung übereinstimmen, die der Empfänger dieser Äußerung gibt. Schulz von Thun (1981, 62) verdeutlicht dies an der Kommunikation eines Ehepaars „Was ist das Grüne in der Suppe?":

„Nehmen wir an, der Mann habe eine reine Informationsfrage stellen wollen (Kapern sind ihm unbekannt). Wir können dann den geschilderten Vorfall analysieren, indem wir die gesendete und die empfangene Nachricht einander gegenüberstellen: Reagieren konnte die Frau natürlich nur auf die empfangene Nachricht. Da ihre Antwort auf den Beziehungsteil der Nachricht gerichtet war, wird das Missverständnis sofort offenbar und damit auch prinzipiell reparabel. Anders wäre es gewesen, wenn die Frau – innerlich wütend und verletzt, aber dennoch bemüht, sachlich zu bleiben – knapp geantwortet hätte: ‚das sind Kapern'. Weder für den Mann noch für die Frau noch für einen Außenstehenden wäre offenkundig, dass sich hier ein Missverständnis ereignet hat... Vielfach aber bleiben solche verdeckten Missverständnisse unaufgeklärt und stören künftig die Beziehung aus dem Verborgenen" (Schulz von Thun 1981, 62f.).

Die These, dass das Verhalten eines sozialen Systems von subjektiven Deutungen der betreffenden Personen abhängt, markiert den entscheidenden Grundsatz der Personalen Systemtheorie und zugleich die Abgrenzung sozialer Systeme von technischen und biologischen Systemen: Das Verhalten einer Familie ist dadurch bestimmt, was die Familienmitglieder voneinander denken, das Verhalten eines Teams davon, wie die Teammitglieder sich, ihre Aufgaben und andere Personen einschätzen bzw. wie sie von anderen eingeschätzt werden.

(3) Das Verhalten eines sozialen Systems ist von sozialen Regeln bestimmt.

Diese These markiert einen weiteren Unterschied zwischen sozialen Systemen und technischen Systemen: Technische Systeme sind von Naturgesetzen geleitet, soziale Systeme dagegen von sozialen Regeln:

„Jede soziale Situation ist bestimmt von expliziten oder impliziten Regeln; diese Regeln mögen in der Eingebung des Augenblicks für eine bestimmte Situation geschaffen worden sein, oder sie können das Ergebnis von Tradition von Jahrhunderten sein... Die Bedeutung von Regeln, Regulationen und Gesetzen ist am besten zu verstehen, wenn man an ein Kartenspiel denkt, an dem mehrere Personen beteiligt sind. Die Kommunikationskanäle sind vorgeschrieben, die Abfolge der Botschaften ist reguliert und ihre Wirkungen überprüfbar. Die Regeln erklären auch, dass bestimmte Botschaften zu bestimmten Zeiten an bestimmte Leute nicht erlaubt sind und dass denen, welche die Regeln brechen, bekannte Strafen auferlegt werden. Darüber hinaus gibt es immer Vorschriften über den Beginn des Spiels, die Aufteilung von Funktionen auf Rollen und die Beendigung des Spiels" (Bateson/Ruesch 1995, 39f.).

Bezogen z.B. auf das Skatspiel: Es gibt Regeln, die festlegen, wer anfangen darf, dass man bestimmte Karten zugeben muss, was Trumpf ist usw.

Watzlawick führt in den Axiomen „Regel" nicht als eigenen Grundbegriff der Systemtheorie ein, macht aber immer wieder davon Gebrauch. Ein Beispiel dafür ist die Episode eines Ehepaares, das über den Besuch eines Freundes ins Streiten gerät:

„Ein Ehepaar berichtet in seiner gemeinsamen Psychotherapiesitzung folgenden Vorfall. Als der Mann am Vortag allein daheim war, erhielt er den Anruf eines guten Freundes, der ihm mitteilte, dass er (der Freund) demnächst geschäftlich in jener Gegend zu tun habe. Der Ehemann bot ihm sofort das Gästezimmer in seinem Haus an, wie er und seine Frau es schon früher bei ähnlichen Gelegenheiten getan hatten. Als seine Frau jedoch bei Rückkehr von dieser Einladung erfuhr, kam es zu einem heftigen Ehestreit. In der Sitzung ergibt sich, dass sich die beiden über die Selbstverständlichkeit der Einladung des Freundes völlig einig sind und dass daher auch die Frau nicht anders gehandelt hätte, wenn sie zur Zeit des Anrufs daheim gewesen wäre. Die beiden sind überrascht, feststellen zu müssen, dass sie sowohl dieselbe Meinung als auch eine grundlegende Meinungsverschiedenheit über ein und denselben Sachverhalt haben. In Wirklichkeit handelt es sich um zwei ganz verschiedene Sachverhalte. Der eine betrifft die Einladung als solche, und darüber können sie digital kommunizieren, der andere dagegen einen ganz spezifischen Aspekt ihrer Beziehung - nämlich die Frage, ob einer von ihnen das Recht hat, eine Initiative ohne Befragung des anderen zu ergreifen" (Watzlawick u.a. 1969, 79).

Uneins sind sich die Ehepartner nicht über den Inhalt, sondern über die Regeln, die die Beziehung definieren: Hat ein Partner das Recht, einen anderen ohne Absprache einzuladen?

Soziale Regeln sind durch folgende Merkmale gekennzeichnet (vgl. König/Volmer 2000, 183ff.):

– **Soziale Regeln sind Handlungsanweisungen, die festlegen, was man in einer Situation tun soll, tun darf oder nicht tun darf**

Beispiele für soziale Regeln wären etwa:

„Besucher haben sich beim Pförtner zu melden!"

„In Ortschaften darf nicht schneller als 50 km pro Stunde gefahren werden!"

„Wenn der Vorgesetzte ruft, lass alles stehen und liegen und gehe sofort hin!"

„Teilnehmer dürfen während des Referates Fragen stellen!".

Regeln sind keine einmaligen Aufforderungen, sondern gelten generell, d.h. für alle Situationen von einem Typ S. Die Aufforderung des Vorgesetzten „kommen Sie bitte sofort zu mir" ist keine Regel, wohl aber die generelle Anweisung „wenn der Vorgesetzte ruft, muss der Mitarbeiter sofort kommen!".

– **Soziale Regeln können explizit festgelegt sein oder unterschwellig Geltung besitzen**

Bei Regeln denkt man zunächst an Vorschriften in Gesetzestexten, Hausordnungen, Arbeitsplatzbeschreibungen usw. Auch die Organisation eines Unternehmens wie z.B. die Gliederung in verschiedene Führungsebenen ist durch Regeln gekennzeichnet, die z.B. festlegen, wer welche Kompetenzen und Zuständigkeiten besitzt. Ebenso ist z.B. der offizielle Ablauf einer Prüfung durch Regeln bestimmt. Daneben gibt es jedoch eine Fülle „geheimer" Regeln, d.h. Regeln die nirgendwo schriftlich fixiert sind, die möglicherweise offiziellen Regeln entgegenstehen, aber zugleich höchst wirksam sind (vgl. Scott-Morgan/Little 1995). Solche geheimen Regeln können z.B. sein „widersprich nie deinem Vorgesetzten!", „wag dich nicht zu weit vor!", „vertritt in einer Prüfung keine andere Meinung als dein Prüfer!".

– **Soziale Regeln sind durch Sanktionen gestützt**

Die Regel „in Ortschaften darf nicht schneller als 50 km pro Stunde gefahren werden!" wird dadurch sanktioniert, dass derjenige, der diese Regel übertritt, ein Bußgeld zahlen muss oder den Führerschein entzogen bekommt. Wer die Regel „widersprich nie deinem Vorgesetzten!" übertritt, wird möglicherweise durch einen kritischen Blick oder Kritik des Vorgesetzten sanktioniert, wer sie befolgt, erhält Zustimmung des Vorgesetzten oder vielleicht schnelle Beförderung. Sanktionen sind Konsequenzen, die die Befolgung einer Regel absichern. Sanktionen können, das zeigen die Beispiele, positiv oder negativ sein und reichen von einem zustimmenden oder kritischen Blick bis zu Unterstützung, guten Beurteilungen,

Beförderung auf der einen Seite bzw. massiver Kritik, Ablehnung oder Kündigung auf der anderen Seite.

- **Soziale Regeln gelten innerhalb eines bestimmten Geltungsbereichs**

  Der Geltungsbereich von Regeln kann unterschiedlich groß sein. So gibt es kulturspezifische Regeln, die für eine gesamte Kultur gelten und die jemand neu lernen muss, der z.B. von Europa nach Südostasien umzieht. Es gibt Regeln, die allgemein für Vorträge gelten (z.B. dass die Referentin vortragen, die Zuhörer zuhören sollen), solche, die für ein bestimmtes Seminar oder ein bestimmtes Unternehmen oder ein bestimmtes Team gelten. Schließlich gibt es auch so etwas wie persönliche Regeln, die eine Person sozusagen gegenüber sich selbst aufstellt wie z.B. „ich muss immer freundlich sein!".

Soziale Regeln geben in einem sozialen System Orientierung und Verhaltenssicherheit: Wenn man die Regeln in einem neuen Team kennt, kann man hier erfolgreich handeln. Wenn man die Regeln nicht kennt, eckt man möglicherweise an vielen Stellen an und fühlt sich unsicher. Regeln, so Erving Goffman, geben „Verhaltensorientierung", indem sie sowohl als Verpflichtung als auch als Erwartung wirken:

„Verhaltensregeln wirken auf das Individuum im allgemeinen auf zwei Arten ein, und zwar einerseits direkt, als Verpflichtung, die das Verhalten des Individuums selbst erzwingen, und andererseits indirekt, als Erwartungen, die die Handlungsweise anderer ihm gegenüber moralisch verpflichtend festlegen. Eine Krankenschwester ist z.B. verpflichtet, den Anweisungen des Arztes bei der Behandlung ihrer Patienten zu folgen. Auf der anderen Seite hegt sie die Erwartung, dass ihre Patienten bereit sind, zu kooperieren, indem sie ihr erlauben, sie gemäß den Anweisungen zu behandeln. Diese Bereitschaft kann von den Patienten her gesehen als Verpflichtung gegenüber ihrer Krankenschwester angesehen werden, womit der interpersonelle Charakter der Handelnder-Empfänger-Beziehung vieler Regeln hervorgehoben wird: Was des einen Verpflichtung, ist oft des anderen Erwartung" (Goffman 1991, 56).

Obwohl ein soziales System ohne Regeln nicht existieren kann, gibt es andererseits zahlreiche Regeln, die für das System nicht sinnvoll, sondern hinderlich, schädlich oder nachteilig sind: Ein Übermaß an bürokratischen Vorschriften verhindert produktive praktische Arbeit. Eine Teamregel „Kontakte zu benachbarten Teams sind verboten!" mag als Abgrenzung für das Team vielleicht hilfreich sein, im Blick auf die gesamte Organisation ist sie in den meisten Fällen nachteilig.

(4) Das Verhalten eines sozialen Systems ist von Regelkreisen (zirkulären Interaktionsstrukturen) bestimmt.

Ein soziales System, so Bateson, hat „einen zirkulären Charakter, in dem Veränderung, Korrektur und Selbstregulation" eingeschlossen sind (Bateson/Ruesch 1995, 176). Der Unterschied zu technischen Systemen besteht jedoch darin, dass bei sozialen Systemen Regelkreise bzw. Interaktionsstrukturen aus den jeweiligen Deutungen der Situation durch die beteiligten Personen entstehen. Watzlawick formuliert dies im dritten Axiom: „Die Natur einer Beziehung ist durch die Interpunktion der Kommunikationsabläufe bestimmt", wobei „Interpunktion" die wechselseitigen Deutungen der Situation bezeichnet (Watzlawick u.a. 1969, 61). Er verdeutlicht dies anhand des mittlerweile klassischen Nörgler-Rückzug-Beispiels: Der Mann verhält sich passiv zurückgezogen, während die Frau nörgelt (Schulz von Thun 1981, 86):

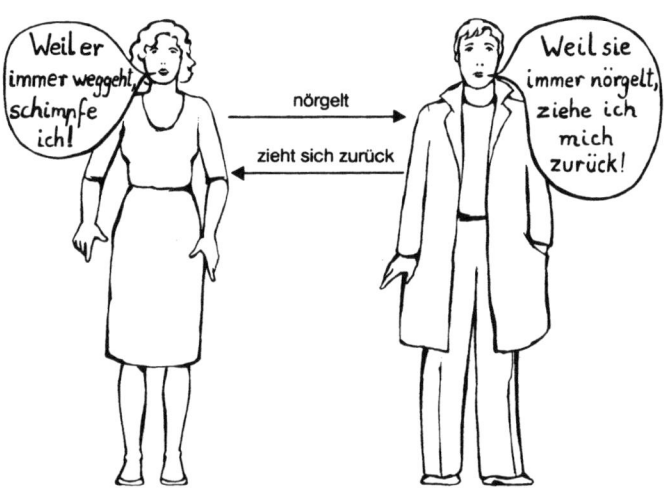

Ausgangspunkt für diesen Regelkreis sind die wechselseitigen Deutungen der Situation: Die Frau deutet das Verhalten als Interesselosigkeit und ihr Verhalten als Reaktion auf das des Mannes. Der Mann deutet das Verhalten der Frau als Kritik und Ablehnung und entsprechend sein Verhalten als Reaktion auf dasjenige der Frau. Daraus ergibt sich eine regelmäßig wiederkehrende Interaktionsstruktur (ein Regelkreis) von Kritik und Rückzug, bei dem sich das Verhalten wechselseitig verstärkt: Je mehr der Mann sich zurückzieht, desto mehr kritisiert die Frau; je mehr die Frau kritisiert, desto mehr zieht sich der Mann zurück.

Zirkuläre Interaktionsstrukturen sind erforderlich, so Bateson, um ein soziales System zu stabilisieren: Veränderung, Korrektur und Selbstregulation führen dazu, dass sich ein soziales System im Gleichgewicht hält. Der Regelkreis „Nörgeln – Rückzug" kann sich in bestimmten Grenzen verändern (das Schimpfen kann mehr oder weniger häufig sein, der Rückzug mehr oder weniger häufig erfolgen), aber zugleich stabilisiert er das System.

Regelkreise können für das System positiv oder hinderlich sein. Ein Regelkreis „einer hilft dem anderen" oder „im Team werden gemeinsam Ideen gesammelt und aufgeschrieben" ist sicherlich hilfreich. Daneben gibt es zahlreiche „dysfunktionale" Regelkreise, die zwar auch ein System stabilisieren, aber zugleich die Arbeit behindern. Beispiele für solche Regelkreise sind:

- Zwei Gesprächspartner weisen sich wechselseitig die Schuld zu.
- A kritisiert B, B wehrt ab.
- Ein Teilnehmer im Seminar stellt Fragen, der Dozent antwortet und provoziert damit neue Fragen.
- Eine Expertin macht Vorschläge, der Gesprächspartner hat Einwände: „ja, a-ber..."
- Es werden Vereinbarungen getroffen, aber nichts wird umgesetzt.
- In der Diskussion wird endlos geredet, es kommt kein Ergebnis zustande.

(5) Das Verhalten eines sozialen Systems ist von der materiellen und sozialen Umwelt beeinflusst.

Die Abgrenzung von der Umwelt gehört zu den klassischen Merkmalen von Systemen, wobei die Systemgrenze mehr oder weniger durchlässig sein kann: Ein soziales System wie eine Partei kann mehr oder weniger von der Umwelt „isoliert" sein (Bateson/Ruesch 1995, 176).

Dabei lässt sich zwischen der materiellen und der sozialen Umwelt eines sozialen Systems unterscheiden:

- Die materielle Umwelt eines Systems sind die räumliche Einrichtung, Technik, vorhandene materielle Ressourcen usw.: Die räumliche Situation in einem Veranstaltungsraum kann sehr wohl das Verhalten der Teilnehmer beeinflussen, die Sitzposition in einer Abteilungsbesprechung das Verhalten des sozialen Systems. Oder vorhandene Ressourcen können zu Verteilungskämpfen und damit zu Regelkreisen in einer Organisation führen.

- Die soziale Umwelt eines Systems sind andere soziale Systeme, von denen das System mehr oder weniger abgegrenzt ist. Soziale Umwelt eines Teams können andere Teams sein oder der Vorgesetzte, der außerhalb des Teams steht, oder die Familie eines Teammitglieds, die wie auch immer auf das Team einwirken. Die Systemgrenze zu anderen sozialen Systemen ist durch soziale Regeln bestimmt: Wie weit darf Austausch mit anderen Teams erfolgen? Darf der Vorgesetzte jederzeit ins Team kommen, oder gibt es eine „geheime" Regel, ihn möglichst weit draußen zu halten?

Systemgrenzen können auch innerhalb eines sozialen Systems bestehen und grenzen dann Subsysteme gegeneinander ab. Dies ist insbesondere in der sog. Strukturellen Familientherapie von Salvadore Minuchin (z.B. 1977) hervorgehoben worden: Subsysteme in einer Familie wie das Eltern-Subsystem oder das Subsystem der Kinder müssen deutlich voneinander abgegrenzt sein. Es gibt Themen, die Eltern untereinander, aber sinnvoller Weise nicht mit den Kindern besprechen. Andererseits müssen auch Eltern nicht alles von Kindern wissen.

(6) Das Verhalten eines sozialen Systems ist von seiner bisherigen Entwicklung, seiner Geschichte beeinflusst.

Systeme haben einen Anfang, einen Endpunkt und entwickeln sich zwischen diesen Punkten: „Jedes gegebene System verkörperte Zeitrelationen, das heißt, war durch Zeitkonstanten charakterisiert, die durch das vorgegebene Ganze determiniert wurden" (Bateson 1982, 134). Jedes System ist damit auch von seiner Geschichte, seiner bisherigen Entwicklung beeinflusst: Das Verhalten eines Paars ist bestimmt von den Erfahrungen, die es in der Vergangenheit gemacht hat, das Verhalten eines Projektteams von der Geschichte der einzelnen Teammitglieder (z.B. davon, dass kaum noch ein Teammitglied aus der Anfangsphase dabei ist), das Verhalten eines Unternehmens immer noch von der Person des Gründers oder davon, dass in der Entwicklung ein Bruch eintrat, als das Unternehmen verkauft wurde.

Das Verhalten eines sozialen Systems, so das Ergebnis, lässt sich nicht kausal erklären, wie man auf der Basis des Ursache-Wirkungs-Denkens meinte, sondern resultiert aus dem Zusammenwirken verschiedener Faktoren, der einzelnen Personen, ihrer subjektiven Deutungen, den sozialen Regeln, den Regelkreisen, der materiellen und der sozialen Umwelt sowie der bisherige Entwicklung. Damit stellt die Personale Systemtheorie letztlich eine Verknüpfung zwischen der Handlungstheorie und der Systemtheorie in der Tradition Luhmanns her: Das Verhalten eines sozialen Systems ist ebenso, wie die Handlungstheorie postuliert, von den subjektiven Deutungen der handelnden Personen beeinflusst, als auch, wie die soziologische Systemtheorie im Anschluss an Luhmann hervorhebt, von der Eigendynamik der Kommunikation in dem sozialen System, d.h. von den sozialen Regeln, den Regelkreisen und der Abgrenzung des Systems von der Umwelt. Dabei stehen diese verschiedenen Faktoren nicht isoliert nebeneinander, sondern in wechselseitigen Beziehungen. Die Systemumwelt z.B. gewinnt für den Zustand des sozialen Systems Bedeutung gerade dadurch, wie sie gedeutet wird. Andererseits führen die subjektiven Deutungen zu Regelkreisen oder auch dazu, dass Personen die Umwelt oder die Kommunikation oder geltende Regeln verändern. Damit aber bietet Personale Systemtheorie einen unmittelbaren Ansatz für das Handeln in sozialen Systemen: Veränderung sozialer Systeme kann immer nur bedeuteten, dass sich Menschen Gedanken über ihre Situation machen, auf der Basis dieser Deutungen handeln und damit das System verändern.

1.2   Das Menschenbild der Personalen Systemtheorie

Eckard König / Gerda Volmer

1.2.1   Der Begriff „Menschenbild"

Der Begriff „Menschenbild" ist ebenso faszinierend wie unklar: Zum einen faszinierend, weil er etwas bezeichnet, das hinter angelernten Verhaltensweisen steht und die eigentliche Persönlichkeit ausmacht. Ob eine Vorgesetzte tatsächlich zu ihren Mitarbeitern steht, ob sie Mitarbeiter unterstützt oder zu manipulieren sucht, hängt offenbar nicht von der Zahl der absolvierten Fortbildungen ab, sondern von ihrem „Menschenbild". Auf der anderen Seite ist der Begriff „Menschenbild" unscharf: Was ist das, das hinter konkreten Verhaltensweisen steht, aber immer in konkreten Handlungen wieder zum Ausdruck kommt? Lässt sich der Begriff „Menschenbild" genauer definieren?

Vielleicht fällt es leichter, wenn man hier von einem konkreten Beispiel ausgeht: Was ist darunter zu verstehen, wenn man vom Menschenbild des Behaviorismus spricht? Wie beschreibt der Behaviorismus das „Wesen" des Menschen?

Der Behaviorismus, wie er im Anschluss an Watson in der ersten Hälfte des 20. Jahrhunderts entwickelt wurde (vgl. Margraf 1996, 6f.), versteht den Menschen letztlich als eine Maschine: Menschen reagieren auf äußere Reize, Menschen sind damit steuer- bzw. veränderbar. Um bestimmte Ziele zu erreichen, ist es legitim, Menschen zu konditionieren.

Damit ist das Menschenbild durch folgende Thesen charakterisiert:
- Menschen sind durch ihr Verhalten charakterisiert.
- Menschliches Verhalten ist eine Reaktion auf bestimmte Reize.
- Menschliches Verhalten ist veränderbar.
- Es ist legitim, Menschen zu verändern.

Damit lässt sich der Begriff „Menschenbild" präzisieren: Das Menschenbild des Behaviorismus ist definiert durch bestimmte Begriffe, auf deren Basis menschliches Tun beschrieben wird: in erster Linie die Begriffe „Verhalten", „Reiz" und „Reaktion". Dieses Begriffsystem wird dann in der sog. Verhaltenstheorie noch weiter ausdifferenziert, indem z.B. zwischen konditionierten und unkonditionierten Reizen, zwischen neutralen und konditionierten Reaktionen, zwischen Verstärkung, Bestrafung und Extinktion als unterschiedlichen Arten von Reizen oder zwischen kontinuierlicher oder intermittierender Verstärkung unterschieden wird. Diese Begriffe bilden gleichsam die Brille, durch die menschliches Tun betrachtet wird. Sie lenken die Aufmerksamkeit auf das Verhalten z.B. eines Mitarbeiters oder einer Teilnehmerin und auf die Reize, die dieses Verhalten ausgelöst haben. Dieses Begriffssystem liefert zugleich ein grundlegendes Erklärungsmodell sowie einen Rahmen für die Entwicklung konkreter Handlungsstrategien.

Zugleich definiert dieses Begriffsystem grundlegende Werte für menschliches Handeln. Im Behaviorismus ist es eine, in der Regel nicht offen ausgesprochene Wertvorstellung: Es ist legitim, Menschen zu verändern, zu konditionieren. Am deutlichsten – und wohl auch am provokativsten – hat Watson dies formuliert, wenn er sagt:
„Gebt mir ein Dutzend gesunder, wohlgebildeter Kinder, und meine eigene Umwelt, in der ich sie erziehe, und ich garantiere, dass ich jedes nach dem Zufall auswähle und es zu einem Spezialisten in irgendeinem Beruf erziehe, zum Arzt, Richter, Künstler, Kaufmann, oder zum Bettler und Dieb, ohne Rücksicht auf seine Neigungen, Fähigkeiten, Anlagen und die Herkunft seiner Vorfahren" (Watson 1968, 123).

Damit lässt sich der Begriff „Menschenbild" definieren:
Das Menschenbild ist der begriffliche Rahmen, auf dessen Basis menschliches Tun beschrieben wird und das fundamentale Werte definiert. Damit liefert das Menschenbild zugleich ein grundlegendes Erklärungsmodell und einen Rahmen für die Entwicklung konkreter Handlungsstrategien.

Exemplarisch sei diese Definition an einem einfachen Beispiel verdeutlicht: Ein Mitarbeiter ist nicht motiviert. Er kommt unpünktlich zur Arbeit, benötigt für seine Tätigkeiten sehr lange, zeigt kein Interesse, beklagt sich über die Aufgaben usw. Wie lässt sich diese Situation auf der Basis des behavioristischen Menschenbildes deuten:

– Zunächst wird die Aufmerksamkeit auf das Verhalten des Mitarbeiters gelenkt: dass er unpünktlich zur Arbeit kommt, für seine Aufgaben sehr lange braucht, zusätzliche Aufgaben vermeidet usw. Damit wird aber z.B. die Frage nach den Gedanken und Einstellungen des Mitarbeiters ausgeblendet. Für den Behaviorismus ist das eine „Black box", die aus der Betrachtung ausgeklammert wird.

– Daraus ergibt sich ein Grundschema für die Erklärung der Situation: Das Verhalten des Mitarbeiters erklärt sich als Reaktion auf bestimmte Reize wie z.B. das Verhalten des Vorgesetzten: Weil der Vorgesetzte motiviertes Verhalten des Mitarbeiters nicht verstärkt hat, ist der Mitarbeiter unmotiviert.

– Grundlegender Wert ist, dass es legitim ist, Menschen zu verändern. Daraus ergibt sich als Ziel für den Vorgesetzten: Es ist seine Aufgabe, den Mitarbeiter so zu verändern, zu „konditionieren", dass er sich motivierter verhält.

– Schließlich ergeben sich daraus Strategien für das konkrete Vorgehen: Auf der Basis des sog. operanten Konditionierens ist es Aufgabe des Vorgesetzten, positives Verhalten des Mitarbeiters zu verstärken und negatives Verhalten zu ignorieren oder zu bestrafen. Konkret könnte das heißen, dass der Vorgesetzte den Mitarbeiter für Pünktlichkeit oder rechtzeitige Erledigung von Aufgaben lobt, dass Belohnungen für die Erledigung von Aufgaben vereinbart werden, der Mitarbeiter dann einen halben Tag frei bekommt usw. Auch hier wird wieder deutlich, dass das Menschenbild damit zugleich andere Vorgehensweisen ausblendet: Ein Gespräch mit dem Mitarbeiter zu führen und ihn nach den Gründen für sein Verhalten zu fragen, kommt hier nicht in den Blick.

Verschiedene Konzepte neuzeitlicher Sozialwissenschaft wie Verhaltenstheorie, Humanistische Psychologie, Systemtheorie usw. unterscheiden sich letztlich durch verschiedene Menschenbilder. D.h. es werden verschiedene Grundbegriffe und Werte angesetzt, auf deren Basis sich unterschiedliche Erklärungen menschlichen Handelns und unterschiedliche praktische Konsequenzen ergeben. Was aber ist das Menschenbild der Personalen Systemtheorie?

1.2.2 Grundbegriffe und Werte der Personalen Systemtheorie

Auf dem Hintergrund der vorangegangenen Überlegungen lässt sich die Frage nach dem Menschenbild der Personalen Systemtheorie präzisieren:
– Gibt es ein Begriffsystem, das der Rede von Menschen zu Grunde gelegt wird?
– Gibt es spezifische Werte, die praktisches Handeln zu leiten vermögen?

Was die Allgemeine Systemtheorie betrifft, so führen Hall und Fagen (1974, 127) mit der Definition „A system is a set of objects together with relationships between the objects and between their attributes" die Grundbegriffe der Systemtheorie „System", „Element", „Relation", „Systemumwelt" ein. Im Verlauf der weiteren Entwicklung wird dieses Begriffssystem dann durch weitere Begriffe wie „Homöostase", „Emergenz" usw. ausdifferenziert. Mit der Übertragung dieses Begriffssystems auf soziale Systeme werden diese Begriffe auch auf die Rede über Menschen übertragen, ohne dass es sich dabei um ein Menschenbild im Sinn eines spezifischen Begriffssystems zur Beschreibung von menschlichem Tun handelt. Es wird auch kein Wertesystem angesetzt, das menschliches Handeln zu leiten vermag.

Indem Bateson und Watzlawick dieses Begriffsystem speziell auf soziale Situationen anwenden, erweitern sie es, indem sie zusätzlich Begriffe wie „Person", „Interpunktion" usw. einführen. Allerdings bleiben auch hier noch Fragen nach Werten außer Betracht. Das führt dann bei Watzlawick unter der Hand dazu, dass Interventionen in sozialen Systemen als gerechtfertigt gelten, wenn sie wirkungsvoll sind. Ein Beispiel dafür ist die Technik der „wohlwollenden Sabotage", die Watzlawick in dem Buch „Lösungen" (Watzlawick u.a. 1974, 168ff.) vorschlägt:

„Der Jugendliche gehorcht nicht, lernt nicht, hält sein Zimmer nicht in Ordnung, er (beziehungsweise sie) ist frech, undankbar, kommt erst spät nachts heim, steht in der Schule vor dem Durchfallen, hält sich in schlechter Gesellschaft auf, verwendet wahrscheinlich Suchtmittel usw. ... Zunächst versuchen die Eltern an die Vernunft des Jugendlichen zu appellieren. Dies scheitert, da seine Vernunftsgründe sich auf ganz anderen Prämissen aufbauen. Die Eltern verhängen dann irgendeine kleinere Strafe, gegen die der Jugendliche erfolgreich rebelliert. Es folgen schärfere elterliche Maßnahmen , die... von mehr Rebellion gefolgt sind, bis schließlich die Polizei und die Jugendbehörden zu Hilfe gerufen werden, um mit diesem nun ganz offensichtlich widerspenstigen, unverbesserlichen Betragen fertig zu werden" (Watzlawick u.a. 1974, 168f.).

Für Watzlawick sind diese Situationen durch einen Regelkreis „Druck – Rebellion" gekennzeichnet. Um aus diesem Regelkreis herauszukommen, schlägt Watzlawick vor, anstatt „mehr desselben", „etwas anderes" zu tun:

„Zu diesem Zwecke werden die Eltern zu wohlwollenden Saboteuren ausgebildet. Vor allem lernen sie, die Macht der Hilflosigkeit voll anzuwenden, die darin besteht, dem Jungen ihre Unfähigkeit offen zuzugeben, sein Verhalten gegen seinen Willen zu beeinflussen. Statt leere Drohungen auszustoßen, erklären sie ihm zum Beispiel: ,Wir wünschen, dass du spätestens um elf Uhr daheim bist – aber wenn du nicht kommst, können wir nichts dagegen tun.' In diesem veränderten Bezugssystem findet der Junge sehr bald, dass Selbstbehauptung und Trotz keinen rechten Sinn mehr haben. Es ist schon rein praktisch recht schwierig einem Hilflosen zu trotzen. Der nächste Schritt der Eltern besteht darin, um elf Uhr alle Türen und Fenster des Hauses zu verschließen und zu Bett zu gehen, so dass er beim Heimkommen nicht herein kann und läuten muss. Die Eltern stellen sich schlafend und lassen ihn lange warten, bis sie endlich aufmachen – doch nicht, ohne sich zuerst schlaftrunken zu erkundigen, wer draußen sei. Dann lassen sie ihn ein, entschuldigen sich, ihn so lange in der Kälte warten gelassen zu haben und stolpern ins Bett zurück, ohne das übliche und von ihm erwartete Verhör darüber, wo und bei wem er war, warum er so spät erst kommt usw. Am nächsten Morgen bringen sie die Sache mit keinem Wort auf, es sei denn, dass er es tut, in welchem Falle sie wieder nur einige verlegene Entschuldigungen vorbringen. Auf jedes freche oder ungehorsame Verhalten des Jungen antworten sie so bald wie möglich mit einem weiteren Sabotageakt: Wenn er sein Bett nicht macht, so macht es die Mutter für ihn, wirft aber eine Handvoll Brotbrösel zwischen die Leinentücher. Wenn er sich darüber beschwert, kann sie es zuerst nicht glauben, gibt dann aber verlegen zu, dass sie beim Bettenmachen Zwieback aß und dass es ihr leid tue" (Watzlawick u.a. 1974, 169f.).

Sicher mag das Vorgehen wirkungsvoll sein. Aber die Frage, ob es moralisch vertretbar und gerechtfertigt ist, wird bei Watzlawick nicht diskutiert.
Dies ändert sich erst bei Virginia Satir, die bei der Begründung einer entwicklungsorientierten Familientherapie sowohl auf die Systemtheorie in der Tradition von Bateson als auch auf die Humanistische Psychologie im Anschluss an Rogers zurück-

greift. Sie übernimmt das Begriffssystem der Systemtheorie in Anlehnung an Bateson, ergänzt es aber durch weitere Grundbegriffe in der Tradition von Rogers, nämlich „Entwicklung" und „Autonomie". Diese beiden Begriffe definieren zentrale Werte für menschliches Handeln.

Virginia Satir hat an verschiedenen Stellen den normativen Charakter ihres Menschenbildes betont. Einige ihrer, wie sie auch formuliert werden, „therapeutischen Glaubenssätze" seien im Folgenden aufgeführt (vgl. Satir u. a. 2000, 33f.):

– Menschen sind im Grunde ihres Wesens gut.

„Im Laufe der Jahre habe ich ein Bild davon entwickelt, was es meiner Meinung nach bedeutet, wenn menschliche Wesen menschlich leben. Es sind Menschen, die ihren Körper verstehen, schätzen und trainieren, die ihn als schön und nützlich ansehen. Sie sind wahrhaftig und ehrlich, liebevoll und wohlwollend sich selbst und anderen gegenüber. Menschen, die menschlich leben, sind bereit, Risiken einzugehen, kreativ zu sein, sich kompetent zu verhalten und Veränderungen zuzulassen, wenn die Situation es erfordert... Wenn man all dies zusammenfasst, so ist das Ergebnis ein körperlich gesundes, geistig waches, fühlendes, liebendes, spielerisches, authentisches, kreatives, produktives, verantwortliches menschliches Wesen" (Satir 2001, 17).

– Ziel der Entwicklung ist der Mensch als ein verantwortungsbewusstes, menschliches Wesen, das entsprechend seinen Bedürfnissen wählt und plant und Unterschiede zwischen Personen genauso erkennt wie vorhersagbare Gleichheiten.

– Gesunde zwischenmenschliche Beziehungen gründen auf Gleichwertigkeit.

– Hauptziel jeder Therapie ist, dass wir in die Lage versetzt werden, eigenständig Entscheidungen zu treffen.

Satir spricht in diesem Zusammenhang von den „fünf Freiheiten" (Satir u.a. 2000, 80):

„Die Freiheit zu sehen und zu hören, was ist, statt zu sehen und zu hören, was sein sollte oder einmal sein wird.

Die Freiheit zu sagen, was du fühlst und denkst, statt zu sagen, was du darüber sagen solltest.

Die Freiheit zu fühlen, was du fühlst, statt zu fühlen, was du fühlen solltest.

Die Freiheit, um das zu bitten, was du möchtest, statt immer auf die Erlaubnis zu warten.

Die Freiheit, um der eigenen Interessen willen Risiken einzugehen, statt sich dafür zu entscheiden, ‚auf Nummer Sicher zu gehen' und ‚das Boot nicht zum Kentern zu bringen'".

Im Grunde ist es dieses Menschenbild, das der Personalen Systemtheorie zugrunde liegt (vgl. König/Volmer 2000, 256ff.). Es soll im Folgenden erläutert werden.

Das Menschenbild der Personalen Systemtheorie ist zunächst ein System von Grundbegriffen, auf deren Basis menschliches Tun gedeutet wird, nämlich der Grundbegriffe „System", „Person", Subjektive Deutung", „soziale Regel", „Regelkreis" (bzw. „Interaktionsstruktur"), „Systemgrenze", „Systemumwelt", „Entwicklung". Dieses Begriffsystem ermöglicht

– die Beschreibung sozialer Wirklichkeit, wobei die Aufmerksamkeit nicht nur auf die einzelne Person, sondern auf das Zusammenwirken der verschiedenen Faktoren eines sozialen Systems gelenkt wird,

– die Erklärung sozialer Situationen aus unterschiedlichen Faktoren sozialer Systeme,

– die Definition eines Rahmens möglicher Interventionen: Intervention in sozialen Systemen kann Veränderung von Personen, von subjektiven Deutungen, von sozialen Regeln, von Regelkreisen, der materiellen Umwelt oder der Grenze zur sozialen Systemumwelt und Veränderung der Entwicklungsgeschwindigkeit und -richtung bedeuten.

Darüber hinaus ist das Menschenbild der Personalen Systemtheorie durch einen bestimmten Grundwert gekennzeichnet, nämlich den Grundwert der Autonomie.

Autonomie ist ein Wert, der im Grunde für die gesamte neuzeitliche Ethik zentral ist (vgl. z.B. Pieper 1994, 136ff.). Bereits Kant hat „Autonomie" zum Grundbegriff der „Kritik der praktischen Vernunft" gemacht: „Die Autonomie des Willens ist das alleinige Prinzip aller moralischen Gesetze und der ihnen gemäßen Pflichten" (Kant, Kritik der praktischen Vernunft 58: Werke Bd.5, 33; vgl. z.B. Höffe 1992, 196ff.). Autonomie des Willens nach Kant wendet sich gegen Autoritäten und Traditionen und ist die Fähigkeit des Menschen, selbst entscheiden zu können.

Autonomie ist dann (unter verschiedenen Bezeichnungen) zentraler Grundbegriff der sog. Humanistischen Psychologie, wie sie etwa von Maslow, Rogers, Perls oder Cohn vertreten wird (vgl. z.B. Quitmann 1996). Für Rogers ist menschliche Entwicklung auf das Ziel der Autonomie hin ausgerichtet: „Der Organismus... bewegt sich in Richtung auf größere Unabhängigkeit oder Selbstverantwortlichkeit. Seine Bewegung geht... in die Richtung einer wachsenden Selbstbeherrschung, Selbstregulierung und Autonomie und weg von abhängiger Kontrolle oder Kontrolle durch äußere Kräfte" (Rogers 1983, 422; vgl. auch Petzold 1994, Bd. 1, 20f., 309ff.).

Während Autonomie jedoch in der Tradition der Humanistischen Psychologie vor allem auf den Einzelnen bezogen ist, wird sie in der Personalen Systemtheorie auf das gesamte soziale System ausgeweitet:

– Autonomie des jeweiligen Gegenüber (des Teilnehmers in der Erwachsenenbildung, des Klienten in der Beratung),

– Autonomie der eigenen Person als Dozentin, Berater, Trainerin usw.

– Autonomie aber auch zugleich als Autonomie des Systems, als das Recht des jeweiligen sozialen Systems, selbst die Richtung und Schritte der Veränderung zu bestimmen.

Diese drei Aspekte sollen im Folgenden erläutert werden:

(1) Autonomie des Teilnehmers oder Klienten

Diese Forderung findet sich sowohl in der Erwachsenenbildung als auch in der Beratung: Die Forderung nach Teilnehmerorientierung in der Erwachsenenbildung wendet sich dagegen, aus Sicht des Leiters oder der Leiterin Ziele, Inhalte und Methoden festzulegen und fordert „Berücksichtigung" des Teilnehmers: Entscheidung in der Erwachsenenbildung an die Autonomie, das heißt, an die freie Zustimmung des Teilnehmers zu binden. Autonomie im Bereich der Beratung ist bereits im Begriff „Beratung" impliziert (vgl. Eich 1994):

– Beratung geht davon aus, dass andere Personen autonom sind, d.h. dass sie in der Lage sind, selbst Entscheidungen zu treffen.

– Beratung trifft nicht Entscheidungen für einen Klienten, sondern ist Unterstützung des Klienten bei seiner eigenständigen Problembewältigung, ohne seine Autonomie außer Kraft zu setzen.

(2) Autonomie der eigenen Person

Autonomie gilt aber nicht nur für die Anderen, sondern ebenso für die eigene Person: Eine Dozentin in der Erwachsenenbildung „muss" nicht das tun, was die Teilnehmer von ihr verlangen, ein Berater nicht das, was der Klient verlangt. Das bedeutet, Entscheidungen in Erwachsenenbildung und Beratung auch an die eigene Zustimmung zu binden: Die Leiterin entscheidet, ob sie bereit ist, ein bestimmtes Thema zu bearbeiten, eine bestimmte methodische Vorgehensweise durchzuführen. Der Berater entscheidet, ob er sich auf die Beratung mit eben diesen Klienten einlässt und welches Vorgehen er vorschlägt.

(3) Autonomie des sozialen Systems

Über die Sicht des Einzelnen hinaus ist Autonomie zugleich das Recht des jeweiligen sozialen Systems, die Richtung, in die es sich entwickelt, selbst festzulegen: Ein Kurs wird bestimmte Themen in den Mittelpunkt stellen, ein Team in einer Organisationsberatung wird von sich aus Schwerpunkte setzen. Gerade für die Beratung von Organisation ist dies eine entscheidende Voraussetzung: nicht von außen die ideale Organisation z.B. eines Unternehmens festzulegen, sondern der Organisation das Recht zuzugestehen, selbst Ziele zu setzen.

Wenn Autonomie sowohl als Autonomie des jeweiligen Gegenübers, der eigenen Person und auch des sozialen Systems zu berücksichtigen ist, dann stellt sich natürlich die Frage, wie verschiedene Autonomieansprüche auszugleichen sind: Was ist, wenn die Forderung der Teilnehmer dem entgegensteht, wozu die Leiterin bereit ist? Was ist, wenn von verschiedenen Klienten in einem Beratungsprozess jeder sein Recht durchsetzen möchte?

Grundsätzlich gilt, dass die Autonomie jedes Betroffenen in solchen Situationen soweit als möglich zu bewahren ist. Das aber bedeutet letztlich die Forderung, Konsens herbeizuführen.

Im Zusammenhang mit Autonomie hat das Konsensprinzip eine lange Tradition. Bereits bei Kant wird aus der „Autonomie des Willens" ein erstes Konsensprinzip abgeleitet, der Kategorische Imperativ: „Handle so, dass die Maxime deines Willens zugleich als Prinzip einer allgemeinen Gesetzgebung gelten könne" (Kant 1968, 30). In den 70er Jahren ist das Konsensprinzip insbesondere im Rahmen der sog. Diskurstheorie von Jürgen Habermas (z.B. 1992) und der Erlanger Philosophie (z.B. Kamlah/Lorenzen 1973) betont worden.

Konsens bedeutet, die Legitimation von Entscheidung an die „faktische Zustimmung der Betroffenen" (König 1989, 46) zu binden. Doch wie lässt sich Konsens in komplexen Situationen herstellen? Welche Verfahren stehen dafür zur Verfügung?

Thomas Gordon, ein Schüler von Rogers, hat versucht, ein solches praktikables Konsensverfahren zu entwickeln. In Abgrenzung von Gewinner-Verlierer-Methoden, wo ein Elternteil, ein Lehrer, ein Kind, eine Vorgesetzte oder eine Mitarbeiterin sich gegenüber anderen Interaktionspartnern durchsetzt, proklamiert er Konsensverfahren als die „Jeder-gewinnt-Methode":

„Du und ich, wir haben einen Bedürfniskonflikt. Ich achte deine Bedürfnisse, aber ich darf auch meine nicht vernachlässigen. Ich will von meiner Macht dir gegenüber keinen Gebrauch machen, so dass ich gewinne und du verlierst, aber ich kann auch nicht nachgeben und dich auf meine Kosten gewinnen lassen. So wollen wir im gegenseitigem Einverständnis gemeinsam nach einer Lösung suchen, die ebenso deine wie meine Bedürfnisse befriedigt, so dass wir beide gewinnen" (Gordon 1979, 182, vgl. 179ff.).

Konsens bedeutet, dass bei jedem einzelnen Schritt der „Jeder-gewinnt-Methode" (Gordon 1979, 182f.; vgl. 194ff.) beide (alle) Beteiligten zustimmen müssen:
- Beide stimmen der Definition des Problems zu.
- Es werden gemeinsam alternative Lösungen entwickelt, wobei jeder Beteiligte Vorschläge machen kann.
- Die alternativen Lösungen werden von beiden bewertet.
- Es wird eine Entscheidung getroffen, der beide zustimmen können.

Konsensverfahren sichern die Autonomie eines jeden Einzelnen in weitest gehendem Maße. Konsensverfahren stellen darüber hinaus eine Möglichkeit dar, die Akzeptanz von Entscheidungen in einem sozialen System zu sichern (vgl. z.B. Schuler 1993, 432ff.). Wer einer Entscheidung nicht zustimmt, wird sie nicht tragen, sondern sich dagegen wehren oder sie unterlaufen. Ein Mitarbeiter, der neue Aufgaben erhält, ohne dass diese Entscheidung an seine Zustimmung gebunden wurde, wird sich wehren oder wird die Motivation verlieren, vielleicht krank werden. Teilnehmer eines Seminars in Erwachsenenbildung werden unzufrieden sein, rebellieren, wenn es nicht gelungen ist, sie einzubeziehen und sie den Inhalten oder dem Vorgehen nicht zustimmen. Eine Umstrukturierung einer Organisation wird letztlich nur dann erfolgreich sein, wenn es (wie man in der Tradition der Organisationsentwicklung formuliert) gelingt, sie zu „Beteiligten zu machen" und mit ihnen Konsens herzustellen.

Welche Konsequenzen hat nun dieses Menschenbild für das praktische Handeln? Dies sei abschließend an dem bereits im ersten Teil dieses Kapitels erwähnten Beispiel des nicht motivierten Mitarbeiters verdeutlicht.

(1) Personale Systemtheorie lenkt die Aufmerksamkeit auf die verschiedenen Faktoren sozialer Systeme.

Grundlage für die Beschreibung der Situation ist das in Kap. 1 eingeführte Begriffssystem. D.h. die Aufmerksamkeit wird nicht nur auf die einzelne Person gerichtet, sondern auf das jeweilige soziale System, die Personen dieses Systems und ihre subjektiven Deutungen. Die Aufmerksamkeit wird aber auch auf die Kommunikation in dem sozialen System gelenkt: auf die sozialen Regeln und die Regelkreise und schließlich auf die Systemumwelt und die bisherige Entwicklung.

(2) Diese Begriffe dienen dazu, das Verhalten sozialer Systeme (d.h. das Verhalten eines Einzelnen im sozialen System oder eines Teams oder einer komplexen Organisation) zu erklären.

Das Verhalten des nicht motivierten Mitarbeiters hat danach nicht eine Ursache, sondern ist von den unterschiedlichen Faktoren des sozialen Systems beeinflusst. Entsprechend ist der Zustand eines Teams, eines Kurses in Erwachsenenbildung oder eines Unternehmens Resultat aus dem Zusammenwirken der verschiedenen Faktoren.

– Die Erklärung der Situation muss zunächst auf die für diese Situation relevanten Personen Bezug nehmen. Das können neben dem betreffenden Mitarbeiter (auch er ist dem systemischen Ansatz zufolge „Teil des Problems") z. B. der Vorgesetzte, möglicherweise aber auch Kollegen, Mitarbeiter oder ggf. die Familie sein. Welche Personen für die besondere Situation relevant sind, lässt sich dabei nicht von außen sagen, sondern ergibt sich erst aus der Perspektive des betreffenden Systems selbst.

– Erklärung der Situation bedeutet dann, die subjektiven Deutungen der betreffenden Personen zu erfassen: Wie sehen die Personen die Situation, wie sehen sie sich, wie sehen sie den Gegenüber? Möglicherweise deutet der Vorgesetzte das Verhalten des betreffenden Mitarbeiters als Desinteresse, der Mitarbeiter das des Vorgesetzten als Ablehnung oder persönlichen Angriff.

- Für die Erklärung der Situation sind ferner die jeweiligen sozialen Regeln relevant. Das können offizielle Regeln wie bspw. Arbeitszeitregelung oder Urlaubsregeln sein. Häufig spielen aber hier „geheime" Regeln eine besondere Rolle: z.B. eine Regel „Mitarbeiter dürfen erst das Büro verlassen, wenn der Vorgesetzte gegangen ist!" kann für die Motivation des Mitarbeiters eine entscheidende Rolle spielen.

- Eine der wichtigsten Faktoren für die Erklärung menschlichen Verhaltens bzw. allgemeiner sozialer Situationen sind die Regelkreise oder Interaktionsstrukturen. Möglicherweise liegt beim nichtmotivierten Mitarbeiter auch der klassische „Nörgler-Rückzugs-Regelkreis" vor: Je weniger der Mitarbeiter motiviert ist, desto mehr wird er vom Vorgesetzten kritisiert, bzw. je mehr der Vorgesetzte kritisiert, desto weniger hat der Mitarbeiter Interesse an der Arbeit.

- Daneben spielt die Systemumwelt eine Rolle: die materielle Umwelt, z. B. die Gestaltung des Arbeitsplatzes, die fehlende Möglichkeit, ungestört Gespräche zu führen, oder andere soziale Systeme, wie z. B. die Familien, aus denen Probleme und Belastungen in die Situation mitgenommen werden.

- Schließlich spielt die Entwicklung der Situation eine Rolle: Ist die Motivation allmählich geringer geworden, gab es einen entscheidenden Anstoß? Handelt es sich um einen stabilen, seit längerer Zeit bestehenden Regelkreis oder eskaliert die Situation?

(3) Ziel der Intervention ist, eine Lösung zu finden, die die Autonomie beider Beteiligter in möglichst umfassendem Maße sichert, und das heißt, Ziel ist es, Konsens herzustellen.

Das Problem mit dem nicht motivierten Mitarbeiter wird sich letztlich nur dann lösen lassen, wenn jeder der Beteiligten dabei gewinnt. Entsprechend macht z.B. ein Rollenspiel in Erwachsenenbildung nur dann Sinn, wenn sich Teilnehmer und Leiterin darauf einlassen können, d.h. wenn darüber Konsens erzielt ist.

(4) Die Personale Systemtheorie generiert schließlich einen Rahmen möglicher Lösungen.

Lösungen des Problems können auf unterschiedlichen Ebenen des sozialen Systems erfolgen. Lösungen des Problems mit dem unmotivierten Mitarbeiter können somit z.B. sein,

- dass der betreffende Mitarbeiter das soziale System verlässt und z.B. in eine andere Abteilung wechselt,
- dass Vorgesetzte oder Mitarbeiter die subjektiven Deutungen über die Situation klären und verändern,
- dass soziale Regeln verändert werden,

- dass Regelkreise unterbrochen werden, indem eine der betreffenden Personen „etwas anderes" tut,
- dass die materielle Systemumwelt verändert wird oder die Grenze zu anderen sozialen Systemen,
- dass die Entwicklung verändert wird, z.B. indem möglichst schnell Aktivitäten eingeleitet werden oder indem man die Situation einfach laufen lässt.

Wie man dabei im Einzelnen konkret vorgeht, wird in folgenden Kapiteln weiter diskutiert.

Kapitel 2: Diagnose und Intervention

2.1 Diagnose sozialer Systeme

Eckard König / Gerda Volmer

Probleme, so eine der Hauptthesen der Personalen Systemtheorie, ergeben sich aus dem Zusammenwirken der unterschiedlichen Faktoren eines sozialen Systems. Daraus ergibt sich als Aufgabe, zunächst diejenigen Faktoren zu erkennen, die zu einem Problem geführt haben:

> ➢ **Wer sind die für diese Situation relevanten Personen?**
> ➢ **Was sind ihre subjektiven Deutungen?**
> ➢ **Welche sozialen Regeln gelten in diesem System?**
> ➢ **Welche Verhaltensmuster bzw. Regelkreise bestehen?**
> ➢ **Welche Bedeutung besitzt die Systemumwelt für diese Situation?**
> ➢ **Wie war die bisherige Entwicklung?**

Das bedeutet, der erste Schritt bei der Veränderung ist zunächst die Diagnose des jeweiligen sozialen Systems. Dies soll im Folgenden im Einzelnen beschrieben werden.

(1) Die relevanten Personen des sozialen Systems
Bei Problemen eines Mitarbeiters ist keineswegs immer der Betreffende schuld, sondern andere Personen können dazu entscheidend beitragen. Wenn ein Projekt scheitert, dann muss das nicht am Projektleiter oder am Projektteam liegen. Entscheidend für diese Situation kann möglicherweise auch ein im Hintergrund arbeitender Linienvorgesetzter sein. Wenn in einem Seminar Probleme auftreten, dann können Leiterin und Teilnehmer, aber vielleicht auch der Auftraggeber des Seminars dazu beigetragen haben. Daraus ergeben sich folgende Fragen:

> ➢ **Welche Personen sind in Bezug auf dieses Thema, diese Situation relevant? Wer steht im Vordergrund? Wer zieht im Hintergrund die Fäden?**
> ➢ **Wer kann den Erfolg behindern?**
> ➢ **Wer kann den Erfolg maßgeblich unterstützen?**

Diese Fragen deuten bereits darauf hin, dass die Erfassung der jeweils relevanten Personen nicht von außen, sondern immer nur aus der Perspektive des jeweiligen sozialen Systems möglich ist: Ob bei Problemen in einem Team einige oder alle Teammitglieder eine entscheidende Rolle spielen oder möglicherweise ein Vorgesetzter oder Kollegen aus einem anderen Bereich, lässt sich nicht von außen entscheiden, sondern nur aus der Sicht des Systems.

(2) Die subjektiven Deutungen der betreffenden Person

Das Verhalten eines sozialen Systems ist davon beeinflusst, was die Personen über die Situation denken: Das Verhalten in einem Team resultiert daraus, dass sich zwei Teammitglieder gegenseitig ablehnen. Eine Konfliktsituation in einem Seminar resultiert daraus, welche Bedeutung die betreffenden Personen der Situation geben. Daraus ergibt sich hier als zentrale Leitfrage für die Diagnose:

> **Was denken die betreffenden Personen über die Situation?**

Schulz von Thun hat in diesem Zusammenhang „vier Seiten einer Nachricht" unterschieden (Schulz von Thun 1981, 25ff.). Jede Nachricht lässt sich deuten in Bezug auf:

- den Sachaspekt, in dem etwas über die Sache ausgesagt wird,
- den Selbstoffenbarungsaspekt, der etwas über die eigene Person aussagt,
- den Beziehungsaspekt, in dem etwas über die anderen ausgesagt wird,
- den darin enthaltenen Appell, d.h. eine Forderung an andere Personen.

Daraus ergeben sich zur Klärung subjektiver Deutungen folgende Fragen:

Subjektive Deutungen über die Sache (Inhaltsaspekt):

> **Wie wird die Situation gesehen?**

> **Wie wird die Situation bewertet?**

> **Wie wird Erfolg oder Misserfolg erklärt?**

Wenn man versucht, den Sachaspekt zu formulieren, so ergeben sich Aussagen über die Sache: „das Projekt ist...", „die Ursachen für den Konflikt sind...".

Subjektive Deutungen über die eigene Person (Selbstoffenbarung):

> **Wie sieht die betreffende Person sich selbst?**

> **Wo sieht die betreffende Person ihre Stärken und Schwächen?**

> **Welche Ziele verfolgt die betreffende Person?**

> **Was gewinnt oder verliert die betreffende Person in dieser Situation?**

Sprachlich formuliert sind subjektive Deutungen über die eigene Person „Ich-Botschaften": „ich möchte...", „ich bin...".

Subjektive Deutungen über andere Personen (Beziehungsaspekt):

> ➤ **Wie wird der andere beschrieben?**

> ➤ **Wie wird der andere bewertet?**

Sprachlich formuliert sind subjektive Deutungen über andere Personen „Du-Botschaften": „du bist...", „du willst...".

Appelle an andere Personen:

> ➤ **Was soll getan werden?**

> ➤ **Welche Aufforderung ist implizit in der Äußerung enthalten?**

Schulz von Thun hat darauf hingewiesen, dass alle Äußerungen zumindest implizit Appelle, d.h. Aufforderungen an andere Personen, enthalten. Ein Satz wie „Das Seminar ist sehr theoretisch" enthält den impliziten Appell „Sorge dafür, dass es in Zukunft nicht so theoretisch abläuft!": Sprachlich formuliert sind Appelle Aufforderungen: „du solltest...", „tu das und das...", „wir sollten...".

Schulz von Thun weist darauf hin, dass die Bedeutung einer Äußerung für Sender und Empfänger unterschiedlich sein kann. Für den Sender kann das Schwergewicht auf der Inhaltsebene liegen, für den Empfänger auf der Beziehungsebene: Auf obiges Beispiel bezogen: Möglicherweise hat der Sender das Schwergewicht der Äußerung auf die Inhaltsebene gelegt im Sinne von „auch theoretische Seminare sind wichtig", doch der Empfänger fühlt sich dadurch angegriffen, weil er auf der Beziehungsebene heraushörte „du bist ein schlechter Trainer".

(3) Diagnose der sozialen Regeln

Regeln sind zu einem großen Teil nicht bewusst. Man lernt im täglichen Umgang, was man in der Familie, in der Schule oder in der Abteilung tun darf und nicht tun darf. Aber man kann nicht ohne weiteres die dahinter stehenden Regeln formulieren. Folgende Fragen können bei der Klärung helfen:

> ➤ **Was sollte man in dieser Situation tun?**

> ➤ **Was darf man tun, was darf man nicht tun?**

> ➤ **Welches Verhalten ist in dieser Situation verlangt, erlaubt, verboten?**

> ➤ **Was muss man tun, um in diesem sozialen System vorwärts zu kommen?**

> ➤ **Was muss man tun, um in diesem sozialen System anzuecken?**

> ➤ **Was geschieht immer wieder oder nie?**
>
>   Wenn z.B. in einer Besprechung immer wieder Teilnehmer zu spät kommen, dann deutet das darauf hin, dass hier eine Regel Gültigkeit besitzt: „Es ist erlaubt, in Besprechungen zu spät zu kommen".

> ➤ **Welches Verhalten wird im sozialen System positiv oder negativ sanktioniert?**

(4) Diagnose der Regelkreise

Regelkreise sind Verhaltensmuster bzw. Interaktionsstrukturen, die immer wieder auftreten. Dabei können solche Verhaltensmuster sehr unterschiedlich sein:

- A weist B die Schuld zu, B wehrt ab.
- A und B weisen sich wechselseitig die Schuld zu.
- A kritisiert B, B entschuldigt sich. Dieses Muster wiederholt sich immer wieder.
- A versucht B zu überzeugen, B bringt immer mehr Gegenargumente.
- In einem Seminar führt die Antwort der Dozentin zu immer neuen Fragen der Teilnehmer
- A macht Vorschläge, B weist darauf hin, dass er alles schon ohne Erfolg ausprobiert hat.
- Es werden Termine vereinbart, sie kommen aber aus nie zustande.
- A macht Vorschläge, B lehnt die Vorschläge ab, A beklagt sich daraufhin, dass seine Vorschläge nicht angenommen werden.
- In einem sozialen System wird die Schuld für Probleme immer wieder auf andere Personen geschoben, nichts ändert sich.
- In einer Besprechung wird endlos geredet, es kommt zu keinem Ergebnis.
- In einer Diskussion gelangt man schnell zu einer Einigung, aber im Nachhinein wird das Ergebnis immer wieder in Frage gestellt.

Regelkreise zeichnen sich dadurch aus, dass sich diese Muster immer wiederholen. Aufgabe der Systemdiagnose ist es, diese Regelkreise zu erfassen:

> **Welche Verhaltensmuster treten in der betreffenden Situation immer wieder auf?**

> **Was tut Person A in einer bestimmten Situation, was tut daraufhin Person B?**

Dabei kann es hilfreich sein, Regelkreise zu visualisieren. Das kann als Liste der aufeinander folgenden Verhaltensweisen geschehen, als Kreis oder ggf. auch als komplexere Wirkungsverlaufsanalyse im Anschluss an Probst (z.B. Gomez/Probst 1999, 80) bzw. als sog. Einflussmatrix nach Vester (1999), bei der der Einfluss der verschiedenen Faktoren aufeinander als Matrix dargestellt wird.

(5) Diagnose der Systemumwelt

Die Systemumwelt ist auch hier wieder in soziale und natürliche Umwelt zu unterscheiden. Im Einzelnen ergeben sich folgende Fragen:

Fragen im Blick auf die natürliche Umwelt:

> Wie weit beeinflusst die natürliche Umwelt die Situation?

> Welche Rolle spielt die räumliche Einrichtung?

> Welche Rolle spielt die technische Ausstattung?

> Welche Rolle spielt der Platz, auf dem jemand innerhalb einer Besprechung sitzt?

> Welche Rolle spielt die Position, die in einer Präsentation ein Vortragender einnimmt?

Fragen im Blick auf die soziale Umwelt:

> Welche anderen Systeme beeinflussen die Situation?

> Durch welche Regeln ist das System von anderen sozialen Systemen abgegrenzt?

> Wie geschlossen, wie durchlässig ist die Systemgrenze?

(6) Diagnose der Entwicklung

Auch hier lassen sich wieder eine Reihe von Fragen stellen:

> Seit wann besteht die gegenwärtige Situation?

> Ist sie stabil oder sind in letzter Zeit Veränderungen eingetreten?

> Gab es in der Vergangenheit Regelkreise, die sich immer wiederholten?

> Gab es kontinuierliche Veränderungen? Ist z.B. die Situation allmählich schlechter geworden?

> Gab es in der Vergangenheit bestimmte Phasen (z.B. Phasen eines Teamentwicklungsprozesses)? Lässt sich die gegenwärtige Situation einer bestimmten Phase zuordnen?

> Welche Trends deuten sich für die zukünftige Entwicklung an? Was wäre die beste, was die schlechteste mögliche Entwicklung?

Die Gefahr bei einer Systemdiagnose wie bei Diagnoseverfahren überhaupt besteht darin, dass man zu einer Unmenge an Daten gelangt, von denen die meisten wertlos sind. Manche Fragebögen sind ein Beispiel dafür: Es werden alle möglichen Informationen abgefragt, ohne dass man weiß, wozu diese dienen. Aber Diagnose ist nicht Selbstzweck, sondern jede Diagnose muss auf ein praktisches Ziel bezogen sein. Im Blick darauf werden nicht immer alle Faktoren eine Rolle spielen. Aber die hier aufgeführten Faktoren der Systemdiagnose können dann als Checkliste dienen, auf deren Basis die für diese Situation relevanten Faktoren identifiziert werden können. Exemplarisch sei dieses Vorgehen an einem Beispiel verdeutlicht:

Silke ist Beraterin für ein Mitarbeiterteam in einem Internat. Während des Beratungs-prozesses beobachtet sie folgende Situation.

Simone, die Gruppenleiterin, Gerd und Heike, weitere Mitarbeiter, haben sich für 15 Uhr verabredet, um das Konzept für die nächste Woche abzusprechen. Simone und Heike sitzen im Besprechungsraum, aber Gerd kommt nicht. Zunächst unterhalten sie sich über das letzte Wochenende (sie sind ja gewohnt, dass Gerd zu spät kommt). Aber nach einer halben Stunde werden sie ärgerlich und würden gern anfangen. Endlich, nach 55 Minuten, kommt Gerd:

Simone: *„Wir warten schon eine geschlagene Stunde auf Dich, Du hättest endlich mal pünktlich sein können!"*

Gerd: *„Nun habt Euch nicht so. Ich war mit Christian (einem anderen Mitarbeiter) zusammen. Er hat neue Ideen für unsere nächste Ferienfreizeit."*

Die Besprechung kommt nur schleppend in Gang. Eigentlich sind alle ärgerlich, vor allem, da sie solche Situationen kennen.

Wenn man die obige Checkliste für die Diagnose der Situation zugrunde legt, ergibt sich:

(1) Die relevanten Personen des sozialen Systems

Welche Personen des sozialen Systems sind für das Problem relevant? Offenkundig spielt Gerd hier eine Rolle, aber ebenso offenkundig nicht er allein. Somit wären zusätzlich Simone, die Gruppenleiterin, und Heike zu berücksichtigen.

(2) Subjektive Deutungen

Was denken die relevanten Personen über die Situation, über sich und den anderen? Nun wären die subjektiven Deutungen in der konkreten Situation genauer zu klären (ggf. mit Hilfe von Interviews), anhand des knapp skizzierten Beispiels lassen sich nur Vermutungen anstellen:

Subjektive Deutungen von Simone könnten sein:
- Über die Sache: Das Konzept für die nächste Woche ist noch unklar.
- Über Gerd: Du bist unzuverlässig.
- Über sich selbst: Ich bin ärgerlich.
- Appell an Gerd: entschuldige dich!

Subjektive Deutungen von Gerd:
- Über die Sache: Wir könnten bei der Ferienfreizeit das und das machen.
- Über Simone: Du musst auch immer rummeckern.
- Über sich: Ich bringe hier neue Ideen ein.
- Appell an die anderen: nun habt euch nicht so!

Subjektive Deutungen von Heike:
- Über die Sache: Wir haben kein Ergebnis.
- Über andere Personen: Gerd ist unzuverlässig, Simone greift nicht durch.
- Über sich: Ich habe keine Lust, hier ewig zu warten.
- Appell an die anderen: jetzt kommt endlich zugange!

(3) Regelkreise

Das nächste offenkundige Merkmal der Situation ist der offenbar immer wieder auftretende Regelkreis:
- Es wird eine Vereinbarung getroffen,
- Gerd kommt zu spät,
- Simone, die Leiterin, beklagt sich, dass Gerd zu spät kommt,
- Gerd beklagt sich, dass die anderen meckern,
- alle sind ärgerlich.

(4) Soziale Regeln

Das Beispiel deutet auf bestimmte Regelungen hinsichtlich Terminabsprachen hin. Offensichtlich gibt es keine Regeln, die das Einhalten der Termine einfordern, zumindest wird zu spät kommen nicht sanktioniert. Das aber bedeutet, dass (implizit) eine Regel gilt: „Termine brauchen nicht eingehalten zu werden!"

(5) Systemumwelt

Über die Systemumwelt werden in dem Beispiel keine besonderen Aussagen gemacht. Weder finden sich Hinweise auf die materielle Umwelt (die Bedeutung etwa räumlicher Gegebenheiten wird nicht erwähnt), noch Hinweise auf andere soziale Systeme.

(6) Bisherige Entwicklung

In Bezug auf die bisherige Entwicklung erfolgt nur der Hinweis, dass das Problem Pünktlichkeit offenbar kein neues ist, sondern schon längere Zeit besteht.

Diese Checkliste zur Diagnose sozialer Systeme gibt somit Hinweise auf relevante Faktoren, die das Problem beeinflussen. Offenbar sind das hier insbesondere:
- Die Person der Leiterin und Gerd
- Die subjektiven Deutungen von Simone und Gerd
- Der Regelkreis „Termine werden festgemacht, aber nicht eingehalten"
- Die fehlenden sozialen Regeln in Bezug auf Pünktlichkeit.

Für eine mögliche Intervention sind eben diese Ebenen mögliche Ansatzpunkte. Man könnte also z.B. versuchen, explizite Regeln in Bezug auf Pünktlichkeit einzuführen, den Regelkreis zu unterbrechen oder die jeweiligen subjektiven Deutungen zu klären und zu verändern.

2.2 Systemische Intervention

Eckard König / Gerda Volmer

Wenn Probleme aus dem Zusammenwirken der verschiedenen Faktoren eines sozialen Systems resultieren, dann bedeutet das, dass es für die Lösung des Problems nicht nur eine Möglichkeit gibt, sondern dass Ansatzpunkte auf verschiedenen Ebenen des sozialen Systems liegen.

Klassisches Beispiel dafür aus den Anfängen systemischer Beratung und Therapie ist das sog. Sündenbock-Phänomen (z.B. Watzlawick u.a. 1969, 81): Ein Jugendlicher in einer Familie macht Probleme. Die Schulleistungen werden schlechter, er fängt an, sich herumzutreiben, schwänzt usw. Die Eltern wissen sich keinen Rat, zudem das andere Kind in der Familie gute Schulleistungen erbringt und nicht auffällt. Nachdem als letzte Möglichkeit, die die Eltern sehen, der problematische Jugendliche in ein Internat eingewiesen wird, stellt sich jedoch nach kurzer Zeit heraus, dass bei dem bisher unproblematischen Bruder dieselben Symptome auftreten: Auch bei ihm lassen plötzlich die Schulleistungen nach, er fängt an, sich herumzutreiben usw.

Das Beispiel deutet darauf hin, dass auffälliges Verhalten einer Person eben nicht eine „Eigenschaft" eben dieser Person ist, sondern etwas mit dem gesamten sozialen System zu tun hat. D.h. Intervention muss das gesamte soziale System berücksichtigen. Möglicherweise ist hier die Beziehung zwischen den Eltern der problematische Auslöser, und systemische Intervention könnte dann bedeuten, bei der Beziehung der Eltern anzusetzen.

Entsprechend dem in den vorausgegangenen Kapiteln erläuterten Systembegriff gibt es auf den unterschiedlichen Ebenen eines sozialen Systems unterschiedliche Ansatzpunkte für eine mögliche Intervention, nämlich:

> **Veränderung der Personen des sozialen Systems**
> **Veränderung subjektiver Deutungen**
> **Veränderung sozialer Regeln**
> **Veränderung von Interaktionsstrukturen**
> **Veränderung in Bezug auf die Systemumwelt**
> **Veränderung der Entwicklungsgeschwindigkeit und -richtung.**

Auf jeder dieser Ebenen gibt es Ansatzpunkte für die Lösung eines Problems. Diese Ansatzpunkte werden im Folgenden dargestellt.

2.2.1 Wechsel von Personen in einem sozialen System

Eine Möglichkeit, ein soziales System zu verändern, besteht darin, die Personen des sozialen Systems zu verändern: Ein Mitarbeiter passt nicht in eine Abteilung oder ein Team. Dann kann es dann durchaus Sinn machen, in eine andere Abteilung oder ein anderes Team zu wechseln. Im Bereich der Erwachsenenbildung gibt es z.B. ähnliche Situationen, wenn mit zwei Trainern gearbeitet wird: Wenn einer der Trainer „ins System fällt", wenn er z.B. von Teilnehmern kritisiert wird oder auf der Stelle tritt, macht es Sinn, die Personen des Leitungssystems auszuwechseln: Der bisherige Co-Trainer übernimmt für die nächste Phase die Leitung, der andere hat die Möglichkeit, Distanz zu gewinnen und die Situation zu reflektieren.

Wichtig ist, einen solchen Wechsel nicht als Versagen einer Person zu deuten: Individuelle Verhaltensweisen sind von dem jeweiligen sozialen System beeinflusst. Veränderung der Personen bedeutet nicht, dass jemand gescheitert ist, sondern stellt eine durchaus legitime Intervention innerhalb des sozialen Systems dar.

Für die konkrete Arbeit ergeben sich daraus folgende Checkfragen:

> **Überlegen Sie, wie weit das System durch Wechsel von Personen verändert werden kann:**
>   - **Macht es Sinn, dass eine Person das bisherige soziale System verlässt?**
>   - **Macht es Sinn, neue Personen in das soziale System aufzunehmen?**
>   - **Macht es Sinn, einzelne Personen in dem sozialen System auszuwechseln?**

2.2.2 Veränderung subjektiver Deutungen

Wenn das Verhalten in einem sozialen System durch die subjektiven Deutungen der jeweiligen Personen bestimmt ist, dann ist Veränderung subjektiver Deutungen zugleich Veränderung des sozialen Systems. Dabei kann bereits die Klärung subjektiver Deutungen Veränderung sein: Wenn klar wird, was einen Mitarbeiter am Arbeitsplatz stört, dann bieten sich damit neue Handlungsmöglichkeiten. Wenn lange verdeckte Probleme in einem Team offen gemacht werden, hat sich bereits dadurch das System verändert. Die Veränderung kann aber auch darin bestehen, dass eine Situation anders gesehen wird: Es wird deutlich, dass die Probleme in einem Team nicht an den Vorgaben, sondern an der eigenen Arbeitsmethodik liegen. Oder es wird deutlich, dass das Verhalten einer Vorgesetzten keineswegs als Kritik, sondern als Unterstützung gemeint ist. Jedes Mal hat sich bereits durch dieses Wissen der Zustand des sozialen Systems verändert. Die einzelnen Möglichkeiten sollen im Folgenden dargestellt werden.

Ein erste Möglichkeit besteht in der Veränderung sozialer Systeme durch die Klärung subjektiver Deutungen: Wenn nicht klar ist, wo genau die Probleme liegen, was die Ziele und Befürchtungen anderer Personen sind, dann ist Klärung der jeweiligen subjektiven Deutungen der erste Schritt bei der Veränderung. Dabei kann die Klärung subjektiver Deutungen grundsätzlich in zwei unterschiedliche Richtungen zielen:

- Man kann die eigenen subjektiven Deutungen, also z.B. die eigenen Ziele, die eigenen Befürchtungen usw. transparent machen.

- Man kann die subjektiven Deutungen anderer Personen erfragen.

Die konkreten Möglichkeiten hierfür werden im folgenden dargestellt.

(1) Klärung eigener subjektiver Deutungen durch „Ich-Botschaften"

Der Begriff „Ich-Botschaft" ist von Thomas Gordon, einem Schüler von Carl Rogers, eingeführt worden (z.B. Gordon 1989, 128ff.). Ich-Botschaften sind eine Möglichkeit, die eigenen Empfindungen klar zu machen.

Gerade in Stresssituationen versteckt man häufig die wahren Empfindungen hinter Vorwürfen, d.h., wie Gordon formuliert, sog. Du-Botschaften. Gordon gibt folgendes Beispiel: Die 16-jährige Tochter kommt erst nachts um drei Uhr nach Hause. Die Empfindung der Mutter ist zunächst Erleichterung, dass nichts passiert ist, Sorge, die sie sich die ganze Zeit gemacht hatte, und vielleicht auch Ärger, dass die Tochter die Vereinbarung nicht eingehalten hat. Aber in der Regel werden diese Empfindungen nicht ausgesprochen, sondern hinter Vorwürfen, Beschuldigungen usw. verdeckt: „Was fällt dir ein, erst jetzt nach Hause zu kommen!?" „wieso kommst du erst jetzt?" „ich habe dir doch gesagt, dass du rechtzeitig kommen sollst!" Solche Du-Botschaften führen aber in der Regel zu keiner Lösung, sondern zu Abwehr: Der andere fühlt sich angegriffen und blockt ab. Als Alternative schlägt Gordon die sog. „Ich-Botschaften" vor: „Ich habe mir Sorgen gemacht, als Du nicht nach Hause kamst, denn ich dachte, Dir ist etwas passiert."

Nach Gordon hat eine Ich-Botschaft grundsätzlich drei Teile:
- Angabe des Gefühls, das der Sprecher in dieser Situation hat: "Ich habe mir Sorgen gemacht". Wichtig ist dabei, dass das tatsächliche Gefühl genannt wird.

- Angabe des Verhaltens, durch das dieses Gefühl ausgelöst wurde: „Als du nicht nach Hause gekommen bist." Eine Gefahr bei der Angabe des Verhaltens besteht darin, dass hier unter der Hand Beschuldigungen einfließen, z.B. „Ich bin ärgerlich, wenn du immer zu spät kommst": Das Wort „immer" wird als Beschuldigung und Angriff verstanden. Mit hoher Wahrscheinlichkeit wird sich der Angesprochene hier verteidigen, z.B. „Es stimmt nicht, es waren gerade zwei Mal."

- Die Angabe der Konsequenz, die das Verhalten hat: „Ich dachte, dass etwas passiert ist."

(2) Fokussieren konkreter Situationen

Ein Gesprächspartner berichtet, dass er sich in seiner Arbeit zu wenig gefordert fühlt. Eine solche Formulierung ist pauschal und allgemein. Was genau er damit meint, wird erst klar, wenn man diese Formulierung „zu wenig gefordert sein" an einem konkreten Beispiel verdeutlicht: Um welche Situation es sich dabei handelt, was die Aufgabe war, was der Betreffende darüber hinaus gern gehabt hätte. Fokussieren lässt sich dabei in zweifacher Hinsicht anwenden:

- Der Sprecher kann seinem Gesprächspartner anhand einer konkreten Situation verdeutlichen, was er meint: Was hätte er sich in dieser Situation gewünscht? Was hat ihn an seinem Kollegen in dieser Situation gestört?

- Der Zuhörer in einem Gespräch kann genau nachfragen: „Können Sie eine Situation schildern, in der deutlich wurde, dass sie zuwenig gefordert waren?"

Sinnvoll ist es dabei, die jeweilige Situation sehr konkret zu fokussieren: Wann fand sie statt? Um welche Situation handelt es sich? Was sagte der eine? Was sagte der andere? Was tat der eine? Was tat der andere?

(3) Nachfragen „verdeckter" Erfahrungen

Dies ist ein Verfahren, das dazu dient, die subjektiven Deutungen anderer Personen zu erfragen. Es ist unter der Bezeichnung „Meta-Modell" aus dem sog. Neurolinguistischen Programmieren (NLP) geläufig (z.B. Bandler/Grinder 1994, 64ff.; Mohl 2000, 81ff.; Bachmann 1991, 156ff.). Hintergrund dafür ist die These, dass in der Sprache immer nur ein Teil der tatsächlichen Erfahrungen ausgesprochen und damit bewusst gemacht wird, ein anderer Teil aber unter der Oberfläche, d.h. verdeckt oder, wie man im NLP formuliert, „getilgt" bleibt. Durch gezieltes Nachfragen ist es möglich, diese verdeckten Erfahrungen aufzudecken:

In einem Workshop beklagt sich ein Teilnehmer: „Ich kommen mit meiner Arbeit nicht zurecht". Dies ist eine Äußerung, in der eine Reihe von Erfahrungen „verdeckt" sind: Womit genau kommt er nicht zurecht? Was führt dazu, dass er mit seiner Arbeit nicht zurecht kommt? Gibt es Personen, die ihn daran hindern? Gilt das generell oder nur für bestimmte Situationen? Eben diese „verdeckten" Informationen lassen sich gezielt nachfragen:

- „Mit welcher Arbeit kommen Sie nicht zurecht?"

- „In welchen Situationen kommen Sie mit Ihrer Arbeit nicht zurecht?"

- „Was hindert Sie daran?"

- „Was tun Sie in dieser Situation?"

- „Was würden Sie brauchen, um besser mit der Arbeit zurecht zu kommen?"

Entscheidende Voraussetzung hierbei ist, genau zuzuhören: In welchen Wörtern ist etwas angedeutet, aber nicht gesagt? Bei der obigen Äußerung sind dies die Wörter „meine", „Arbeit" und „zurechtkommen". Man kann sich in Gedanken (oder beim Mitschreiben) die entsprechenden Wörter unterstreichen „ich komme mit meiner Arbeit nicht zurecht" und eben hier nachfragen.

Eins ist in diesem Zusammenhang allerdings zu beachten: In der Alltagssprache verwenden wir fortwährend Formulierungen, in denen wir nicht alle Erfahrungen explizieren. Fortwährendes Nachfragen würde hier jedes Gespräch unmöglich machen. Verdeckte Erfahrungen sind nur dann nachzufragen, wenn es für die Lösung von Problemen relevant ist: Sei es, dass der Sprecher selbst sich nicht über die Situation klar ist, sei es, dass die Äußerung vom Empfänger falsch interpretiert wird.

(4) Paraphrasieren, Strukturieren und Aktives Zuhören

Diese Verfahren stellen das Gegenstück zu Ich-Botschaften dar: Es geht darum, die Kerngedanken des Gesprächspartners widerzuspiegeln. Dabei kann dieses Widerspiegeln stärker auf den Inhalt bezogen sein (Paraphrasieren, Strukturieren) oder auf die Selbstoffenbarung (Widerspiegeln von Empfindungen). Letzteres ist von Gordon (z.B. 1989, 61 ff.) unter der Bezeichnung „Aktives Zuhören" eingeführt worden. Damit lassen sich drei verschiedene Arten des Widerspiegelns unterscheiden:

> **Wiederholen (paraphrasieren) der Aussagen des Gesprächspartners mit eigenen Worten: „Das heißt, dass Sie keine Arbeit selbständig erledigen können, ohne dass Ihr Vorgesetzter eingreift".**

> **Strukturieren als Zusammenfassung der Hauptpunkte: „Ich höre dabei zwei Hauptpunkte heraus: dass Sie sich mehr praktische Übungen im Seminar wünschen und kurze Input-Phasen".**

> **Aktives Zuhören als Wiederspiegeln der Empfindungen des Gesprächspartners: „Du ärgerst dich, dass anderen die richtige Lösung schneller einfällt als dir". Hierbei wird die Empfindung hinter der Äußerung des Sprechers widergespiegelt: „Du ärgerst dich, wenn..."**

Eine zweite Möglichkeit zur Veränderung subjektiver Deutungen bietet die kognitive Umstrukturierung (Referenztransformation): Nehmen wir an, ich treffe einen Kollegen, der nur kurz „hallo" sagt und sofort weitergeht. Ich kann diese Situation unterschiedlich deuten: als Ablehnung „er hat etwas gegen mich" – oder als Zeichen für Überarbeitung oder Probleme des Kollegen. Je nachdem werde ich unterschiedlich handeln: Im ersten Fall würde ich mich möglicherweise zurückziehen, im zweiten Fall ihn anrufen, mich erkundigen, wie es ihm geht. Dieselbe Situation kann somit je nach subjektiven Deutungen zu unterschiedlichen Konsequenzen führen:

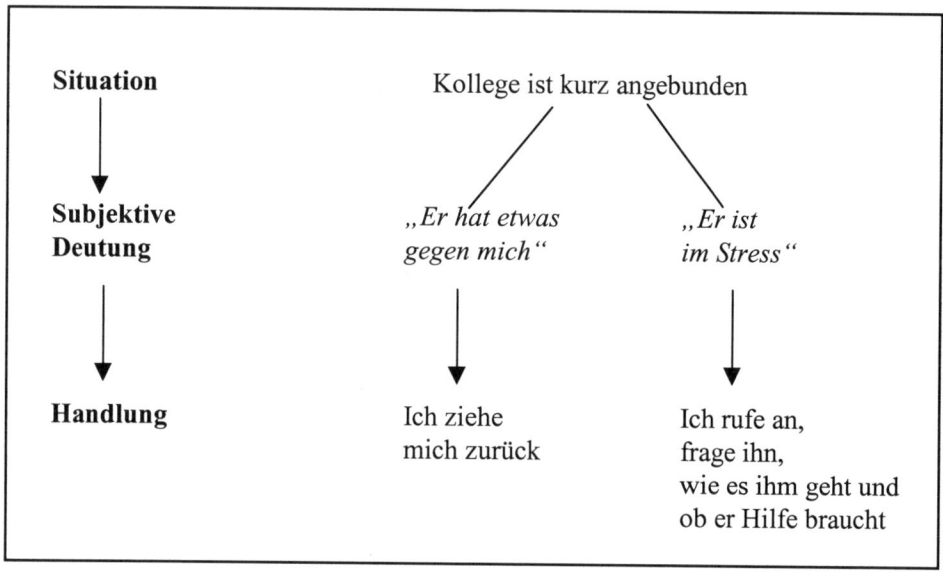

Situation	Kollege ist kurz angebunden	
Subjektive Deutung	*„Er hat etwas gegen mich"*	*„Er ist im Stress"*
Handlung	Ich ziehe mich zurück	Ich rufe an, frage ihn, wie es ihm geht und ob er Hilfe braucht

Daraus ergibt sich eine entscheidende Konsequenz: Eine Möglichkeit, Probleme zu lösen und das Verhalten in einem sozialen System zu ändern, besteht darin, die Situation anders zu deuten. In der sog. Kognitiven Verhaltenstherapie, im Neurolinguistischen Programmierens und in der Systemischen Beratung sind hierzu eine Reihe von Verfahren entwickelt worden, die unter verschiedenen Begriffen wie „kognitive Umstrukturierung" (Kognitive Verhaltenstheorie, z.B. Hautzinger 2000; Lückert/Lückert 1994, 228ff.), „Referenztransformation" (Systemische Beratung und Familientherapie, König/Volmer 2000, 86ff.) und „Reframing" (Neulinguistisches Programmieren, z.B. Bandler/Grinder 2001, Cameron-Bandler 1997, 119ff.) geläufig sind, aber letztlich auf dasselbe hinauslaufen, nämlich eine Situation anders zu deuten:

(1) Veränderung der Bewertung von Eigenschaften
Viele Eigenschaften sind für uns einseitig positiv oder negativ. „Aggressiv" z.B. wird allgemein negativ gesehen. Es kann aber auch positiv verstanden werden: als kraftvoll, dynamisch. Ebenso ist „faul" in der Regel negativ bewertet, kann aber auch durchaus positive Bedeutung haben: Jemand erreicht etwas mit dem geringsten Aufwand. Daraus ergibt sich folgende Prozessfrage:

> ➤ **Was ist das Positive an (vermeintlich) negativen Eigenschaften?**

(2) Erfassen positiver Eigenschaften von Personen
Wir tendieren dazu, Personen, mit denen wir Konflikte haben, einseitig negativ zu sehen: Bei einem Kollegen, mit dem wir im Konflikt sind, sehen wir nur das Negative. Dass die betreffende Person auch positive Eigenschaften hat, gerät dabei aus dem

Blick. Es ist somit eine Sache unserer subjektiven Deutungen, wie weit positive oder negative Eigenschaften in den Blick kommen. Daraus ergibt sich als Prozessfrage:

> **Was sind positive Eigenschaften einer (bislang) negativ gesehenen Person?**

(3) Erfassen von positiven Zielen hinter den Handlungen

Ein Kollege ist besonders bürokratisch, er kontrolliert alles dreimal. Ein solches Verhalten kann negativ gedeutet werden oder auch im Blick auf dahinterstehende positive Ziele: Er will seine Arbeit besonders gründlich machen. Damit verändert sich die Einstellung dem Kollegen gegenüber. Die Prozessfrage dafür lautet:

> **Was ist das positive Ziel, das hinter diesem Verhalten steht?**

Übrigens findet sich diese Art von Referenztransformation bei Rudolf Dreikurs, der in der Tradition der Individualpsychologie von Alfred Adler die These aufstellt, dass hinter störendem Verhalten von Kindern und Jugendlichen letztlich ein positives Ziel steht, seinen Platz in der Gemeinschaft zu finden und das heißt, Beachtung und Anerkennung zu erhalten (Dreikurs 2000, 49ff.). Dieses Konzept lässt sich durchaus auf Erwachsene übertragen: Wenn z.B. ein Teilnehmer in einem Kurs fortwährend Einwände bringt, so muss das nicht Ablehnung der Dozentin bedeuten, sondern dahinter kann das Ziel stehen, von anderen beachtet zu werden.

In Anlehnung an Dreikurs (z.B. Dreikurs/Grey 2000, 26ff.; Dreikurs/Soltz 2001, 65ff.) lassen sich in diesem Zusammenhang vier „irrtümliche Ziele" unterscheiden, mit deren Hilfe Personen ihren Platz in der Gemeinschaft, und das heißt: Anerkennung und Beachtung finden möchten.

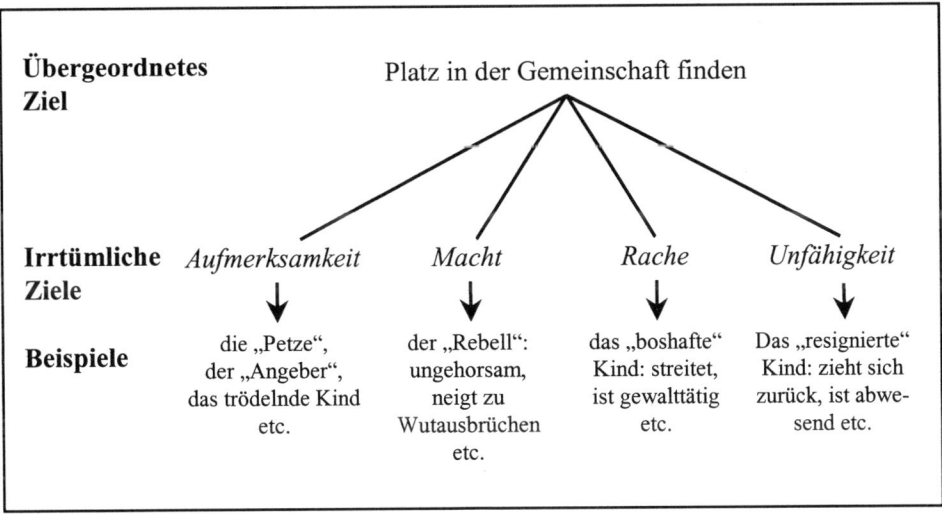

Übergeordnetes Ziel	Platz in der Gemeinschaft finden			
Irrtümliche Ziele	*Aufmerksamkeit*	*Macht*	*Rache*	*Unfähigkeit*
Beispiele	die „Petze", der „Angeber", das trödelnde Kind etc.	der „Rebell": ungehorsam, neigt zu Wutausbrüchen etc.	das „boshafte" Kind: streitet, ist gewalttätig etc.	Das „resignierte" Kind: zieht sich zurück, ist abwesend etc.

(4) Ereignisse positiv deuten

Wir tendieren dazu, zahlreiche Ereignisse von vornherein negativ zu deuten: eine durchgefallene Prüfung, eine Kündigung, einen Konflikt, eine Krankheit. Aber die gleichen Ereignisse lassen sich auch positiv verstehen: eine nicht bestandene Prüfung als Chance, bestimmte Themen intensiver zu bearbeiten, eine Kündigung als Möglichkeit, sich beruflich neu zu orientieren, ein Konflikt als Möglichkeit, eine Beziehung zu klären, eine Krankheit als Anstoß, darüber nachzudenken, was mir wirklich wichtig im Leben ist:

> **Was sind positive Aspekte an diesem Ereignis?**

(5) Ereignisse nicht als „Widerfahrnis", sondern als Ergebnis von Handlungen (und damit zumindest teilweise) von einem selbst als beeinflusst deuten

Problemsituationen zeichnen sich häufig dadurch aus, dass ein Ereignis, wie es der Erlanger Sprachphilosoph Wilhelm Kamlah (1972, 49ff.) formuliert hat, als „Widerfahrnis" gedeutet wird, als etwas, das mir „widerfährt" und dem ich willenlos ausgeliefert bin: Ein Konflikt mit einem Vorgesetzten, ein schwieriger Teilnehmer, das Nichtbestehen einer Prüfung, all das sind Situationen, die im Alltag allzu leicht als „Widerfahrnis" verstanden werden. Doch eben diese Situationen lassen sich (zumindest zu einem Teil) auch als Ergebnis eigener Handlungen deuten:

> **Was haben Sie dazu beigetragen, dass diese Situation entstanden ist?**

(6) Umdeuten von Kritik in Wünsche

Jede Kritik lässt sich in einen Wunsch transformieren: die Kritik „ich erhalte von Ihnen keine Informationen" lässt sich umdeuten in den Wunsch: „Ich möchte von Ihnen mehr Information haben". Kritik ist Angriff, auf den der andere in der Regel mit Abwehr oder Verteidigung reagiert. Ein Wunsch dagegen ist etwas, dass es dem anderen leichter macht, darauf einzugehen:

> **Welcher Wunsch verbirgt sich hinter dieser Kritik?**

(7) Einordnung von Problemen in einen anderen Kontext

In einem Beratungsgespräch berichtet ein Mitarbeiter über Probleme mit einer Kollegin. Zunächst wird dieses Problem im Kontext der Kollegin gesehen. Aber im Verlauf der Beratung rückt es in einen anderen Kontext: nämlich, dass diese Situation etwas mit dem geringen Selbstvertrauen des Mitarbeiters zu tun hat. Dieser neue Kontext lenkt die Aufmerksamkeit auf neue Lösungsmöglichkeiten: Wie kann er mehr Selbstbewusstsein erlangen, um dann anders gegenüber der Kollegin auftreten zu können? Die Prozessfrage dafür lautet:

> **In welchem anderen Kontext lässt sich das Problem deuten?**

Die wichtigsten Prozessfragen zur Klärung und Veränderung subjektiver Deutungen seien im Folgenden nochmals als Checkliste zusammen gestellt:

> **Was ist eine konkrete Beispielsituation für dieses Problem?**

> **Welche Erfahrungen sind in dieser Situation getilgt?**

> **Was sind meine Empfindungen in dieser Situation?**

> **Welche Empfindungen stehen für den anderen hinter der Situation?**

> **Was ist das Positive an negativen Eigenschaften?**

> **Was ist das Positive an einer negativ gesehenen anderen Person?**

> **Welche positiven Ziele stehen hinter dem negativen Verhalten?**

> **Was ist der positive Aspekt einer negativen Situation?**

> **Welche Wünsche stehen hinter der Kritik?**

> **Wie weit lässt sich die Situation als Ergebnis eigener Handlungen deuten?**

2.2.3   Veränderung von Regeln

Soziale Regeln geben zum einen Verhaltenssicherheit, sie können aber ebenso zu Problemen führen, indem sie Verhalten zu stark einschränken, für die gegenwärtige Situation nicht mehr angemessen sind usw. Veränderung sozialer Regeln kann damit zu einem entscheidenden Faktor der Veränderung sozialer Systeme werden.

Die Veränderung sozialer Regeln kann sich auf offizielle oder „geheime Regeln" (z.B. eine Regel wie „Eine Krähe hackt der anderen kein Auge aus") beziehen, kann Regeln am Arbeitsplatz, im Team, in einer Veranstaltung in Erwachsenenbildung betreffen, oder sich auf persönliche Regeln beziehen wie „ich muss immer freundlich sein!" Dabei geschieht die Veränderung in drei Schritten:

(1) Beurteilung der bisherigen Regeln
Wie weit war die bisherige Regel sinnvoll, wie weit führt sie aber zu Problemen? Hilfestellung hierfür geben folgende Prozessfragen:

> **Welche Ziele sollen durch diese Regel erreicht werden?**

> **Wie weit werden diese Ziele tatsächlich erreicht?**

> **Wie weit führt die Regel zu negativen Nebenwirkungen?**

> **Wie weit ist die Regel überhaupt realisierbar?**

Zur Verdeutlichung folgendes Beispiel: In vielen Besprechungen ist die Regel geläufig, dass jeder so viel sagen darf, wie er möchte. Wenn man diese Regel nach den zuvor genannten Kriterien überprüft, ergibt sich:

- Ziel hinter der Regel ist, jedem die Möglichkeit zu geben, seine Auffassung ohne Einschränkung einzubringen.

- Wird das Ziel erreicht? Im Wesentlichen ja – aber unter der Hand führt eine solche Regel in vielen Situationen zu Einschränkungen. Häufig sind es irgendwelche Dauerredner, die immer wieder ihre Auffassung wiederholen und dadurch andere nicht zum Zug kommen lassen.

- Damit zeigt sich, dass diese Regel Nebenwirkungen hat: Sie führt leicht zu endlosen Wiederholungen, verlängert die Besprechungszeit, verhindert Ergebnisse und führt häufig zu allgemeiner Unzufriedenheit.

- In vielen Situationen, nämlich dann, wenn es keine Beschränkung der Zeit gibt, ist diese Regel auch realisierbar. Sie ist nicht realisierbar, wenn eine Zeitgrenze erreicht wird. Dann bleibt ohnehin nichts anderes übrig, als dass bestimmte Äußerungen nicht mehr zu Wort kommen.

„Jeder darf soviel sagen, wie er möchte" ist somit eine Regel, die in vielen Situationen nicht sinnvoll ist. D.h. diese Regel wäre abzuändern.

(2) Sammlung von Alternativen

Was können mögliche Alternativen für die Regeln sein? Hier ist ein Brainstorming zur Sammlung möglicher Alternativen möglich, z.B.
- Die Redezeit wird auf zwei Minuten begrenzt.
- Jeder darf nur einmal zu Wort kommen.
- Der Prozess wird moderiert, verschiedene Argumente werden aufgeschrieben.

(3) Entscheidung für eine neue Regel und Inkraftsetzen der neuen Regel

Das klassische Verfahren ist, eine neue Regel (und entsprechende Sanktionen) im Konsens zu vereinbaren. D.h. es wird die Regel vereinbart, auf die sich alle einlassen können. Ein solches Konsensverfahren sichert ab, dass nicht die neue Regel gleich wieder unterlaufen wir: Wer einer Regel zugestimmt hat, lässt sich damit darauf ein; wer einer Regel nicht zugestimmt hat, wird leicht versuchen, sie zu unterlaufen.

Allerdings gibt es neben der Einführung neuer Regeln durch Konsens durchaus auch andere Möglichkeiten, Regeln abzuändern:
- „Top-Down" können neue Regeln festgesetzt werden, wobei sich immer noch die Frage stellt, ob es gelingt, diese Regel tatsächlich umzusetzen.

- Aber auch „Bottom-Up" können Regeln abgeändert werden: Die Regel „alles Wichtige muss dem Vorgesetzten mitgeteilt werden!" kann abgeändert werden, indem der Handlungsspielraum erweitert wird: Es hat in der letzten Zeit nichts Wichtiges gegeben, das mitzuteilen wäre.

Eine besondere Form der Abänderung persönlicher Regeln ist die sog. Regeltransformation von Virginia Satir (z.B. 2000, 323ff.; 2001, 161ff.). Sie sei an der persönlichen Regel „Ich muss immer freundlich sein!" verdeutlicht:

(1) Sprich die problematische Regel mit unterschiedlicher Betonung mehrmals aus!
 – „Ich <u>muss</u> immer freundlich sein."
 – „Ich muss <u>immer</u> freundlich sein."
 – „Ich muss immer <u>freundlich</u> sein."
 – „Ich muss immer freundlich <u>sein</u>."
Die unterschiedliche Betonung macht dann deutlich, an welcher Stelle Probleme bei dieser Regel liegen: Möglicherweise bei „immer" oder bei dem Wort „muss".

(2) Sammle Alternativen zu dieser Regel; sprich sie mit unterschiedlicher Betonung aus, achte dabei auf das Gefühl! Mögliche Alternativen könnten sein:
 – „Ich darf immer freundlich sein."
 – „Ich muss nicht freundlich sein, wenn ich nicht will."
Hilfreich kann es dabei auch sein, Zusätze oder Einschränkungen zu bilden:
 – „Ich muss freundlich sein, wenn ich beruflich tätig bin."

(3) Wähle diejenige Regel aus, bei der das Gefühl beim mehrmaligen Sprechen positiv ist. Möglicherweise ergibt sich dabei eine Regel „ich bemühe mich, freundlich zu sein, aber darf auch ärgerlich werden".

2.2.4 Lösungen zweiter Ordnung

Im Alltag versucht man, Problemsituationen dadurch zu lösen, dass man, wie Watzlawick u.a. (1974, 51ff.) formulieren, „mehr derselben" tut. Auf das bereits in Kap. 1 dargestellte Nörgler-Rückzug Beispiel bezogen (Watzlawick u.a. 1969, 58f.): Wenn meine Kritik nicht die gewünschte Veränderung bringt, werde ich mehr oder nachdrücklicher kritisieren. Entsprechendes gilt für andere Situationen:

– Wenn ein Angriff nicht zum Erfolg führt, greife ich stärker an.

– Wenn der andere meine Erklärung nicht einsieht, versuche ich, mehr zu erklären.

– Wenn ich bislang vergeblich versucht habe, keine Fehler zu machen, gebe ich mir in Zukunft noch mehr Mühe.

Solche „Lösungen erster Ordnung", wie Watzlawick sie nennt, führen selten zu einer wirklichen Lösung, sondern werden Bestandteil eines Regelkreises:

- Je mehr der eine kritisiert, desto später wird der andere kommen.
- Je mehr der eine kritisiert, desto mehr wehrt der andere ab.
- Je mehr der eine angreift, desto mehr verteidigt sich der andere.
- Je mehr der eine erklärt, desto mehr fragt der andere nach.
- Je mehr jemand versucht, keine Fehler zu machen, desto schlechter werden die Ergebnisse.

Erfolg haben dem gegenüber in vielen Fällen Lösungen, die den Regelkreis unterbrechen. Watzlawick u.a. (1974, 51ff.) sprechen hier von „Lösungen zweiter Ordnung". Eine Lösung zweiter Ordnung bedeutet letztlich nur: etwas anderes tun.

Um auf das Nörgler-Rückzugsbeispiel zurückzugreifen: Grundsätzlich hat jeder Gesprächspartner die Möglichkeit, den Regelkreis aufzulösen, indem er etwas anderes tut:
- Der Ehemann, indem er früher nach Hause kommt, seiner Frau Blumen mitbringt usw.
- Die Ehefrau, indem sie nicht kritisiert, sondern ihren Ehemann positiv empfängt, ihn ins Kino einlädt usw.

Es gibt unterschiedliche Möglichkeiten, Lösungen zweiter Ordnung zu entwickeln:

(1) Weniger desselben tun

In vielen Fällen verändert sich bereits der Regelkreis dann, wenn einer der Interaktionspartner das ursprüngliche Verhalten nicht mehr oder in geringerem Umfang zeigt:
- Wenn ich bislang vergeblich versucht habe, durch Kritik das Verhalten des anderen zu ändern, auf Kritik verzichten!
- Wenn ich immer wieder dem anderen etwas erkläre, in Zukunft weniger erklären!
- Wenn ein Konflikt eskaliert, das Gespräch unterbrechen!
- Wenn ich einen Auszubildenden immer wieder vergeblich ermahnt habe, dann das Verhalten ignorieren, d.h. nicht beachten!

(2) Etwas anderes tun

Grundsätzlich geht es dabei darum, sich zu überlegen, was denn ein grundsätzlich anderes Vorgehen sein könnte:
- Anstelle den anderen zu kritisieren, nachfragen, worin seine Schwierigkeiten liegen.
- Anstelle dem anderen immer wieder zu erklären, ihm Materialien zur Verfügung stellen, wo er sich selber Informationen holen kann.

Lösungen zweiter Ordnung finden sich übrigens auch in unterschiedlichen Konzepten der Gesprächsführung:

- Anstelle negatives Verhalten zu kritisieren, es nicht beachten und statt dessen positives Verhalten verstärken (Konzept der Verhaltensmodifikation).

- Kritik nicht als „Du-Botschaft" „Du kommst immer zu spät!" sondern als „Ich-Botschaft" formulieren: „Ich habe mir Sorgen gemacht, als du nicht kamst, denn ich dachte, es ist etwas passiert" (Gordon).

- Auf Vorwürfe des Gesprächspartners nicht mit Verteidigung reagieren, sondern zunächst den Inhalt wiederholen oder genau nachfragen (Nachfragen verdeckter Informationen).

- Dem Betreffenden nicht in Problemsituationen Beachtung geben, sondern sich ihm in anderen Situationen zuwenden (Individualpsychologie nach Dreikurs).

- Probleme des Gesprächspartners nicht herunterspielen, sondern Verständnis zeigen und die Empfindungen widerspiegeln (Aktives Zuhören nach Gordon).

(3) Die Tonart des Verhaltens verändern

Dies ist ein Verfahren, das ursprünglich aus der Kurzzeittherapie stammt: Verhaltensmuster lassen sich abändern, indem man geringfügige Veränderungen vornimmt. De Shazer (1997, 132ff.) gibt dafür folgendes Beispiel:

Zwei Ehepartner geraten immer wieder in Konflikte, die dann häufig zu Gewalttätigkeiten führen. Tonartveränderung bedeutet dann, die Art der Konflikte geringfügig zu verändern:

- Dem Ehemann wird die Anweisung gegeben, bei der Rückkehr von der Arbeit, dann, wenn er auch nur im geringsten wütend ist, durch die Hintertür in das Haus oder rückwärts durch die Haustür zu kommen.

- Der Ehefrau wird die Anweisung gegeben, dann, wenn sie nur im geringsten wütend ist, entweder in der Küche oder im Bad auf den Mann zu warten, und nicht an der Eingangstür.

Veränderung der Tonart bedeutet, dass man an dem Verhalten kleine Veränderungen vornimmt, die z.B. die Situation ins Lächerliche ziehen. Beispiele dafür sind:

- Kritik in Gedichtform vorbringen.

- Bei Erklärungen hinter jeden Satz die Frage: „Haben Sie dazu noch Fragen?" einfügen.

- Nichteinhaltung dadurch kenntlich machen, dass auf den Arbeitsplatz (deutlich sichtbar für andere) eine Zitrone gelegt wird.

(4) Metakommunikation

Metakommunikation (vgl. insbesondere Schulz von Thun 1981, 91ff.) bedeutet, über die Kommunikation zu reden und damit den Regelkreis „von außen" zu betrachten: sich deutlich machen, was der eine, was der andere tut, ggf. ihn bildlich darstellen.

Metakommunikation ist schwierig, wenn man selbst Betroffener, d.h. Teil des Regelkreises ist. Der Satz „unsere Kommunikation leidet darunter, dass du mich immer angreifst", ist Metakommunikation (es wird über die Kommunikation geredet), aber nichts desto weniger verstärkt er den ursprünglichen Regelkreis: Er ist ein Angriff „du greifst mich immer an". Metakommunikation unter Betroffenen ist nur möglich, wenn man sich davor hütet, den anderen anzugreifen. Solche Metakommunikation ist eher durch „Wir-Botschaften" gekennzeichnet: „Unsere Kommunikation ist dadurch gekennzeichnet, dass einer den anderen angreift und jeder sich verteidigt".

Zum Abschluss hier wieder eine Checkliste, die Ihnen hilft, Lösungen 2. Ordnung zu entwickeln:

> ➢ **Was waren die bisherigen Lösungsversuche (die es zu vermeiden gilt)?**

> ➢ **Was bedeutet es, in dieser Situation gar nichts zu tun?**

> ➢ **Was wäre ein anderes Verhalten in dieser Situation?**

> ➢ **Wie lässt sich die „Tonart" des Verhaltens ändern?**

> ➢ **Welche Möglichkeiten gibt es aus unterschiedlichen Kommunikationskonzepten?**

2.2.5 Veränderung in Bezug auf die Systemumwelt

Systemumwelt kann die materielle Umwelt sein oder die soziale Umwelt, d.h. andere soziale Systeme. Daraus ergeben sich zwei unterschiedliche Ansatzpunkte:

(1) Veränderung der materiellen Umwelt

Insofern die materielle Umwelt das Verhalten eines sozialen Systems beeinflusst, kann auch die Veränderung der materiellen Umwelt (die Einrichtung des Arbeitsraums, Technik usw.) zur Veränderung des sozialen Systems führen. Hier nur einige Beispiele:

– Überlegen, wie sich das Büro besser einrichten lässt.

– Geeignete Sitzpositionen wählen, d.h. nicht in der 180°-Position gegenüber, sondern möglichst einen Winkel von 90° wählen.

- Einen Besprechungstisch in den Raum stellen, damit der Gesprächspartner nicht vor dem Schreibtisch sitzen muss.

- Telefon umschalten, wenn Besprechungen laufen.

- PC so einrichten, dass mit einem Gesprächspartner zusammen bestimmte Probleme am Bildschirm verfolgt werden können.

- In einem Seminar die Anordnung der Stühle überlegen: Stühle hintereinander, Rechteck, Stuhlkreis?

- Den eigenen Platz als Referent bei einem Vortrag bewusst wählen: Stelle oder setze ich mich hin? Stimmt die Distanz?

(2) Veränderung in Bezug auf die soziale Umwelt

Veränderung in Bezug auf die soziale Umwelt bedeutet Veränderung der Systemgrenze: sie mehr oder weniger durchlässig machen. Möglichkeiten sind:

- Engere Kontakte zu anderen Teams, zu Teilnehmern, zu Kunden.

- Mehr oder weniger Kontakt zu Freunden und Bekannten aufnehmen.

- Sich stärker vom Vorgesetzten oder von Mitarbeitern abgrenzen.

- Die Systemgrenze zwischen Leitungsteam und Teilnehmern einer Veranstaltung beachten.

2.2.6   Veränderung hinsichtlich der Entwicklung

Entwicklung sozialer Systeme verläuft häufig in Sprüngen: Ein System kann für längere Zeit starr sein, oder es kann sich plötzlich sehr schnell verändern. Entsprechend können Stabilisierung oder Veränderung auch als Intervention genutzt werden:

- Zeit lassen in der Erwartung, dass sich ein positiver Systemzustand von selbst stabilisiert oder bestimmte Problemsituationen sich von selbst auflösen,

- Veränderungen schnell vorantreiben.

Die verschiedenen Faktoren sozialer Systeme bieten, das wurde in den letzten Abschnitten deutlich, eine Fülle unterschiedlicher Ansatzpunkte für Intervention:

> **Lässt sich das soziale System hinsichtlich der Personen verändern? Können neue Personen in das System kommen oder Personen das System verlassen?**

> **Lassen sich die subjektiven Deutungen der beteiligten Personen klären oder verändern?**

> ➤ Lassen sich soziale Regeln verändern?

> ➤ Lassen sich Regelkreise verändern? Was sind Lösungen 2. Ordnung?

> ➤ Lässt sich die materielle Systemumwelt verändern oder die Grenze zu anderen sozialen Systemen?

> ➤ Braucht in Bezug auf die Entwicklung das soziale System Zeit oder muss Veränderung vorangetrieben werden?

Was das im einzelnen heißen kann, wird sicherlich je nach der Situation, sei es in Beratung, in der Erwachsenenbildung oder in Alltagssituationen als Betroffener, unterschiedlich sein. Exemplarisch sei das abschließend an dem in Kap. 2.1 aufgeführten Beispiel (S. 49) verdeutlicht: Welche Möglichkeiten ergeben sich aus systemischer Sicht, das Problem zu lösen?

(1) Was die Personen des sozialen Systems betrifft, so besteht sicher eine Möglichkeit darin, die Besprechung nicht in dem Kreis Simone, Gerd und Heike, sondern nur zwischen Simone und Heike zu führen oder ggf. anstelle Gerd eine andere Mitarbeiterin dazu zu nehmen. Möglicherweise kann man Gerd auch freistellen, ob er dazu kommen will oder nicht.

(2) Ein durchaus wichtiger Ansatz besteht darin, subjektive Deutungen zu klären bzw. zu verändern: Gerd zu verdeutlichen, dass Simone und Heike ärgerlich sind. Das wäre dann eine Ich-Botschaft von Simone: „Ich bin ärgerlich, wenn du zu spät kommst, denn dann können wir nicht anfangen!". Man kann die Situation positiver oder in einem anderen Kontext sehen (Referenztransformation): Gerd verfolgt letztlich ein positives Ziel, nämlich Ideen für die nächste Ferienfreizeit zu entwickeln. Oder möglicherweise steht hinter dem Problem des Zuspät-Kommens ein anderes Thema, nämlich das Führungsverständnis von Simone. Man kann in Form von „Wir-Botschaften" über die Kommunikation reden (Metakommunikation): „Wir ärgern uns alle: Heike und ich, wenn du nicht rechtzeitig zur Besprechung kommst, und du über unsere Kritik".

(3) Es lassen sich soziale Regeln verändern: z.B. die Regel einführen, pünktlich anzufangen, mitzuteilen, wenn es später wird, oder anzufangen, auch wenn nicht alle da sind. Doch Vorsicht: Die Vereinbarung „wir fangen pünktlich an", ist keine Regel, wenn sie nicht auf Sanktionen gestützt ist: Wer 5 bis 15 Minuten zu spät kommt, zahlt 5 Euro in eine gemeinsame Kasse, wer noch später kommt, 10 Euro. Übrigens können solche Sanktionen die Situation entscheidend entspannen und sehr schnell zu einer Lösung führen.

(4) Offenkundiges Merkmal der Situation sind die Regelkreise. Doch was wären Lösungen 2. Ordnung:

- Weniger desselben tun: d.h. das Zu-spät-Kommen nicht beachten, sondern einfach weiter machen.
- Mit der Besprechung anfangen, gleichgültig, ob Gerd da ist oder nicht.
- Das Thema ansprechen: als Ich-Botschaft, als Meta-Kommunikation bei einer Teambesprechung usw.
- Wenn Gerd dann kommt, nicht mehr da sein.
- Positives Verhalten verstärken, z.B. dann, wenn Gerd pünktlich ist, nachdrücklich betonen, wie wichtig es ist oder dass man sich darüber freut.

(5) Konkrete Hinweise auf die Systemumwelt finden sich in dem Beispiel nicht. Vielleicht kann man die Besprechung an einen anderen Ort verlegen, in eine Pizzeria, auf einen Spaziergang. Oder eine besonders angenehme Atmosphäre mit Kaffee und Kuchen schaffen – der dann weg ist, wenn Gerd kommt. Auch das bedeutet eine Veränderung des sozialen Systems.

(6) Nachdem es sich hier offenbar um ein schon länger bestehendes Problem handelt, könnte es Sinn machen, hier sehr schnell und deutlich eine Änderung vorzunehmen.

Welche dieser Möglichkeiten in der konkreten Situation angemessen ist, lässt sich sicher nicht allgemein, sondern nur in eben dieser Situation sagen – und hängt damit letztlich vom sozialen System selbst ab. Entscheidend ist aber, nicht nach einer Ursache zu fragen, sondern die Perspektive zu erweitern, die verschiedenen Faktoren des sozialen Systems in den Blick zu nehmen und hier mögliche Alternativen zu überlegen.

Kapitel 3:   Forschungsmethoden

3.1   Forschungsmethodische Ansätze der Diagnose sozialer Systeme

Eckard König / Annette Bentler

3.1.1   Grundlagen

Die Diagnose sozialer Systeme in Kapitel 2.1 wurde gleichsam aus einer Alltagsperspektive betrachtet. Es wurde gefragt, was die für eine Problemsituation relevanten Faktoren des sozialen Systems sind. Aber es wurde nicht gefragt, wie, d.h. mit welchen Methoden diese Diagnose durchzuführen ist. Eben diese Frage soll in diesem Kapitel diskutiert werden.

Nun ist es keineswegs so, dass eine Diagnose im Alltag ohne Methoden geschieht. Auch hier wendet man immer schon bestimmte Methoden an: Es fällt einem ein bestimmtes Verhalten im Team auf – d.h. man macht eine Beobachtung. Man erfragt in einem Gespräch die Erwartungen eines Teilnehmers an die Veranstaltung – und führt damit eine elementare Form eines Interviews durch. Oder man sieht das Protokoll einer Besprechung durch, was letztlich nichts anderes als eine einfache Form einer Dokumentenanalyse darstellt.

Grundsätzlich jede Diagnose, sei es im Alltag oder im Rahmen eines umfangreichen wissenschaftlichen Projektes, bedient sich bestimmter Methoden. Forschungsmethoden sind somit nichts grundsätzlich anderes als im Alltag durchaus gebräuchliche Verfahren. Aber sie stehen unter dem Anspruch, zuverlässigere und „objektivere" Ergebnisse zu liefern, als dies im Alltag der Fall ist: Während z.B. eine mehr oder minder zufällige Beobachtung im Alltag sehr leicht zu falschen Ergebnissen führen kann, versucht man, diese Methoden in einem wissenschaftlichen Kontext so festzulegen, dass sie zuverlässigere Ergebnisse sichern. Dabei wird die „Zuverlässigkeit" einer Methode häufig an den sog. klassischen Testkriterien Objektivität, Reliabilität und Validität (vgl. z.B. Lukesch 1998, 38ff.) festgemacht. D.h.:

–   Eine Forschungsmethode ist dann objektiv, wenn mehrere Personen bei der Anwendung des jeweiligen Verfahrens zu dem selben Ergebnis gelangen.

– Eine Forschungsmethode ist dann reliabel, wenn die Anwendung des Erhebungsinstruments unter gleichbleibenden Bedingungen zu gleichen Ergebnissen führt.

– Eine Forschungsmethode ist dann valide, wenn sie tatsächlich das misst, was gemessen werden soll.

In den Sozialwissenschaften gibt es mittlerweile ein umfangreiches Methodenrepertoire sog. quantitativer und qualitativer Methoden (vgl. z.B. die Übersicht bei Bortz/Döring 2002):

Die sog. quantitativen Methoden (vgl. z.B. Kromrey 2002) wurden ursprünglich in Anlehnung an die Forschungsmethodik der Naturwissenschaften entwickelt und legen das Schwergewicht auf die Erfassung beobachtbaren Verhaltens. Klassische Vorgehensweisen sind die systematische Verhaltensbeobachtung oder der Fragebogen. Das Vorgehen gliedert sich in folgende Schritte:

– Ausgangspunkt bildet eine Hypothese über den Zusammenhang zwischen mehreren Variablen.

– In einem zweiten Schritt werden diese Variablen in beobachtbare Verhaltensbegriffe übersetzt, „operationalisiert", wobei diese Operationalisierung sowohl durch Festlegung von Beobachtungskategorien erfolgen kann als auch durch Formulierung von Fragen innerhalb eines Fragebogens.

– In einem dritten Schritt werden die Variablen quantifiziert, d.h. es werden Messgrößen eingeführt, mit deren Hilfe sich verschiedene Situationen vergleichen lassen.

– Dann wird die Stichprobe festgelegt, d.h. diejenigen Personen bzw. Situationen, die beobachtet oder befragt werden sollen.

– Die Auswertung schließlich erfolgt mit Hilfe statistischer Verfahren, indem z.B. Häufigkeiten, Verteilungen, Zusammenhänge, Faktoren erfasst werden mit der Zielsetzung, die eingangs formulierten Hypothesen zu überprüfen.

Ausgangspunkt für die qualitative Forschung (vgl. die Übersichten bei Friebertshäuser/Prengel 2003; König/Zedler 2002a) ist die These, dass menschliches Handeln eine Bedeutung besitzt. Zielsetzung ist es, diese Bedeutung zu erfassen. Klassische Vorgehensweisen sind das qualitative Interview und die teilnehmende Beobachtung.

Mittlerweile gibt es zahlreiche Übergänge zwischen quantitativen und qualitativen Verfahren. So lässt sich die Bedeutung, die z.B. das Team für die Mitglieder besitzt, durchaus auch mit Hilfe eines Fragebogens erfassen, während andererseits qualitative Interviews (zumindest ab einer gewissen Stichprobengröße) durchaus auch quantitativ (im Blick auf Häufigkeiten) ausgewertet werden können.

Welche Forschungsmethoden sind nun zur Diagnose sozialer Systeme geeignet? Zur Beantwortung dieser Frage sind zunächst vier Grundsätze zu beachten:

(1) Soziale Systeme sind „sinnhaft strukturiert", d.h. der Zustand eines sozialen Systems resultiert aus der Bedeutung, die die Situation für die jeweiligen Personen besitzt.

Diese These lässt sich gut an den in Kap. 1 aufgeführten Merkmalen sozialer Systeme verdeutlichen:

- Der Zustand des sozialen Systems ist abhängig von den subjektiven Deutungen der jeweiligen Personen: Die negative Einschätzung eines Kurses durch die Teilnehmer wird den Zustand des Systems „Seminar in der Erwachsenenbildung" entscheidend beeinflussen.

- Der Zustand des sozialen Systems ist aber ebenso abhängig von den sozialen Regeln, die festlegen, was man tun soll, tun darf, nicht tun darf, und die eben nicht einfach beobachtbar, sondern immer nur erschließbar sind.

Für das forschungsmethodische Vorgehen ergibt sich daraus als Konsequenz:

> ➢ **Die Diagnose sozialer Systeme muss die Bedeutung, die bestimmte Situationen für das System haben, erfassen.**

(2) Soziale Systeme sind zugleich durch bestimmte Verhaltensmuster, nämlich durch Regelkreise, gekennzeichnet.

Ein Regelkreis wie „Angriff – Angriff" lässt sich von außen beobachten. Aber auch hier gelten bestimmte Einschränkungen:

- Jede Beobachtung ist immer auch ein Stück Interpretation: Dass ein Verhalten ein Angriff ist, lässt sich nicht einfach beobachten, sondern nur erschließen.

- Jede Beobachtung ist abhängig von der Beobachterperspektive: Der Beobachter entscheidet, was er beobachtet, und er benötigt dafür begriffliche Unterscheidungen: Ein Angriff in einem Team lässt sich nur beobachten, wenn ich dafür den Begriff „Angriff" auch zur Verfügung habe.

Die forschungsmethodische Konsequenz daraus ist:

> ➢ **Die Beobachtung sozialer Systeme muss die jeweilige Beobachterperspektive berücksichtigen.**

(3) Soziale Systeme sind „operativ geschlossen", d.h. die Wirkungen von Interventionen werden durch das System definiert.

Operative Geschlossenheit ist eine der zentralen Eigenschaften von komplexen Systemen überhaupt. Operative Geschlossenheit bedeutet, dass „Systeme mit der Ausbildung einer gewissen Eigenkomplexität immer stärker auf sich selbst reagieren und mit ihren eigenen Prozessen beschäftigt sind – und sich deshalb nur noch sehr selektiv mit ihrer Umwelt auseinandersetzen" (Willke 1999, 73). D.h. jede Intervention von außen wird durch das soziale System auf der Basis der internen begrifflichen Unterscheidungen gedeutet und damit verändert.

Als forschungsmethodische Konsequenz ergibt sich daraus:

> ➤ **Die Diagnose des Systems muss die internen Unterscheidungen und Deutungen des Systems erfassen.**

(4) Soziale Systeme sind durch unterschiedliche Perspektiven innerhalb des Systems gekennzeichnet.

Dies ist eine der Alltagserfahrungen bei der Diagnose sozialer Systeme: Jeder einzelne innerhalb des Systems, aber auch jeder Beobachter von außen hat eine unterschiedliche Beobachterperspektive, bei der bestimmte Sachverhalte in den Blick kommen, andere aber ausgeblendet werden. Es gibt somit nicht die „richtige" Sicht eines sozialen Systems, sondern es gibt unterschiedliche Perspektiven.

Als forschungsmethodische Konsequenz ergibt sich daraus:

> ➤ **Die Diagnose des sozialen Systems muss die unterschiedlichen Beobachterperspektiven erfassen.**

3.1.2   Forschungsmethoden zur Diagnose sozialer Systeme

Konsequenz aus diesen Grundsätzen ist, dass durchaus unterschiedliche methodische Vorgehensweisen wie Beobachtung, Interview und Fragebogen für die Erfassung des sozialen Systems genutzt werden können, dass aber jeweils die Besonderheiten sozialer Systeme bei der Entwicklung des Erhebungsdesigns zu berücksichtigen sind. Das soll im Folgenden an einzelnen Methoden verdeutlicht werden.

(1) Die Beobachtung

Die Beobachtung gilt als eines der klassischen Erhebungsverfahren in den Sozialwissenschaften. Dabei standen sich bis Ende der 80er Jahre zwei Positionen gegenüber:

– Die Verhaltensbeobachtung in der Tradition der Verhaltenstheorie, die ausschließlich auf eine Erfassung beobachtbaren Verhaltens abzielt (z.B. Faßnacht 1995, 71ff.; Martin/Wawrinowski 2000, 29ff.).

– Die in der Tradition qualitativer Forschung stehende teilnehmende Beobachtung (z.B. Flick 2002, 206ff.; Lamnek 1995, 239ff.), bei der kein Beobachtungsschema vorgegeben ist, sondern die in der natürlichen Lebenswelt soziale Wirklichkeit zu interpretieren und verstehen sucht.

Diese scharfe Entgegensetzung ist heute nicht mehr aufrecht zu halten. Beobachtung kann nie völlig neutrale Verhaltensbeobachtung sein, sondern sie ist von der jeweiligen Beobachterperspektive beeinflusst und damit grundsätzlich ein Stück Interpretation (vgl. z.B. Maturana 2000, 25f.; Willke 1999, 12ff.): Ein Beobachter legt fest, worauf er achtet und gibt damit zwangsläufig der Beobachtung eine bestimmte Bedeutung. Auf der anderen Seite ist eine völlig offene Beobachtung in Gefahr, dass hier die subjektiven Deutungen des Beobachters zu stark einwirken und wichtige Sachverhalte außer Betracht bleiben.

Für die Beobachtung sozialer Systeme heißt das, dass sehr wohl ein Beobachtungsleitfaden sinnvoll ist, dass aber die Kategorien des Beobachters grundsätzlich mit dem jeweiligen sozialen System rückzukoppeln sind. Das kann bedeuten:

– In einer ersten Phase als Teilnehmer in dem sozialen System zu agieren, um dabei intuitiv ein Gespür für die „Lebenswelt" des sozialen Systems zu gewinnen, d.h. implizit zu lernen, was für das jeweilige soziale System wichtig ist.

– Die für das soziale System relevanten Themen im Rahmen von Interviews zu erfragen und auf dieser Basis allgemeine Beobachtungskategorien festzulegen.

– Möglich ist schließlich auch, auf der Basis theoretischer Konzepte (z.B. des Systemmodells) so etwas wie allgemeine Leitkategorien für die Beobachtung festzulegen. Dann ist aber auch diese Beobachtung nicht die „wirkliche" Sicht, sondern grundsätzlich nur eine mögliche Perspektive und muss dann wieder mit dem sozialen System rückgekoppelt werden.

Im Blick auf die Erfassung der unterschiedlichen Ebenen ergeben sich für die Beobachtung sozialer Systeme folgende mögliche Leitkategorien:

> **Personen:**
> **Welche Personen des sozialen Systems sind anwesend? Fehlen welche? Nehmen Personen aus anderen sozialen Systemen teil? Welche Personen sind tatsächlich aktiv beteiligt?**

➤ Subjektive Deutungen:

Welche (verbalen und körpersprachlichen) Botschaften werden gesendet? Lässt sich aus dem (verbalen oder körpersprachlichen) Verhalten erschließen, welche Botschaften empfangen werden?

➤ Soziale Regeln:

Werden bestimmte soziale Regeln explizit genannt? Gibt es Verhaltensweisen (z.B. bestimmte Interaktionsstrukturen), die auf soziale Regeln hindeuten? Welches Verhalten wird (positiv/negativ) sanktioniert?

➤ Regelkreise:

Gibt es bestimmte Regelkreise, die sich immer wiederholen (z.B. wechselseitige Angriffe)? Gibt es Verhaltensweisen, die nie auftreten?

➤ Systemumwelt:

Welche Bedeutung hat der Besprechungsraum, hat die Technik, hat die sonstige soziale Umwelt? Gibt es Einflüsse aus anderen sozialen Systemen?

➤ Entwicklung:

Wie ist die Entwicklung des sozialen Systems? Wie ist z.B. die Entwicklung einer Teambesprechung oder eines Seminars in Erwachsenenbildung? Stabilisiert sich das System? Gibt es besondere Problemsituationen? Eskalieren Konflikte?

Ein besonderes Problem bei der Beobachtung ist immer der Zugang zum Untersuchungsfeld:

– In welcher Situation soll das soziale System beobachtet werden?

Grundsätzlich gilt, dass es natürliche Situationen, keine Laborsituationen sein sollen: z.B. eine Teambesprechung, ein Seminar in Erwachsenenbildung, die Arbeit in einem Projekt usw.

– In welcher Rolle tritt der Beobachter auf?

In der Literatur unterscheidet man hier zwischen offener und verdeckter Beobachtung (z.B. Lamnek 1995, 251): Offen ist eine Beobachtung dann, wenn dem beobachteten System klar ist, dass es beobachtet wird. Verdeckt ist die Beobachtung, wenn der Beobachter eine andere Rolle (z.B. die des Teilnehmers in einem Seminar, des Experten, des Praktikanten) einnimmt, ohne dass seine „wirkliche" Rolle als Beobachter klar wird. So ist es keineswegs selten, dass sich z.B. unter den Teilnehmern einer Veranstaltung in Erwachsenenbildung „Beobachter" verbergen, die Anregungen für eigene Seminare haben möchten. In den meisten Fällen gibt es jedoch gute Gründe für offene Beobachtung: Wenn man transparent macht, wozu die Beobachtung dient, verschafft das meist die Akzeptanz, die nötig ist, um die Beobachtung durchzuführen.

(2) Das Leitfaden-Interview

Das Leitfaden-Interview, das unter verschiedenen Bezeichnungen wie z.B. fokussiertes Interview (Merton/Kendall 1993), Konstrukt-Interview (König/Volmer 2000), problemzentriertes Interview (Witzel 1994), Tiefen-Interview (Bock 1992; Friedrichs 1990) verwendet wird, ist neben der teilnehmenden Beobachtung die zweite klassische qualitative Forschungsmethode (vgl. Flick 2002, 117ff.; Friebertshäuser 2003; Lamnek 2002).

Grundgedanke des Leitfaden-Interviews ist, dass der Interviewpartner möglichst frei und ungelenkt seine Sichtweise zu bestimmten Themen darstellen kann. Im Unterschiede zu einem Fragebogen mit geschlossenen Fragen werden hier offene Fragen (sog. Leitfragen) gestellt, zu denen der Interviewpartner eben das sagen kann, was aus seiner Sicht wichtig ist. Im Blick auf die Diagnose sozialer Systeme bietet das qualitative Interview damit den Vorteil, dass die Interviewpartner die Situation auf der Basis der für das System relevanten begrifflichen Unterscheidungen darstellen können und keine Kategorien von außen übergestülpt werden.

Das Leitfaden-Interview ist durch folgende Merkmale gekennzeichnet (vgl. Lamnek 1995, 35ff.; König/Volmer 2000, 140ff.):

– Erforderlich ist eine eindeutige Definition der Situation als Interviewsituation. Ein Interview ist keine Alltagskommunikation, sondern setzt eine gemeinsame Definition der Situation voraus, die dadurch gekennzeichnet ist, dass der Interviewer das Recht hat, Fragen zu stellen und der Interviewer seine Bereitschaft erklärt hat, diese Frage zu beantworten.

– Strukturiert ist das Interview durch den sog. „Leitfaden", d.h. ca. fünf bis sieben Leitfragen, die den Gang des Gespräches steuern. Dabei handelt es sich um offene Fragen, die dem Interviewpartner die Möglichkeit geben, bei der Antwort selbst Schwerpunkte zu setzen und seine Sichtweise zu entwickeln. Gerade Anfänger neigen bei Leitfadeninterviews dazu, zu viele und zu enge Fragen zu stellen, womit letztlich der Interviewpartner auf die subjektive Theorie des Interviewers festgelegt wird.

– Die Beantwortung der Leitfragen erfolgt in der Regel im Wechsel von freier Erzählphase (lediglich durch unterstützende Äußerungen des Interviewers unterstützt) und Phasen, in denen es darum geht, die Auffassung des Interviewpartners genauer zu verstehen. Möglichkeiten dafür sind:

   • Gezieltes Nachfragen insbesondere im Blick auf die Bedeutung der vom Interview-Partner verwendeten Konstrukte, z.B. mithilfe der Darstellung konkreter Situationen (fokussieren) oder dem Erfragen „verdeckter" Informationen (d.h. solcher Informationen, die zunächst nicht weiter expliziert wurden)

   • Sog. Störfragen, bei denen mögliche Erklärungen und Begründungen des Interviewpartners problematisiert werden: „Wäre es nicht andererseits auch denkbar, dass..."

- Widerspiegeln und strukturieren der Äußerungen des Interview-Partners mit der Zielsetzung, abzusichern, dass die Äußerung zutreffend verstanden wurde.

Das Vorgehen einer in der Praxis bewährten Form des Leitfaden-Interviews, das sog. Konstruktinterview, wird in Kapitel 3.2 ausführlicher dargestellt.

(3) Der Fragebogen

Im Unterschied zu offenen Interviews werden in einem Fragebogen für die einzelnen Items (die einzelnen Äußerungen des Fragebogens) Konstrukte vom „Beobachter" vorgegeben. Eine Frage wie „Erkennt Ihr Vorgesetzter gute Leistungen lobend an?" gibt von außen bestimmte Konstrukte („Anerkennung", „Leistung" und „Lob") vor und überprüft die Auffassung in Bezug auf eben diese Konstrukte. Genau darin liegen jedoch zwei Probleme für die Anwendung von Fragebogen:

Das erste Problem tritt dann auf, wenn die Konstrukte von einem Beobachter, aber nicht vom System selbst festgelegt werden. So führt z.B. Mummendey (1999, 58ff.) für die Sammlung möglicher Items eine Reihe unterschiedlicher Quellen auf:
- vorliegende Theorien
- vorhandene Fragebogen
- Eigenerfahrung und Alltagsbeobachtung
- Befragungen im Rahmen von Voruntersuchungen
- Expertenbefragung
- Literatur zu dem jeweiligen Themenbereich

Vorliegende Theorien, vorhandene Fragebogen oder die Eigenerfahrung des Fragebogenkonstrukteurs stellen aber allesamt externe Sichtweisen dar. Dabei ist zunächst überhaupt nicht sichergestellt, dass die im Fragebogen verwendeten Items die Sichtweise des Systems selbst erfassen.

Demgegenüber gilt auf der Basis eines systemischen Ansatzes als Grundsatz für die Fragebogenerstellung, die Items nicht in der Sprache des Beobachters, sondern in der Sprache des sozialen Systems zu formulieren. Das setzt jedoch voraus, dass zunächst die Sprache des Systems erhoben werden muss. Konkret bedeutet das:

- In einer qualitativen Vorstudie sind zunächst die aus Sicht des sozialen Systems relevanten Themen zu erheben. D.h. erster Schritt bei der Fragebogenerstellung ist die Durchführung eines qualitativen Interviews oder einer Gruppendiskussion mit der Zielsetzung, die für das betreffende System relevanten Themen und Konstrukte zu erfassen.

- Auf dieser Basis besteht dann für die sog. Item-Generierung, d.h. die Formulierung der Fragen oder Aussagen eine Chance, sie in der Sprache des Systems zu formulieren und die für das System relevanten Themen zu erheben.

– Der Entwurf des Fragebogens muss dann in einem 3. Schritt wieder mit dem sozialen System rückgekoppelt werden: Sind die einzelnen Aussagen oder Fragen für die Betreffenden verständlich? Fehlen ihnen noch Themen?

Darüber hinaus gelten für die Fragebogenkonstruktion ansonsten die in der Literatur geläufigen Kriterien (vgl. hierzu z.B. Atteslander 2000, 174ff.; Mummendey 1999; Schnell u.a. 1999, 299ff.).

Qualitative Interviews und Fragebogen können gleichermaßen im Rahmen der Diagnose sozialer Systeme geeignete Verfahren sein. Aber sie verfolgen unterschiedliche Ziele:

– Das qualitative Interview bietet die Möglichkeit, zunächst einmal qualitative Daten zu erheben: Was genau wird als die Probleme im Team gesehen? Was gibt es für Ideen, das Angebot in Erwachsenenbildung zu verbessern?

– Der Fragebogen bietet (besser) die Möglichkeit, umfangreichere Stichproben oder Gesamtbefragungen durchzuführen und dabei Trends und Häufigkeiten zu erfassen: Wie viele Teilnehmer beurteilen die Veranstaltung positiv? Wie viele Mitarbeiter fühlen sich von ihren Vorgesetzten zu wenig informiert?

Daneben sind verschiedene Kombinationen denkbar:

– Man kann qualitative Interviews auch quantitativ auswerten, was aber nicht die Repräsentativität einer umfangreichen Fragebogenuntersuchung erreicht.

– Man kann den Fragebogen durch offene Fragen ergänzen, wobei allerdings die Möglichkeit fehlt, genauer nachzufragen, was der oder die Betreffende meint.

– Man kann schließlich auffällige Ergebnisse einer Fragebogenerhebung auf der Basis zusätzlicher qualitativer Interviews genauer nachfragen: Was ist damit gemeint, dass das Seminar zu theoretisch war oder der Informationsfluss in der Abteilung als schlecht bewertet wird?

3.1.3   Schritte des Forschungs- und Entwicklungsprozesses

Empirische Forschungs- bzw. Entwicklungsprozesse verlaufen üblicherweise in bestimmten Schritten (vgl. Schnell u.a. 1999, 7ff.) – gleichgültig, ob es sich dabei um eine Untersuchung mit Hilfe von Interviews, Fragebogen, Beobachtungen oder sonstigen Verfahren handelt. Die Schritte sind im Einzelnen:

– Festlegung von Untersuchungsziel und Verwendungszweck

– Festlegung des theoretischen Begriffsrahmens

- Übersicht über den Forschungsstand

- Festlegung des Erhebungsdesigns

- Durchführung der Erhebung

- Auswertung und Interpretation der Ergebnisse

- Praktische Konsequenzen

Diese Schritte gelten allgemein für Forschungs- und Projektarbeiten in den Sozialwissenschaften und damit z.B. auch für Diplomarbeiten oder Dissertationen. Sie werden allerdings je nach der praktischen Zielsetzung mehr oder minder aufwendig erfolgen. So sind z.B. die Schritte 2 und 3 eine Besonderheit wissenschaftlicher Arbeiten und werden bei stärker praktisch ausgerichteten Projekten möglicherweise ganz entfallen. Die einzelnen Schritte seien im Folgenden an einem konkreten Beispiel, nämlich der Entwicklung eines Kommunikationstrainings, verdeutlicht.

(1) Festlegung von Untersuchungsziel und Verwendungszweck

Jedes Forschungsvorhaben beginnt mit der Formulierung eines Forschungsproblems. In diesem Schritt soll die eigene Fragestellung der Arbeit ausführlich entwickelt und begründet werden. Hier reicht es allerdings nicht aus, z.B. zu schreiben, ich will mich in meiner Arbeit mit dem Thema „Kommunikationstraining" beschäftigen. Eine solche Fragestellung ist in dieser Form - auch wenn sich ähnliche in zahlreichen Arbeiten entdecken lassen – zu allgemein und gibt damit keine Auswahlkriterien, mit deren Hilfe sich unterscheiden lässt, was für das Thema wichtig ist, was nicht. Zum Thema „Kommunikationstraining" gibt es zahllose Literatur, zahllose Ansätze und zahllose mögliche Fragestellungen: Was davon ist für die Fragestellung wichtig? Von daher gilt, die Fragestellung zu präzisieren.

Einen Ansatzpunkt dafür bildet die Forderung, Forschungsprojekte grundsätzlich in praktische Fragestellungen einzubetten. Praktisches Ziel oder, wie im folgenden formuliert wird, „Verwendungszweck" könnte sein, ein neues Konzept für ein Kommunikationstraining im Rahmen der Ausbildung zu entwickeln. Im Blick darauf lässt sich dann auch das Untersuchungsziel für eine empirische Erhebung formulieren: den Bildungsbedarf von Auszubildenden im Bereich Kommunikation zu erfassen. Daraus ergeben sich zwei zentrale Fragestellungen zu Beginn einer Untersuchung:

- **Was ist das Untersuchungsziel, d.h. was genau soll erhoben werden?**

  Z.B. der Bildungsbedarf von Auszubildenden, die Einschätzung eines Seminarkonzeptes aus unterschiedlichen Perspektiven, die Stärken und Schwächen eines Teams usw.?

- **Was ist der Verwendungszweck, d.h. wozu sollen die Daten dienen?**

  Bei dem Verwendungszweck handelt es sich grundsätzlich um ein praktisches Ziel: Ein neues Konzept soll entwickelt oder ein vorhandenes verbessert werden, oder es sollen Maßnahmen zur Verbesserung geplant oder umgesetzt werden.

Wichtig ist, beide Fragestellungen nicht zu vermischen: Das Untersuchungsziel definiert, welche Informationen erhoben werden sollen. Der Verwendungszweck dagegen legt fest, wozu diese Informationen praktisch verwendet werden sollen: Es sollen bestimmte Maßnahmen geplant, durchgeführt oder verbessert werden.

(2) Festlegung des theoretischen Begriffsrahmens

In diesem Punkt wird die „Brille" des Beobachters transparent gemacht: Was sind die zentralen theoretischen Begriffe oder Konzepte, unter denen die Wirklichkeit betrachtet werden soll. Auf das Beispiel Kommunikationstraining bezogen: Es gibt verschiedene Konzepte von Kommunikation: Welches Verständnis von Kommunikation wird im Folgenden zugrunde gelegt? „Kommunikation" wird z.B. in einem verhaltenstheoretischen Modell anders definiert als im Rahmen des Radikalen Konstruktivismus oder der Systemtheorie. Welches Modell von Kommunikation wird zugrunde gelegt? Folgende Punkte sind hier zu erarbeiten:

> **Was sind die zentralen Begriffe innerhalb der Fragestellung (d.h. bei Untersuchungsziel und Verwendungszweck)?**

> **In welchen theoretischen Konzepten werden diese Begriffe eingeführt?**

> **Welches ist das theoretische Modell, das den weiteren Überlegungen zugrunde gelegt wird?**

Ein möglicher theoretischer Begriffsrahmen für die Entwicklung eines Kommunikationstrainings könnte durchaus auch die Personale Systemtheorie sein: Personale Systemtheorie ist ein theoretisches Konzept, das z.B. dann hier zu explizieren wäre: Kommunikation wird hier im Zusammenhang gesehen mit den jeweiligen Personen, ihren subjektiven Deutungen, aber auch mit sozialen Regeln, Regelkreisen, mit der Umwelt und der bisherigen Entwicklung.

Eine Gefahr durch den theoretischen Begriffsrahmen liegt darin, dass die Perspektive des Beobachters und die Perspektive des sozialen Systems zu unterschiedlich sind. Von daher ist die Anschlussfähigkeit des theoretischen Rahmens an das soziale System zu diskutieren: Lassen sich damit konkrete, aus Sicht des sozialen Systems wichtige Situationen erklären? Sind die auf dieser Basis entwickelten Lösungen aus Sicht des Systems brauchbar?

Eine Möglichkeit, die Anschlussfähigkeit des eigenen Begriffsystems an die Lebenswelt des Systems zu überprüfen, ist die Verdeutlichung allgemeiner Begriffe an konkreten Beispielsituationen. Durch dieses „exemplarische Prinzip" (Kamlah/ Lorenzen 1973, 29ff.) lassen sich besonders abstrakte Sachverhalte besser verdeutlichen und verständlich machen: Der Begriff „Regelkreis" lässt sich z.B. an konkreten Alltagssituationen exemplarisch einführen, und damit wird ebenso die Anschlussfähigkeit des begrifflichen Rahmens an alltägliche Situationen gesichert als auch das Verständnis für den Leser erleichtert.

(3) Übersicht über den Forschungsstand

Zu fast allen Fragestellungen gibt es bereits eine Fülle an Literatur, z.B. eine Fülle an Kommunikationstrainings mit unterschiedlichen Vorgehensweisen, von denen sicher das eine oder andere als Material für das eigene Konzept genutzt werden kann. Das setzt jedoch einen Überblick über den Diskussionsstand voraus. Im Einzelnen ergeben sich dazu folgende Fragestellungen:

> **Welche Themen im Zusammenhang mit der eigenen Fragestellung wurden bereits in der Literatur bearbeitet?**

> **Was sind dabei die zentralen Ergebnisse?**

> **Wo gibt es Anknüpfungspunkte hinsichtlich der eigenen Fragestellung?**

> **Wo gibt es Defizite im Blick auf die eigene Fragestellung oder offene Fragen?**

Was wenig Sinn macht, ist hier ein Konzept nach dem anderen detailliert darzustellen, dabei gehen Überblick und Zusammenhang mit der eigenen Fragestellung verloren. Bewährt hat sich, mit einem kurzen Überblick zu beginnen, sich dann ein bis zwei wichtige Ansätze bzw. Autoren herauszugreifen und diese ausführlicher darzustellen. Den Abschluss bildet ein Resümee im Blick auf die eigene Fragestellung: Was sind offene Fragen? Was sind wichtige Anregungen für das eigene Konzept?

(4) Festlegung des Erhebungsdesigns

Soll der Bildungsbedarf von Auszubildenden in Bezug auf das Thema Kommunikation mit Hilfe von Beobachtungen, durch Interviews oder durch einen Fragebogen erhoben werden? Welche Methode ist sinnvoll? Wie ist dabei das konkrete Vorgehen? Eben diese Fragen sind hier zu diskutieren. Daraus ergeben sich im Einzelnen folgende Aufgaben:

- **Festlegung von Untersuchungsziel und Verwendungszweck der Erhebung**

    Den Ausgangspunkt für die Festlegung des Erhebungsdesigns bilden grundsätzlich Untersuchungsziel und Verwendungszweck, das Erhebungsdesign ist im Blick darauf festzulegen. Das kann bedeuten, dass hier nochmals Untersuchungsziel und Verwendungszweck aus dem ersten Schritt aufgeführt werden, es kann aber auch sein, dass sich auf dem Hintergrund der Abschnitte 2 und 3 eine Präzisierung ergibt.

- **Übersicht über mögliche forschungsmethodische Vorgehensweisen**

    In den meisten Fällen gibt es nicht „das richtige" Erhebungsdesign, sondern es gibt verschiedene mögliche Vorgehensweisen. Das setzt jedoch einen (groben)

Überblick über verschiedene Vorgehensweisen voraus. Auf die Bildungsbedarfs-analyse im Rahmen der Entwicklung eines Kommunikationstrainings bezogen würde das heißen: Wie könnte eine Bildungsbedarfsanalyse auf der Basis einer teilnehmenden Beobachtung durchgeführt werden, wie auf der Basis von Inter-views? Welche verschiedenen Interviewformen wären denkbar. Hilfreich ist es dabei, das jeweilige Vorgehen ansatzweise zu konkretisieren: Was könnte eine mögliche Beobachtungskategorie, eine mögliche Leitfrage, was könnten einige mögliche Items für einen Fragebogen sein?

– **Entscheidung für ein bestimmtes forschungsmethodisches Vorgehen**

Zwischen verschiedenen forschungsmethodischen Vorgehensweisen ist eine Ent-scheidung zu treffen. Warum fiel die Entscheidung z.B. auf das Konstruktinter-view und nicht auf einen Fragebogen? Kriterien können dabei sein:

- Welches Verfahren ist im Blick auf Untersuchungsziel und Verwendungs-zweck besonders geeignet?
- Welches Verfahren ermöglicht den leichtesten Zugang zum sozialen Feld? Ist es z.B. überhaupt möglich, Beobachtungen vor Ort durchzuführen? Lassen sich Interviewpartner finden?
- Wie hoch ist der Aufwand für das jeweilige Vorgehen? Wie viel Zeit steht zur Verfügung? Wie viele Interviews können in der gegebenen Zeit durchgeführt werden?

– **Festlegung von Grundgesamtheit und Stichprobe**

Die Grundgesamtheit wird in empirischen Untersuchungen üblicherweise defi-niert als die „Menge von Objekten, für die die Aussagen der Untersuchung gelten sollen" (Schnell u.a. 1999, 247): Soll sich die Erhebung auf ein Team, auf eine einzelne Veranstaltung oder eine größere Organisation beziehen?
Bei kleineren Grundgesamtheiten kann man eine Vollbefragung durchführen. In der Regel wird man jedoch eine Stichprobe auswählen, d.h. einen Teil für die Be-fragung bzw. die Beobachtung auswählen. Je nach dem Erhebungsdesign wird dabei die Stichprobe anders zu definieren sein:

- Bei Fragebogenerhebungen arbeitet man entweder mit Vollbefragungen oder umfangreicheren Stichproben ab ca. 50 Fragebogen.
- Bei qualitativen Interviews wird man selten über mehr als 20 bis 30 Inter-views kommen, in vielen Fällen (je nach Fragestellung und den zur Verfü-gung stehenden Ressourcen) reichen oftmals 5 bis 10 Interviews.
- Bei Beobachtungen geht es zum einen darum, welche Personen man beo-bachtet, insbesondere jedoch um die sog. Verhaltensstichprobe: In welchen Situationen soll z.B. ein Team beobachtet werden? Wie viele Beobachtungs-situationen werden gewählt?

– **Festlegung von Leitfragen, Items, Beobachtungskategorien**

Je nach dem gewählten Verfahren wird man in dieser Phase die einzelnen Leit-fragen, einzelne Items oder einzelne Beobachtungskategorien festlegen. Dabei er-geben sich in der Regel drei Schritte:

- Sammlung möglicher Leitfragen, Items, Beobachtungskategorien

- Überprüfung der einzelnen Leitfragen, Items, Beobachtungskategorien im Blick auf Verständlichkeit für das jeweilige soziale System, sprachliche Formulierung, Eindeutigkeit usw.
- Festlegung der Reihenfolge der einzelnen Leitfragen oder Items.

– **Überprüfung des Erhebungsdesigns in einer Probeuntersuchung**

Selbst bei hinreichender Erfahrung kann man nie sicher sein, dass die gewählten Fragen, Items usw. für das soziale System passend sind. Die Probeuntersuchung (also z.B. die Durchführung eines Probeinterviews) dient somit dazu abzusichern, dass das Erhebungsdesign für das System passend ist: Können die Interviewpartner mit den Leitfragen etwas anfangen? Haben sie anhand der Leitfragen die Möglichkeit, ihre Sicht darzustellen? Sind die Items in der Sprache des sozialen Systems formuliert?

(5) Durchführung der Erhebung

Hier wird kurz angegeben, wie die Durchführung verlaufen ist. Dazu gehört auch eine Reflexion des Vorgehens, z.B.:

> **Waren Untersuchungsziel und Verwendungszweck klar?**

> **War das Erhebungsdesign sinnvoll gewählt?**

> **Waren Grundgesamtheit und Stichprobe sinnvoll definiert?**

> **Haben die Leitfragen, die Items oder die Beobachtungskategorien gegriffen?**

> **Gab es besondere Probleme bei der Durchführung?**

(6) Auswertung und Interpretation der Ergebnisse

Hier stellen sich im Einzelnen folgende Aufgaben:

– **Begründung des forschungsmethodischen Vorgehens für die Auswertung**

Wird ein inhaltsanalytisches oder werden bestimmte statistische Verfahren für die Auswertung zugrundegelegt? Was waren die Gründe dafür?

– **Definition von Kategorien, nach denen die Ergebnisse gegliedert werden**

Die Darstellung der Ergebnisse muss gegliedert werden. Was sind die Kategorien, nach denen die Auswertung einer qualitativen Erhebung gegliedert wird? – übrigens ein bei qualitativen Verfahren entscheidender Schritt. Lassen sich bestimmte Faktoren aufgrund der Fragebogenuntersuchung definieren?

– **Gesamtauswertung der Daten**

Bei der Gesamtauswertung gilt, die Auswertung möglichst eng an die Sprache des jeweiligen sozialen Systems anzulehnen. Das kann für qualitative Interviews bedeuten, wörtliche Zitate anzuführen, oder bei Beobachtungen ganz konkrete Beobachtungen darzustellen. Ggf. ist der Vergleich mit Literatur oder sonstigen Ergebnissen hilfreich: Wie weit stimmen die Ergebnisse mit denen aus der Literatur überein? Wo gibt es neue, überraschende Ergebnisse?

- **Interpretation der Ergebnisse auf der Basis von theoretischen Konzepten oder anderen Untersuchungen**

  Lassen sich die Ergebnisse auf der Basis theoretischer Konzepte wie z.B. der Personalen Systemtheorie interpretieren? Welche Faktoren sozialer Systeme (z.B. subjektive Deutungen, Regeln, Regelkreise) spielen hier eine besondere Rolle? Welche kommen möglicherweise nicht in den Blick? Oder: Weichen die Ergebnisse von früheren Erhebungen (z.B. einer umfangreichen Mitarbeiterbefragung) ab? Was hat sich seit dem letzten Mal verändert?

- **Zusammenfassung der zentralen Ergebnisse**

  Die Hauptergebnisse werden an dieser Stelle in knapper Form skizziert.

(7) Praktische Konsequenzen

Empirische Erhebungen sind letztlich immer auf praktische Zwecksetzungen ausgerichtet. Das bedeutet, dass zum Schluss wieder der Bogen zu diesen praktischen Zwecken herzustellen ist: Was sind die praktischen Konsequenzen, die sich aus der Erhebung ziehen lassen? Welches Konzept für ein Kommunikationstraining wird auf der Basis des theoretischen Rahmens unter Berücksichtigung anderer Konzepte und insbesondere auf der Basis der Bildungsbedarfsanalyse entwickelt? Sinnvoll erscheint es auch hier, sich nicht in der Breite möglicher Überlegungen zu verlieren. Besser ist es, sich einen, maximal zwei Punkte herauszugreifen und zu konkretisieren. Diese Ausführungen sollten ebenfalls in Anbindung an relevante Literatur vorgenommen werden. Bezogen auf unser Beispiel hieße das etwa, ein mögliches Konzept für ein Kommunikationstraining ggf. mit grobem Ablaufplan, Materialien für einzelne Teile usw. zu erstellen.

3.2 Das Konstruktinterview: Grundlagen, Forschungsmethodik, Anwendung

Eckard König

3.2.1 Grundlagen

„Die erste Prämisse besagt, dass Menschen ‚Dingen' gegenüber auf der Grundlage der Bedeutungen handeln, die diese Dinge für sie besitzen" (Blumer 1973, 81; vgl. auch Helle 2001; König/Zedler 2002, 142 ff.). Diese „Prämisse" des Symbolischen Interaktionismus von Herbert Blumer gilt gleichermaßen für die Personale Systemtheorie: Das Verhalten eines sozialen Systems ist (unter anderem) dadurch bestimmt, dass Menschen die Wirklichkeit deuten und auf der Basis dieser Deutung handeln. Watzlawick formuliert diese These als „erstes Axiom" seiner Systemtheorie: „Man kann nicht nicht kommunizieren" (Watzlawick 1969, 50ff.). Dieses Axiom bedeutet, dass im sozialen System jedes Verhalten gedeutet und damit Mitteilung wird und eben diese Deutung das Verhalten des Systems beeinflusst.

Doch was heißt es genau, dass Menschen der Situation eine bestimmte Bedeutung geben? Verdeutlichen wir uns das an einer konkreten Situation: Herr Berg, der Abteilungsleiter, nimmt an einer Besprechung einer Arbeitsgruppe seiner Abteilung unter Leitung des Gruppenleiters, Herr Scholz, teil.

Zunächst wird Herr Berg die Situation beschreiben: Die Gruppe ist wenig motiviert, die Diskussion kommt nur schleppend in Gang, bestimmte Punkte werden endlos diskutiert, es kommt zu keinem Ergebnis. Dabei wird Herr Berg der Beschreibung bestimmte Begriffe zugrunde legen: „motiviert", „schleppend", „endlose Diskussion".

Auf der Basis dieser Begriffe formuliert Herr Berg die obigen Aussagen über die Situation: „es kommen keine Ergebnisse zustande", „die Diskussion kommt schleppend in Gang". Diese Beispiele zeigen übrigens, dass solche Beschreibungen nicht „neutral" sind, sondern häufig Bewertungen enthalten: „es kommen keine Ergebnisse zustande", ist eine negative Wertung: „eigentlich hätte ich mehr Ergebnisse erwartet".

Als nächstes wird die Situation erklärt: Woran liegt es, dass in der Besprechung so wenig Ergebnisse zustande kommen? Möglicherweise gibt Herr Berg folgende Erklärung: „Es liegt daran, dass der Gruppenleiter, Herrn Scholz, zu wenig durchgreift."

Herr Berg setzt demgegenüber als Ziel an: „Besprechungen sollen effizienter werden!"

Auf dem Hintergrund der Erklärung der Situation gelangt Herr Berg zu Annahmen darüber, wie dieses Ziel erreicht werden kann: „Damit die Besprechungen effizienter werden, müsste der Gruppenleiter mehr durchgreifen!"

Theoretische Grundlage für diese Aufgliederung subjektiver Deutungen ist das sog. „Forschungsprogramm subjektiver Theorien". Anstoß dafür gaben Untersuchungen von Hans-Dieter Dann (1982), Manfred Hofer (1986), Jörg Schlee und Dieter Wahl (1987) über die subjektiven Berufstheorien von Lehrern zu Beginn der 80er Jahre. Weiter entwickelt wurde dieser Ansatz dann in dem „Forschungsprogramm subjektiver Theorien" von Norbert Groeben (z.B. Groeben u.a. 1988) und im Rahmen der Personalen Systemtheorie von Eckard König (z.B. König/Volmer 2000, 141ff.; König 2002).

Die klassische Definition des Begriffs „subjektive Theorie" findet sich bei Groeben: „Subjektive Theorien" sind „Kognitionen der Selbst- und Weltsicht, als komplexes Aggregat mit (zumindest impliziter) Argumentationsstruktur, das... die... Funktionen der Erklärung, Prognose, Technologie erfüllt" (Groeben u.a. 1988, 19), wobei als Inhalte subjektiver Theorien subjektive Konstrukte (Begriffe), subjektive Definitionen, subjektive Erklärungen, subjektive Prognosen und subjektive Technologien aufgeführt werden (Groeben u.a. 1988, 47ff.). Im folgenden wird eine etwas veränderte Aufgliederung subjektiver Theorien in subjektive Konstrukte, subjektive Diagnosehypothesen, subjektive Ziele, subjektive Erklärungen und subjektive Strategien zugrunde gelegt:

– Subjektive Konstrukte sind die für die betreffende Person bei der Rede über eine Situation relevanten Begriffe. In obigem Beispiel u.a. die Begriffe „Ergebnis"', „schleppende Diskussion", „durchgreifen".

– Subjektive Diagnosehypothesen sind Beschreibungen und Deutungen von Situationen auf der Basis der jeweiligen Konstrukte: „Die Gruppe ist wenig motiviert", „es kommen wenig Ergebnisse zustande", „Herr Scholz greift wenig durch". Übrigens machen die Beispiele deutlich, dass solche subjektiven Diagnosehypothesen in vielen Fällen keine neutrale Beschreibung, sondern eine Bewertung sind: „Die Gruppe ist wenig motiviert", enthält eine Bewertung: „Eigentlich sollte die Gruppe motivierter sein!".

– Subjektive Ziele sind diejenigen Ziele, die eine Person für sich persönlich als wichtig ansetzt. Die Ziele von Herrn Berg könnten sein: „Die Gruppe soll bessere Ergebnisse erzielen".

– Subjektive Erklärungshypothesen geben Auskunft darüber, was jemand als Ursache für eine bestimmte Situation annimmt. In obigem Beispiel: „Weil der Gruppenleiter nicht durchgreift, kommen wenig Ergebnisse zustande".

– Subjektive Strategien sind Annahmen über geeignete Mittel zur Erreichung von Zielen: „Um bessere Ergebnisse zu erzielen, müsste der Gruppenleiter mehr durchgreifen".

Damit lässt sich die eingangs formulierte These präzisieren: Die Handlungen einer Person und damit der Zustand eines sozialen Systems hängen ab von den zugrunde-gelegten subjektiven Konstrukten, von den subjektiven Diagnosehypothesen, den subjektiven Zielen, den subjektiven Erklärungen und den subjektiven Strategien: Je nachdem, mit welchen Begriffen Herr Berg die Situation beschreibt, sie erklärt, wel-che Ziele er verfolgt und welche Handlungsmöglichkeiten (subjektive Strategien) ihm in den Blick kommen, wird er sich anders verhalten und wird sich das soziale System der Abteilung anders verhalten. Das aber bedeutet, dass es erforderlich ist, die subjektiven Deutungen bzw. subjektiven Theorien der handelnden Personen des jeweiligen sozialen Systems zu erfassen. Doch was genau heißt das?

Im Alltag gehen wir davon aus, dass wir unmittelbar verstehen, was der andere meint. In der Tat klappt ja die Verständigung in vielen Situationen – v. a. dann, wenn die Gesprächspartner sich in einer gemeinsamen Lebenswelt bewegen. In der Regel versteht der Mitarbeiter, was der Vorgesetzte meint, bzw. verstehen sich die Mitglie-der einer Arbeitsgruppe, eines Seminars an der Universität. Aber andererseits gibt es auch im Alltag Situationen, wo dieses Verstehen nicht problemlos erfolgt, sondern durch Missverständnisse gekennzeichnet ist: Dass oft Missverständnisse der Aus-gangspunkt von Problemen zwischen Ehepartnern oder in einem Team sind, weiß jeder Therapeut oder Berater.

In noch stärkerem Maße gilt das für Interviews, wobei der Interviewer in der Regel in eine ihm fremde Lebenswelt eintritt: zu den ihm fremden Teilnehmern in der Er-wachsenenbildung, in eine ihm fremde Organisation usw. Spätestens hier ist die Ge-fahr von Missverständnissen beträchtlich: Wenn ein Teammitglied von Teamproble-men spricht, kann der Interviewer nicht davon ausgehen, dass diese Probleme im Informationsfluss und in der Zusammenarbeit liegen. Möglicherweise ist für den In-terviewpartner das Hauptproblem das fehlende „Standing" des Teamleiters. Doch der Interviewer kann dann auch nicht davon ausgehen, dass er weiß, was der Interview-partner mit „fehlendem Standing" meint: Möglicherweise denkt der Interviewer hier an fehlende Strukturierung der Teambesprechung, während für den Interviewpartner fehlendes Standing bedeutet, dass der Teamsprecher sich nicht gegen unpopuläre Entscheidungen des Vorgesetzten wehrt.

Daraus ergibt sich ein Grundsatz, der für das Konstruktinterview entscheidend ist: der Fremdheitsgrundsatz: Der Interviewer kann nicht davon ausgehen, dass er den Interviewpartner von vornherein „versteht", sondern der Interviewpartner ist für den Interviewer ein „professioneller Fremder" (Agar 1980), dessen „Konstruktion der Wirklichkeit" zunächst grundsätzlich unbekannt ist. Ein Interviewer muss davon ausgehen, dass er nicht weiß,

- welches die relevanten Konstrukte (Begriffe) sind, mit deren Hilfe der Interviewpartner die Situation beschreibt,
- was genau diese Konstrukte für den Interviewpartner bedeuten,
- welche Diagnose- und Erklärungshypothesen der Interviewpartner hat.

Hier wird die Abgrenzung des Konstruktinterviews (wie auch anderer Arten qualitativer Interviews) zu einer standardisierten Befragung nochmals deutlich: Ein Fragebogen mit geschlossenen Fragen gibt Konstrukte von außen vor. Wenn z.B. in einem Fragebogen nach „Toleranz" zwischen den Teammitgliedern gefragt wird, so gibt der Fragende von außen damit das Konstrukt „Toleranz" als ein wichtiges vor, möglicherweise spielt dieses Konstrukt aber für die Teammitglieder überhaupt keine Rolle. Zugleich geht er davon aus, dass er weiß, was unter „Toleranz" zu verstehen ist – ohne zu bedenken, dass sein Verständnis und das der Teammitglieder deutlich unterschiedlich sein können.

Für die Erhebungsmethodik bedeutet das:
- Das Konstruktinterview wird, wie die sonstigen Leitfadeninterviews, durch einen Leitfaden, d.h. durch wenige relativ offene Leitfragen, gesteuert. Solche Leitfragen für eine Teambefragung könnten z.B. sein: „worin sehen Sie Stärken des Teams?", „wo gibt es im Team Probleme?". Der Interviewpartner hat damit die Möglichkeit, z.B. bei der Frage nach Stärken diejenigen Begriffe zu wählen, die aus seiner Sicht wichtig sind, und wird nicht durch die Form der Fragen vom Interviewer in eine bestimmte Richtung gelenkt.
- Dass (und darin unterscheidet sich das Konstruktinterview von anderen Formen des Leitfaden-Interviews) der Interviewer z.B. durch gezieltes Nachfragen herausfinden muss, was genau der Interviewpartner mit den jeweiligen Begriffen meint: Was genau meint der Interviewpartner, wenn er die fehlende Toleranz der Teammitglieder untereinander beklagt oder den Vorgesetzten als distanziert, als eine Persönlichkeit ohne Standing charakterisiert? Hierfür gibt es verschiedene Verfahren, nämlich Fokussieren, Nachfragen getilgter Erfahrungen, Strukturierung und Übersetzung. Diese Verfahren werden in Kap. 3.2.4 im Zusammenhang mit der Erhebungsphase des Interviews ausführlicher dargestellt.

3.2.2 Schritte der Interview-Vorbereitung

Ziele des Konstruktinterviews sind:
- die Sichtweise des Interviewpartners zu einem ganz bestimmten Themenkomplex zu erfassen
- diese Sichtweise möglichst unverzerrt zu erfassen
- unterschiedliche Sichtweisen des sozialen Systems zu erfassen

Im Blick darauf benötigt jedes Interview eine umfassende Vorbereitung. Es ist zuvor zu überlegen:
- Zu welchem Themenkomplex möchte ich als Interviewer etwas erfahren und wozu brauche ich diese Informationen?
- Wen befrage ich, um unterschiedliche Perspektiven zu erfassen?
- Wie frage ich, um die Sichtweise möglichst unverzerrt zu erfassen.

Daraus ergeben sich die wichtigsten Schritte der Interview-Vorbereitung:

(1) Festlegung von Untersuchungsziel und Verwendungszweck

Die Festlegung des Ziels ist der Ausgangspunkt für die gesamte weitere Planung des Interviews: Zunächst ist zu klären, was genau untersucht werden soll und wofür die Daten verwendet werden sollen. Damit ergibt sich die Unterscheidung zwischen Untersuchungsziel und Verwendungszweck der Untersuchung:

Das Untersuchungsziel legt fest, was genau untersucht werden soll. Beispiele für Untersuchungsziele sind:
- Es soll eine Fortbildung „Zeitmanagement" evaluiert werden.
- Es soll die Zusammenarbeit in einem Team untersucht werden.
- Es soll untersucht werden, wie weit die Führungsphilosophie des Unternehmens umgesetzt wurde.

Der Verwendungszweck stellt ein praktisches Ziel dar, das angibt, wozu die Daten verwendet werden sollen: In der Regel geht es darum, bestimmte Maßnahmen auf der Basis der Befragung zu planen und durchzuführen. Für obige Beispiele könnten sich etwa folgende Verwendungszwecke ergeben:
- Es soll das Konzept für das Seminar „Zeitmanagement" weiterentwickelt werden
- Es sollen Teamentwicklungsmaßnahmen für das Team geplant und durchgeführt werden.
- Es sollen Maßnahmen zur Umsetzung der Führungsphilosophie geplant und durchgeführt werden.

Untersuchungsziel und Verwendungszweck legen die Blickrichtung für das weitere methodische Vorgehen fest. Es gibt zahllose Untersuchungen (das gilt für qualitative gleichermaßen wie für quantitative Fragebogenuntersuchungen), die daran leiden, dass die Zielstellung nicht präzise genug bestimmt ist – und die damit alle möglichen, aber nicht die relevanten Daten erheben. Je genauer Verwendungszweck und Untersuchungsziel definiert (und schriftlich formuliert) sind, desto leichter und besser kann die Befragung anschließend durchgeführt werden:

> **Formulieren Sie zu Beginn Ihrer Vorbereitung zunächst Untersuchungsziel und Verwendungszweck schriftlich:**
> **Was genau soll erhoben werden?**
> **Für welchen praktischen Zweck werden diese Informationen verwendet?**

(2) Festlegung von Grundgesamtheit und Stichprobe

Festlegung von Grundgesamtheit und Stichprobe sind aus quantitativen Untersuchungen (Fragebogenuntersuchungen) geläufig (vgl. z.B. Atteslander 2000, 290ff.; Schnell u.a. 1999, 215ff.): Es wird festgelegt, für welche „Grundgesamtheit" eine Untersuchung gelten soll (z.B. für eine bestimmte Abteilung, einen Bereich, das gesamte Unternehmen, alle Unternehmen insgesamt). Aus dieser Grundgesamtheit wird dann eine Stichprobe gezogen, d.h. festgelegt, welche Personen aus der Grundgesamtheit befragt werden sollen.

Entsprechend ist auch bei einem qualitativen Interview zunächst die Grundgesamtheit zu definieren. Im Blick auf die Zielsetzung, unterschiedliche Perspektiven in einem sozialen System zu erfassen, wird jedoch die Grundgesamtheit anders definiert: Die Grundgesamtheit in einem Konstruktinterview sind diejenigen Personen, die Auskunft zum Untersuchungsgegenstand und Untersuchungsziel geben können.

Dabei sind in der Regel verschiedene Perspektiven zu berücksichtigen:

– Um die Fortbildung „Zeitmanagement" zu evaluieren, liegt es zunächst nahe, Teilnehmerinnen und Teilnehmer zu befragen: Was finden sie an der Fortbildung gut, was hat ihnen nicht gefallen?

– In vielen Fällen ist es sinnvoll, bei der Erfassung der internen Sicht die „Schichtung" der Zielgruppe zu beachten: Gibt es unterschiedliche Zielgruppen, die an der Fortbildung teilgenommen haben und diese möglicherweise unterschiedlich einschätzen? Wird die Fortbildung z.B. von älteren und jüngeren Teilnehmern unterschiedlich eingeschätzt? Wird die Unternehmensphilosophie in verschiedenen Bereichen oder auf verschiedenen Führungsebenen unterschiedlich umgesetzt?

– Daneben sind „externe" Perspektiven wichtig: Wie beurteilen die Trainer die Fortbildung? Oder wie Kollegen und Vorgesetzte der Teilnehmer?

Daraus ergeben sich für die Festlegung der Grundgesamtheit folgende Fragen:

➢ **Welches soziale System soll erfasst werden?**

   Soll die subjektive Sicht für ein Team, eine Abteilung, ein Unternehmen erfasst werden? Oder ist der Rahmen weiter gefasst: Potentielle Teilnehmer des Seminars „Zeitmanagement?" Personalentwicklerinnen, allgemein weibliche Führungskräfte?

➢ **Wie weit ist die Grundgesamtheit geschichtet?**

   Muss zwischen verschiedenen Bereichen oder verschiedenen Führungsebenen, zwischen älteren und jüngeren Teilnehmern, zwischen Männern und Frauen unterschieden werden?

➢ **Sind für die Erfassung der subjektiven Sicht neben der internen Sicht auch externe Sichtweisen wichtig?**

Können Mitarbeiter, Vorgesetzte, Kunden, Lieferanten, benachbarte Bereiche, Experten oder Dozenten, ehemalige und potentielle Teilnehmer usw. wichtige Informationen liefern?

Die Grundgesamtheit definiert gleichsam die verschiedenen Perspektiven, unter denen ein soziales System betrachtet wird. Dabei gilt, dass es keine scharfen Kriterien für die Schichtung der Grundgesamtheit gibt, sondern dass sich die Schichtung aus Hypothesen über mögliche unterschiedliche Sichtweisen ergibt: Wenn man davon ausgehen muss, dass die Einschätzung bei älteren und jüngeren Teilnehmern unterschiedlich ist, dann ist es zweckmäßig, die Gruppe der Teilnehmer in die unterschiedlichen Schichten aufzugliedern. Daraus folgt ferner, dass Hypothesen über die Schichtung der Grundgesamtheit nicht von außen, sondern immer nur aus Sicht des jeweiligen sozialen Systems möglich sind: Ob ältere und jüngere Teilnehmer die Fortbildung unterschiedlich einschätzen, lässt sich nicht von außen sagen. Konsequenz davon ist, dass die Festlegung der Grundgesamtheit immer mit dem jeweiligen sozialen System (z.B. im Gespräch mit dem jeweiligen internen Ansprechpartner) möglich ist.

In vielen Fällen kann es sinnvoll sein, die Grundgesamtheit in Form einer Matrix darzustellen, z.B.:

	Bereich 1	Bereich 2	Bereich 3
Bereichsleiter			
Abteilungsleiter			
Meister			
Mitarbeiter			

Bei kleineren Untersuchungen ist es möglich, alle Personen der Grundgesamtheit (also z.B. das gesamte Projektteam) zu befragen. In den meisten Fällen wird man jedoch (ähnlich wie bei quantitativen Untersuchungen) aus der Grundgesamtheit eine Stichprobe festlegen, d.h. bestimmte Personen aus der Grundgesamtheit für das Konstruktinterview auswählen.
Dabei wird in der Regel bei qualitativen Interviews die Zahl der Befragten deutlich geringer sein als bei Fragebogen-Untersuchungen, weil man ansonsten große Mengen nicht mehr zu bewältigender Daten erhält. Davon abgesehen gelten im Grundsatz die für quantitative Untersuchungen aufgestellten Kriterien auch hier: Falsch ausgewählte Interview-Partner können das Ergebnis verzerren oder verfälschen.

Für die Festlegung der Stichprobe in einer qualitativen Untersuchung gibt es eine Reihe von Kriterien:
- Entscheidend ist zunächst die Frage, ob die Grundgesamtheit homogen ist: Bei einer Schichtung der Grundgesamtheit wird man auch die Stichprobe schichten, d.h. die zu befragenden Interviewpartnerinnen und -partner nach verschiedenen

Untergruppen (jüngere und ältere Teilnehmer, Mitarbeiter und Führungskräfte, externe Sichtweisen usw.) auswählen.

– Innerhalb einer homogenen Gruppe oder „Zelle" einer geschichteten Stichprobe (d.h. z.B. der Gruppe der Meister mit längerer Berufserfahrung) ist es zweckmäßig, bei qualitativen Befragungen wenigstens zwei bis drei Gesprächspartner zu befragen, um zufällige Einseitigkeiten auszuschließen.

– Begrenzt wird schließlich die Zahl der Interviews durch zwei Kriterien: Zum einen tritt ab einer bestimmten Zahl von Interviews (etwa 20 je nach der Homogenität der Grundgesamtheit) eine sog. „Sättigung" auf (vgl. z.B. Jüttemann 1990): Zusätzliche Interviews bringen dann kaum noch neue Ergebnisse. Zum anderen wird die Zahl der Interviews aus pragmatischen Gründen im Blick auf die zur Verfügung stehende Durchführungs- und Auswertungszeit begrenzt. Mehr als 20 bis 30 Interviews sind nur schwer zu bewältigen, weil dann die Auswertung sehr viel Zeit in Anspruch nimmt und sehr viel Kompetenz erfordert.

Bei einer geschichteten Grundgesamtheit lässt sich dann die Stichprobe in der Form einer Matrix darstellen:

	Bereich 1	Bereich 2	Bereich 3
Bereichsleiter	1		1
Abteilungsleiter		1	1
Meister	1	2	
Mitarbeiter	2	1	2

Dabei werden in den einzelnen Zellen (z.B. Bereich 1 oder Mitarbeiter) relativ viele Interviewpartner befragt, trotzdem hält sich die Gesamtzahl (12) in Grenzen. Selbstverständlich besteht die Möglichkeit, die Zahl der Interviews zu vergrößern, wenn sich herausstellt, dass in bestimmten Bereichen besondere Probleme auftreten oder die Ergebnisse auffällig unterschiedlich sind.

Letztlich geschieht die Festlegung der Stichprobe auf der Basis von Kosten-Nutzen-Gesichtspunkten: Es ist zum einen im Blick auf das Ziel und die Schichtung der Grundgesamtheit, zum anderen aber auch im Blick auf die zur Verfügung stehenden Ressourcen (Zeitbedarf, zur Verfügung stehende Mitarbeiter für Interviewdurchführung und Auswertung) zu entscheiden, wie aufwendig die Befragung durchgeführt wird. Häufig sind weniger als zehn Interviews hinreichend: Wenn es z.B. darum geht, als Dozent ein neues Seminarkonzept für die Volkshochschule zu entwickeln, dann mag es ausreichen, wenn man 4 potentielle Teilnehmer befragt und vielleicht einen Mitarbeiter der Volkshochschule und einen Trainer, der mit dieser Thematik Erfahrungen hat. Andererseits aber können z.B. bei der Befragung eines ganzen Unternehmens mit unterschiedlichen Bereichen auch mehr als 50 Interviews sinnvoll sein.

(3) Festlegung des Leitfadens

Der Leitfaden unterscheidet ein qualitatives Interview sehr deutlich von einem Fragebogen: Während ein Fragebogen eine große Zahl geschlossener Fragen enthält, kommt es beim qualitativen Interview darauf an, die Sicht des Interviewpartners zu einem bestimmten Themenbereich möglichst unverzerrt zu erheben. Dafür muss ihm Gelegenheit gegeben werden, die aus seiner Perspektive wichtigen Punkte anzusprechen und zu erläutern. Konsequenz daraus ist, dass ein qualitatives Interview keinen umfangreichen Fragenkatalog enthält, sondern einen groben „Leitfaden" mit ca. 3 bis 6 offenen Leitfragen (vgl. z.B. Flick 2002, 143ff.; Wittkowski 1994, 26ff.), zu denen der Interviewpartner das aus seiner Sicht Wichtige antworten kann.

Für ein Interview mit der Zielsetzung, zu erfassen, wie Teilnehmerinnen und Teilnehmer die Fortbildung „Zeitmanagement" einschätzen, ließen sich folgende Leitfragen stellen:
- Welche Themen aus der Fortbildung sind Ihnen noch besonders in Erinnerung?
- Welche Themen waren aus Ihrer Sicht besonders wichtig, welche weniger?
- Was hat Ihnen in der Fortbildung gefallen?
- Was sollte nächstes Mal abgeändert werden?
- Haben Sie, abgesehen davon, noch weitere Hinweise oder Anmerkungen zu der Fortbildung?

Leitfragen sind im Blick auf Untersuchungsziel, Verwendungszweck und die befragte Gruppe („Zelle") der Stichprobe zu begründen: Für eine Vorbereitung eines Seminars wird man andere Leitfragen formulieren als im Rahmen eines Organisationsentwicklungs-Prozesses. Einem Abteilungsleiter wird man andere Fragen stellen als einem Auszubildenden.

Zweckmäßig ist in der Regel, mit einer Frage zu beginnen, die für den Gesprächspartner leicht und unproblematisch zu beantworten ist. Der Gesprächspartner bekommt dadurch Zeit, sich zunächst auf das Thema einzustellen und sich „warm zu reden". Möglichkeiten dafür sind:

- **Nach Tätigkeiten, Abläufen oder Sachverhalten fragen**

  „Was waren ihre Haupttätigkeiten als Projektleiterin in den letzten 14 Tagen?", „Was von der Fortbildung ist Ihnen noch gegenwärtig?", „Können Sie den Ablauf der letzten Teamsitzung schildern?"

- **Nach Assoziationen fragen**

  Dies ist ein Verfahren, das seit den Anfängen der Psychologie geläufig ist und mittlerweile auch für die Erfassung subjektiver Theorien verstärkt herangezogen wird (z.B. Marx/Hejj 1989): Der Interviewpartner wird nach Assoziationen gefragt, die ihm spontan zu einem Thema einfallen: „Welche Schlagwörter fallen Ihnen spontan zu der Lehrveranstaltung x ein?". Im Rahmen eines Konstruktinterviews ist dieses Vorgehen eine hilfreiche Möglichkeit, schnell die für einen Themenbereich relevanten Konstrukte zu erfassen: Spielt für ihn vor allem die

Art des Dozenten („humorvoll") eine Rolle oder denkt er insbesondere an Inhalte? Bezeichnet er die Abteilung spontan als „Saftladen" oder als ein „junges und erfolgreiches Team"? Zu beachten ist dabei allerdings, dass die hier genannten Konstrukte im weiteren Verlauf des Interviews weiter geklärt werden müssen: Woran genau denkt der Gesprächspartner, wenn er die Abteilung als „Saftladen" oder als „dynamisch" bezeichnet? Was heißt für ihn „dynamisch"?

Die weiteren Leitfragen ergeben sich dann im Blick auf Untersuchungsziel und Interview-Partner. Darüber hinaus sind jedoch im Rahmen qualitativer Sozialforschung zusätzlich eine Reihe weiterer Formen der Leitfadengestaltung entwickelt worden, die zusätzliche Anregungen bieten (Übersichten z.B. bei Flick 2002, 117ff.; Friebertshäuser 2003; Hopf 2000). Einige wichtige seien hier genannt:

- **Skalierungsfragen stellen („subjektives Rating")**

Bei Skalierungsfragen wird ein Sachverhalt auf einer Skala (z.B. zwischen 0 und 100) eingeschätzt: „Wie erfolgreich auf einer Skala zwischen 0 und 100 war die letzte Teamsitzung?", „Wie beurteilen Sie die Fortbildung zwischen 0 und 100: 0 bedeutet: miserabel', 100 bedeutet: optimal?" Ist das Klima seit der letzten Befragung besser oder schlechter geworden? -100 bedeutet: es ist viel schlechter geworden, +100: es hat sich optimal verändert, 0: es hat sich nichts verändert". Dabei kommt es im Grunde nicht auf die Zahl an, die der Betreffende nennt, sondern auf das, was dahinter steht: Wenn eine Interviewpartnerin die letzte Teamsitzung mit 80 Punkten bewertet hat, dann bedeutet das, dass viele Sachen gut gelaufen sind, es aber einige Schwachstellen sind. Eben das lässt sich dann gezielt nachfragen: Was sind die positiven Punkte? Was fehlt noch, um 100 Punkte zu erreichen?

- **Nach anderen Personen fragen**

Wenn man z.B. einen Dozenten direkt fragt, wo er Schwachstellen bei seinen Seminaren sieht, ist mit Widerstand zu rechnen. Der Betreffende will nicht zugeben, dass es in seinen Veranstaltungen solche Schwachstellen gibt. Hier fällt es leichter, nach anderen Personen oder anderen Bereichen zu fragen: „Was für Probleme treten z.B. bei jüngeren Dozenten auf?", „Was sehen andere als mögliche Probleme?". Unter der Hand wird dabei in der Regel (auch) das genannt, was für den Betreffenden selbst wichtig ist, aber bei direktem Nachfragen nicht zugänglich wäre.

- **Nach vergangenen oder zukünftige Situationen fragen**

Gefragt wird z.B., was früher Schwachstellen waren: „Was waren die Hauptschwierigkeiten, die Sie in den ersten Veranstaltungen hatten?". Eine solche Frage unterstellt, dass diese Schwierigkeiten inzwischen beseitigt wurden. Dies kann man ggf. noch durch eine weitere Leitfrage „Was hat Ihnen geholfen, mit diesen Schwierigkeiten zurecht zu kommen?" stützen. Ebenso kann man nach möglichen zukünftigen Entwicklungen fragen, etwa „Wie könnte die Abteilung in einem Jahr ausschauen? Was wäre dabei die günstigste, was die ungünstigste Entwicklung?"

- **Die Geschichte zu einem Thema erzählen lassen**

Dies ist eine unter der Bezeichnung „narratives Interview" in der qualitativen Forschung, insbesondere im Blick auf die Untersuchung von Biographien, relativ häufig verwendete Vorgehensweise (vgl. Haupert 1991; Hermanns 1991; Krüger/Wensierski 1995; Schütze 1976). Die Grundidee ist, den Gesprächspartner möglichst frei und ohne Beeinflussung erzählen zu lassen. Diesem Vorgehen liegt die Annahme zugrunde, dass in diesem freien Erzählfluss die für ihn relevanten Konstrukte von selbst auftreten werden. Für das Vorgehen bedeutet das, dass eine „Geschichte" mit einem Anfangs- und einem Endpunkt definiert wird. Das mag die Geschichte des Berufseinstiegs im Unternehmen sein (wenn es z.B. darum geht, Schwachstellen in der Einarbeitung von neuen Mitarbeitern zu erfassen) oder die Geschichte der Veränderungen, die die Abteilung in den letzten Jahren durchlaufen hat. Aufgabe des Interviewers ist es, das „Thema" der Geschichte sowie Anfangs- und Endpunkt zu definieren: „Erzählen Sie Ihre Geschichte hier in diesem Unternehmen, von der Zeit, als Sie anfingen, bis heute!", „Könnten Sie erzählen, wie sich die Abteilung in den letzten Jahren verändert hat? Vielleicht fangen Sie zu dem Zeitpunkt an, als Sie in diese Abteilung kamen!" Im Verlauf des Interviews gilt es dann, den Gedankengang möglichst wenig zu unterbrechen, d.h. zuzuhören, zu nicken und zum Weiterreden zu ermutigen. Wenn Brüche oder Unklarheiten auftreten, kann dies als neue Geschichte definiert werden. Wenn z.B. der Gesprächspartner erwähnt, dass sich das Klima in der Abteilung verschlechtert hat, so wäre dies als Anfangspunkt einer neuen Geschichte zu bestimmen: „Und wie kam es dazu, dass sich das Klima verschlechterte?"

- **Verschiedene Personen oder Situationen vergleichen lassen**

Vergleichsverfahren stellen eine sehr effektive Möglichkeit dar, das jeweilige Konstruktsystem zu erfassen. Verglichen werden können dabei zwei Veranstaltungen, zwei Dozenten (ein guter und ein schlechter), zwei Projektteams (ein effektives und ein weniger effektives), zwei verschiedene Unternehmen usw.: „Vergleichen Sie eine gute und eine schlechte Teamsitzung: Worin lagen die Unterschiede?"

Eine besondere Form von Vergleichsverfahren sind die sog. Repertory-Grid-Verfahren im Anschluss an Kelly (Kelly 1955, 201ff.; Fromm 1995): Der Gesprächspartner wird gebeten, die Namen von etwa zehn Vorgesetzten, Teams, Seminaren, schwierigen Situationen usw. auf Karten zu schreiben. Dann werden willkürlich drei Karten herausgegriffen mit der Frage: „Was haben zwei (z.B. zwei Vorgesetzte) gemeinsam im Unterschied zum dritten?" Der Vorteil dieses Vorgehens liegt darin, dass hier die Konstrukte aufgeführt werden, die für die Zusammenfassung der betreffenden Elemente relevant sind: Die Abgrenzung von zwei Vorgesetzten gegenüber einem dritten erfolgt intuitiv, und erst beim Nachfragen („Was haben die zwei gemeinsam im Vergleich zum dritten?") werden die dafür relevanten Konstrukte genannt und dann weiter expliziert.

- **Die subjektiven Deutungen zu eigenen Handlungen erfragen (Selbstkonfrontations-Interview und Methode des Lauten Denkens)**

  Grundidee dieses Verfahrens zur Erfassung subjektiver Theorien ist es, dass der Handelnde seine subjektiven Theorien in Bezug auf konkrete Handlungssituationen (z.B. die Handlung eines Dozenten zu seinem Vorgehen im Seminar) darstellt. Dabei wird zwischen gleichzeitigem und nachträglichem Lauten Denken (dem „Selbstkonfrontations-Interview") unterschieden: Im Gleichzeitigen Lauten Denken verbalisiert der Handelnde seine Gedanken während des Handelns; im Selbstkonfrontationsinterview (dem nachträglichen Lauten Denken) werden Handlungssituationen auf Video aufgezeichnet und dem Betreffenden vorgespielt. An bestimmten Stop-Punkten (die vom Handelnden oder auch dem Interviewer gesetzt werden können) äußert der Handelnde, was ihm in dieser Situation dazu durch den Kopf gegangen ist (vgl. z.B. Kommer 1984; Weidle/Wagner 1994). Allerdings liegt insbesondere bei dem Selbst-konfrontations-Interview eine Gefahr darin, dass der Betreffende nicht seine tatsächlichen subjektiven Deutungen wiedergibt, sondern im Nachhinein sein Vorgehen zu legitimieren sucht.

Für die Entwicklung des Leitfadens empfehlen sich folgende Schritte (vgl. auch Wittkowski 1994, 34ff.):

- **Sammlung möglicher Leitfragen**

  Der erste Schritt ist eine reine Brainstorming-Phase: Was könnten im Blick auf Untersuchungsziel und Verwendungszweck mögliche offene Fragen sein? Dabei machen auch hier die klassischen Brainstorming-Regeln Sinn: Mögliche Fragen erst einmal sammeln und aufschreiben und nicht gleich diskutieren. Häufig entstehen aus zunächst wenig sinnvoll erscheinenden Ideen wichtige Leitfragen.

- **Auswahl von ca. 3 bis 6 wichtigen Leitfragen**

  Gerade Anfänger tendieren häufig dazu, wesentlich mehr Leitfragen anzusetzen, um selbst mehr Sicherheit zu gewinnen. Dadurch wird aber der Gedankengang des Gesprächspartners immer wieder unterbrochen. Von daher gilt: Welche Leitfragen sind im Blick auf Untersuchungsziel, Verwendungszweck, aber auch im Blick auf die jeweilige Gruppe (Zelle) tatsächlich wichtig?

- **Festlegung der Reihenfolge der Leitfragen**

  Leitfragen lenken jeweils die Aufmerksamkeit in eine bestimmte Richtung. Durch Leitfragen bedingte Sprünge im Gedankengang sind ebenso ungünstig wie Leitfragen, die die Aufmerksamkeit in eine falsche Richtung lenken. So wäre es ein Bruch, nach einer Einstiegsleitfrage zu Themen, die aus der Fortbildung noch in Erinnerung sind, nach eigenen Zeitproblemen im Alltag zu fragen und dann wieder auf die Fortbildung zurückzukommen. Ebenso wäre eine Leitfrage über bislang besuchte Fortbildungen zum Thema „Zeitmanagement" im Zusammenhang mit der Analyse des Klimas im Team wenig sinnvoll, sondern lenkt die Aufmerksamkeit in eine falsche Richtung.

- **Überprüfung der Leitfragen in einem Probeinterview**

  Leitfragen sollten in Probe-Interviews zuvor getestet werden: Oft stellt man erst im Verlauf eines solchen Probe-Interviews fest, dass eine Leitfrage vom Gesprächspartner anders verstanden wird oder in eine falsche Richtung führt, und hat damit die Möglichkeit, einzelne Leitfragen nochmals abzuändern.

Leitfragen stellen das Gerüst für das Interview dar, sind aber kein starres Schema. Es ist zweckmäßig, sie in der Vorbereitung wörtlich zu formulieren (man zwingt sich dadurch zur Genauigkeit), aber nicht notwendig, sie dann im Interview in genau dieser Formulierung wiederzugeben. Vielmehr ergibt sich die passende Formulierung häufig aus dem Gang des Gesprächs. Möglicherweise kommt ein Gesprächspartner von sich aus auf das Thema einer späteren Leitfrage, die dann nicht mehr gestellt zu werden braucht. Wichtig ist nur, dass die Themen, die durch Leitfragen definiert sind, behandelt werden.

Leitfragen werden so offen formuliert, dass sie dem Gesprächspartner die Möglichkeit geben, frei seine Sichtweise zu erzählen. Trotzdem gibt es dabei manchmal Situationen, in denen wichtige Aspekte nicht thematisiert werden: Wenn z.B. bei der Einschätzung der Fortbildung nur die Inhalte angesprochen werden, kann es sein, dass andere für den Gesprächspartner auch wichtige Faktoren (z.B. Verhalten der Dozenten) im weiteren Gesprächsverlauf verloren gehen.

An dieser Stelle besteht eine Möglichkeit darin, im Rahmen der Vorbereitung mögliche Nachfragekategorien festzulegen, die eine Übersicht über das Feld möglicher Antworten geben. Nachfragekategorien im Rahmen einer Befragung zur Einschätzung von Fortbildungsveranstaltungen können sein:
- Inhalte
- Methodisches Vorgehen
- Verhalten des Dozenten
- Medieneinsatz
- Rahmenbedingungen (Raum usw.).

Je nach dem Gegenstand der Untersuchung lassen sich Nachfragekategorien aus Pädagogik, Psychologie, Kommunikationstheorie, Organisationstheorie usw. gewinnen. Die Gefahr dabei ist, dass dem Gesprächspartner solche Nachfragekategorien übergestülpt werden, indem sie die Aufmerksamkeit des Gesprächspartners auf Bereiche lenken, die für ihn im Grunde keine Rolle spielen. So kann es z.B. sein, dass der Gesprächspartner bei der Nachfrage nach „Dozentenverhalten" meint, er müsse nun negative Punkte aufführen, ohne dass diese Punkte für ihn jedoch letztlich relevant sind. Wichtig bei Nachfragekategorien ist somit auf jeden Fall, sie offen zu formulieren, d.h. für den Gesprächspartner offen zu lassen, ob er dazu etwas sagen möchte oder nicht.

3.2.3 Die Durchführungsphase des Interviews

Im Interview will der Interviewer vom Interviewpartner etwas wissen: seine Ideen hinsichtlich eines neuen Seminarkonzeptes, seine Einschätzung einer Qualifizierungsmaßnahme, seine Beurteilung des Teams usw. Ein Interview ist somit kein gleichberechtigtes Gespräch, wo jeder Gesprächspartner seine Ideen einbringt, sondern es gibt einen, der Fragen stellt, und einen, der sich darauf einlässt und die Fragen beantwortet.

Erving Goffman, der bekannteste Vertreter der sog. Ethnomethodologie, spricht in diesem Zusammenhang davon , dass wir Situationen als etwas definieren, d.h. einen „Rahmen" bzw. bestimmte Regeln definieren, die festlegen, was in dieser Situation getan werden soll, was nicht: „Ich gehe davon aus, dass wir gemäß gewissen Organisationsprinzipien... Definitionen einer Situation aufstellen; diese Elemente... nenne ich Rahmen... Alle Rahmen haben mit sozialen Regeln zu tun" (Goffman 1977, 19, 34). Eine Vorlesung z.B. ist dadurch definiert, dass es einen Vortragenden gibt, der etwas vorträgt, und Zuhörer, die eben nicht gleichermaßen ihre Überlegungen einbringen, sondern die im wesentlichen zuhören und ggf. Fragen stellen. Entsprechend gilt für ein Interview, dass diese Situation durch bestimmte Regeln definiert ist:
- Der Interviewer hat das Recht, Fragen zu stellen und nachzufragen.
- Der Interview-Partner ist bereit, auf diese Fragen zu antworten.

Jeder kennt die Verunsicherung und möglicherweise auch Verärgerung, die dadurch entsteht, dass die Definition der Situation nicht eindeutig ist, sich z.B. eine Plauderei plötzlich in ein Kritikgespräch verwandelt oder eine gemeinsame Diskussion in eine „Vorlesung" eines Teilnehmers. Entsprechendes gilt für das Interview: Die Situation muss als Interview eindeutig definiert sein.

Daraus ergibt sich eine bestimmte Struktur des Interviews in drei Phasen:
- Eine Orientierungsphase, in dem es darum geht, den Interviewpartner über Sinn und Zweck des Interviews zu informieren und in der ein „Kontrakt" geschlossen wird: Der Interviewer darf Fragen stellen und der Interviewpartner lässt sich darauf ein, diese Fragen zu beantworten.

- Eine Erhebungsphase, in der die Sichtweise des Interviewpartners zu dem Thema erfragt wird.

- Eine Abschlussphase, in der abgeklärt wird, ob noch etwas Wichtiges fehlt, und die das Interview abschließt.

Diese 3 Phasen werden im folgenden dargestellt.

(1) Orientierungsphase

Stellen Sie sich vor, jemand kommt auf Sie zu und will Informationen über Ihre Einschätzung eines Seminars. Aller Wahrscheinlichkeit nach sind Sie zunächst misstrauisch: Was will der eigentlich hier? Warum will er das wissen? Wer ist das überhaupt? Was geschieht mit den Daten? D.h. der Interviewpartner benötigt zunächst einmal Information. Diese Information betrifft 2 Ebenen: die Inhaltsebene und die Beziehungsebene.

Orientierung auf der Beziehungsebene

Voraussetzung für ein Interview ist eine positive Beziehung zwischen Interviewpartner und Interviewer: Wenn der Interviewpartner sich durch das Interview kritisiert erlebt oder Misstrauen hat, wird er keine Informationen preisgeben. Von der Beziehung wird es abhängen, wie weit der Gesprächspartner bereit ist, sich zu öffnen und Informationen von sich zu geben. Erste Aufgabe des Interviewers ist es somit, eine positive Beziehung aufzubauen. Im Neurolinguistischen Programmieren spricht man hier von „Rapport": Eine Beziehung zum Gesprächspartner aufbauen, „die durch gegenseitige Achtung und Vertrauen gekennzeichnet ist" (Mohl 2000, 55; vgl. Grochowiak 1995, 27ff.; McDermott/O'Connor 1999, 33ff.; zum Interview Kaufmann 1999, 70ff.). Folgende Faktoren spielen dabei eine Rolle:

- **Die eigene Einstellung des Interviewers**

  Der Gesprächspartner spürt sehr schnell, ob der Interviewer tatsächlich an ihm interessiert ist oder ob er nur möglichst schnell das Interview „durchziehen" möchte. Diese Einstellung bestimmt die Beziehungsbotschaften, die ein Interviewer unbewusst sendet. Entscheidend ist, den Gesprächspartner ernst zu nehmen: Wenn es darum geht, dessen subjektive Sicht zu erfassen, dann ist eben dieser Gesprächspartner der einzig kompetente Fachmann zu einem dem Interviewer ansonsten unzugänglichen Thema: „Es ist der Informant, der im Vordergrund steht und dies auch an der Haltung desjenigen, der ihm gegenüber sitzt und ihn befragt, ablesen können muss: an seinem aufmerksamen Zuhören, seiner Konzentration, die davon zeugt, dass dem Interview Bedeutung zugemessen wird, an dem extremen Interesse, das den geäußerten Ansichten – auch den nichtssagenden oder seltsamen – entgegengebracht wird, an der offensichtlichen Sympathie für die befragte Person" (Kaufmann 1999, 75).

- **Art der Vorinformation**

  Die Form der Einladung, der Text des Informationsschreibens usw. sagen etwas darüber, wie wichtig der Interviewer oder die jeweilige Organisation das Interview nehmen: Wird deutlich, dass Interesse an der Sicht des Interviewpartners besteht?

- **Das äußere Umfeld**

  Wenn das Interview am Arbeitsplatz, möglicherweise noch unterbrochen von Telefongesprächen, durchgeführt wird, dann wird der Interviewpartner daraus negative Beziehungsbotschaften hören: „Sie sind mir nicht so wichtig, dass ich mir deswegen bei der Wahl des Raumes besondere Mühe mache!". Andererseits signalisiert ein ruhiges, ungestörtes Besprechungszimmer (Anrufe weiterleiten!): „Sie sind mir wichtig."

- **Nonverbales Verhalten**

Jeder weiß, in welchem Umfang die Beziehung durch die Körpersprache bestimmt wird: Ob der Gesprächspartner sich einem zuwendet oder nicht, ob er Blickkontakt aufnimmt oder einen anstarrt, einem auf die Pelle rückt oder die Distanz zu groß ist: all das sind Beziehungsbotschaften die vom Gegenüber, als Zuwendung und Interesse oder möglicherweise als Gleichgültigkeit gedeutet werden. Im Neurolinguistischen Programmieren spricht man in diesem Zusammenhang darüber hinaus noch vom „Spiegeln" („Pacing"). Hintergrund dafür ist die Erfahrung, dass Gesprächspartner, die sich gut verstehen, sich häufig in der Körperhaltung angleichen: Sie sind gemeinsam nach vorne gebeugt, haben die Arme auf den Tisch gelegt usw. Dies kann man für die Herstellung von Rapport nutzen. Aber es muss der tatsächlichen Einstellung „ich bin an dem interessiert, was du sagst" entsprechen, ansonsten wird es zu einer bloßen Technik und wirkt unnatürlich oder abwertend.

- **Warming-up-Phase**

Für die Beziehung sind die ersten Sekunden oder Minuten entscheidend. Es ist hilfreich, dem anderen dafür Zeit zu lassen und nicht sofort mit der Tür ins Haus zu fallen. Hier können auch alltägliche Themen wie die Einrichtung des Büros, das Gespräch über irgendwelche Bilder, den Weg zum Büro usw. ihren Platz haben. Aber auch hier gilt: Derartiger „Small talk" darf nicht aufgesetzt wirken, sondern muss der tatsächlichen Einstellung entsprechen.

Daraus ergibt sich folgende Checkliste für den Aufbau einer positiven Beziehung:

> ➤ **Sich auf das Interview einstellen: „Ich möchte Deine Sichtweise zu diesem Thema erfahren!"**

> ➤ **Das äußere Umfeld (Besprechungstisch, Vermeiden von Störungen, Getränke usw.) vorbereiten**

> ➤ **Sich körpersprachlich auf den Interviewpartner einstellen:**
> **Stimmt die Distanz zum Gesprächspartner?**
> **Stimmt die Sitzposition (die klassische Gesprächsposition ist ca. 90°, um den anderen nicht zu konfrontieren)?**
> **Passt die Körperhaltung?**

> ➤ **Dem anderen durch Small talk Zeit lassen, sich auf die Situation einzustellen.**

Orientierung auf der Inhaltsebene

Der Interviewpartner benötigt inhaltliche Informationen, bevor er sich auf das Interview einlässt. Orientierung auf der Inhaltsebene bedeutet somit:

- Orientierung über die Funktion des Interviewers:

  Wer ist derjenige, der das Interview führt?
- Orientierung über Untersuchungsziel und Verwendungszweck des Interviews:

  Was soll erfasst werden? Wozu sollen die Daten genutzt werden?
- Orientierung über die Weitergabe der Ergebnisse:

  Wer erhält die Informationen? Wie weit werden Informationen anonymisiert? Wird der Interviewpartner über die Ergebnisse des Interviews informiert?

Aufgabe der Orientierungsphase ist es, dem Interviewpartner genau diese Informationen zu geben. Das bedeutet für den Interviewer:

> **In der Vorbereitungsphase sich selbst über Ziel und Aufbau des Interviews und Verwendung der Ergebnisse klar werden und vorher mit dem Auftraggeber abstimmen**

> **Nach Möglichkeit vor Beginn den Interview-Partner schriftlich oder telefonisch über das Interview informieren und dabei bereits relevante Informationen (Ziel, Verwendungszweck) mitteilen**

> **Im Interview dem anderen Orientierung geben**
>   - **über die eigene Person und die Funktion**
>   - **über den Gegenstand des Interviews**
>   - **über Untersuchungsziel und Verwendungszweck**
>   - **über die Weitergabe der Ergebnisse**

> **dem Interview-Partner Gelegenheit zu Rückfragen zu geben:**

>   **Gibt es noch Punkte, die für den Interviewpartner offen sind?**
>   **Hat er noch irgendwelche Fragen, irgendwelche Bedenken?**

Der Interviewpartner wird nur dann Informationen geben, wenn er sich tatsächlich auf das Interview eingelassen hat „ich bin bereit, Ihnen diese Informationen zu geben". Damit wird dieses Einlassen des Interviewers auf das Interview für den Erfolg entscheidend: D.h. die Orientierungsphase muss mit einem gemeinsamen Kontrakt abschließen darüber,
- dass der Interviewer Fragen zu diesem Themenbereich stellen darf,
- dass der Interviewpartner bereit ist, diese Fragen zu beantworten,
- dass ggf. das Interview auf Tonband aufgezeichnet wird.

Entscheidend ist, dass die Zustimmung des Interview-Partners explizit erfolgt. Manchmal äußert der Interview-Partner auch Bedenken: „Erscheint mein Name bei der Geschäftsleitung?" Manchmal stimmt der Interview-Partner auch verbal zu, aber die Körpersprache drückt Ablehnung aus. Stimmt er hier wirklich zu? Bedenken des Interview-Partners müssen bearbeitet werden: Was kann getan werden, um diese Bedenken zu beseitigen?

(2) Erhebungsphase

Ziel der Erhebungsphase ist es, die subjektive Sicht des Interviewpartners zu einem bestimmten Themenbereich zu erfassen. Dabei sind Leitfragen und Nachfragekategorien eine Hilfe, das Interview zu strukturieren, ohne dass der Interviewer sich beim Ablauf sklavisch an dieses Schema halten oder dass er die Fragen wörtlich ablesen muss.

Sinnvollerweise wird der Interviewpartner zunächst frei seine subjektive Sicht zu der jeweiligen Leitfrage darstellen. Er muss erst einmal mit dem Thema „warm" werden und sich darauf einstellen. Aufgabe des Interviewers in dieser freien Phase ist es, diesen Prozess durch Zuhören, Nicken, „hm" („passives Zuhören" und „Aufmerksamkeitsreaktionen", Gordon 1979, 62ff.) zu unterstützen.

Im Blick auf den „Fremdheitsgrundsatz" kann ein Interviewer grundsätzlich nicht davon ausgehen, dass ihm die Konstruktion der Wirklichkeit des Interviewpartners von vornherein verständlich ist, sondern er muss nachfragen, was der Interviewpartner jeweils mit den Konstrukten meint. Im einzelnen stehen dafür folgende Verfahren zur Verfügung:

– **Explikation durch Fokussierung konkreter Situationen**

  Dies ist ein Verfahren, das ursprünglich auf die Sprachphilosophie des Methodischen Konstruktivismus zurückgreift. Die Begründer des Methodischen Konstruktivismus, Wilhelm Kamlah und Paul Lorenzen, haben in den 70er Jahren darauf hingewiesen, dass sich unbekannte oder missverständliche Begriffe am leichtesten „exemplarisch", d.h. mit Hilfe von konkreten Beispielen und Gegenbeispielen verdeutlichen lassen (Kamlah/Lorenzen 1973, 29ff.). Dieses Verfahren lässt sich für das Konstruktinterview nutzen: Um herauszufinden, was der Interviewpartner damit meint, dass der Vorgesetzte zu wenig Standing hat, ist es zweckmäßig, eine konkrete Situation schildern zu lassen, in der deutlich wird, was mit „zu wenig Standing" gemeint ist.
  Daraus ergibt sich folgende Explizierungsfrage:

  ➢ **Können Sie eine konkrete Situation schildern, in der Ihnen das deutlich wird?**

  Häufig wird man dabei noch mehrmals nachfragen, bis die Situation tatsächlich konkret wird:

  ➢ **Welche Personen waren daran beteiligt?**

  ➢ **Was tat der oder die Betreffende?**

  ➢ **Wie genau reagierten die anderen Personen?**

- **Explikation durch Erfragen „verdeckter" Informationen"**

Hintergrund ist das im Rahmen des sog. „Neurolinguistischen Programmierens" von Bandler und Grinder entwickelte Meta-Modell der Sprache (z.B. Bandler/Grinder 1994, 64ff.; Mohl 2000, 81ff.). Bandler und Grinder gehen dabei von einem Modell der „Tilgung" aus: In jeder Äußerung sind eine Reihe von Informationen verdeckt oder, wie man hier formuliert, „getilgt", d.h. werden nicht ausgesprochen. Wenn z.B. im Rahmen eines Interviews ein Mitarbeiter über seinen Vorgesetzten berichtet, „man kann mit ihm schlecht auskommen", so denkt er dabei an bestimmte Situationen, an konkrete Handlungen des Vorgesetzten, seine eigenen Empfindungen usw. – aber eben das wird nicht ausgesprochen, sondern ist in der Äußerung verdeckt.

Explikation von Konstrukten bedeutet dann, die jeweils hinter der Äußerung stehenden verdeckten Erfahrungen genau nachzufragen. Dabei lassen sich verschiedene Möglichkeiten, Konstrukte zu explizieren, unterscheiden. Ein Satz wie: „man kann mit ihm schwer auskommen" kann in verschiedene Richtungen expliziert werden:

„Was heißt für Sie, mit ihm schwer auskommen können?"

„Wer kann mit ihm schwer auskommen?"

„Was tut ihr Vorgesetzter, dass man mit ihm schwer auskommen kann?"

„Was würden Sie sich von Ihrem Vorgesetzten wünschen, um besser mit ihm auskommen zu können?"

Entsprechend ließen sich bei einer Äußerung „Manche Veranstaltungen sind zu abgehoben" folgende verdeckte Informationen nachfragen:

„Welche Veranstaltungen sind zu abgehoben?"

„Was heißt abgehoben?"

„Abgehoben wovon?"

„Was müsste geändert werden, damit sie weniger abgehoben sind?"

Für den Interviewer bedeutet das, genau zuzuhören und gezielt nachzufragen:

> **Hinter welchen Wörtern sind Erfahrungen verdeckt?**

> **Was genau ist damit gemeint?**

- **Explikation durch Strukturierung**

Konstrukte stehen grundsätzlich nicht isoliert für sich, sondern bilden gleichsam so etwas wie ein System: Verschiedene Konstrukte gehören zusammen, es gibt so etwas wie übergeordnete Konstrukte, es gibt Konstrukte, die sich ausschließen, und solche, die nebeneinander stehen. Explikation heißt in diesem Fall, die Beziehung zwischen verschiedenen Konstrukten nachzufragen: „Das heißt, Standing zielt für Sie in zwei Richtungen: Standing gegenüber dem Vorgesetzten, aber auch Standing gegenüber den eigenen Mitarbeitern. Stimmt das?". Oder: „Ich höre bei Ihnen 3 Hauptprobleme heraus: fehlende Toleranz im Team, fehlendes Standing des Teamsprechers und zu wenig Unterstützung des Vorgesetzten?"

- **Explikation durch Widerspiegeln**

Dies ist häufig die letzte Phase der Explikation eines Konstruktes: sich als Interviewer zu vergewissern, dass man die Konstrukte richtig verstanden hat, indem man den Inhalt widerspiegelt:

„Das heißt also für Sie, dass jede Persönlichkeit zu anderen Distanz haben muss?"

„Dann wäre also eine Situation, wo der Vorgesetzte die Beherrschung verliert, ein Merkmal eines schlechten Vorgesetzten?"

Das bedeutet für den Interviewer:

Der Gesamtverlauf des Interviews ist somit durch Leitfragen und Nachfragekategorien, durch freie Erzählphasen und gezieltes Nachfragen bestimmt. Daraus ergibt sich für den Gesamtverlauf so etwas wie das Bild einer Matrix: Es werden verschiedene nebeneinanderstehende Bereiche angesprochen, wobei dann innerhalb dieser Bereiche jeweils „in die Tiefe" nachzufragen ist.

So könnte z.B. ein Mitarbeiter bei der Frage nach Merkmalen einer guten Führungskraft antworten:

„Oh, das ist eine ganze Menge: Er muss fachlich etwas drauf haben, aber er muss auch sagen, wo es lang geht, und zugleich darf er nicht den Chef rauskehren."

Der Interviewer sollte in einer solchen Situation sowohl „in die Breite" als auch „in die Tiefe" fragen:

- In die Breite fragen bedeutet, nach weiteren Merkmalen einer guten Führungskraft zu fragen: "Gibt es darüber hinaus noch etwas, wodurch sich eine gute Führungskraft auszeichnet?"

- In die Tiefe fragen bedeutet, eines der genannten Konstrukte herauszugreifen und (mit den zuvor genannten Möglichkeiten) zu explizieren, z.B.:

  „Können Sie sich an eine Situation erinnern, wo ein Vorgesetzter fachlich etwas drauf gehabt hatte?" (Fokussieren)

  „Was muss er fachlich drauf haben?" (Erfragen getilgter Informationen)

  „'Fachlich etwas drauf haben' heißt für Sie?" (Erfragen getilgter Informationen)

  „Heißt ‚fachlich etwas drauf haben': er muss mehr Fachkenntnisse haben als die Mitarbeiter?" (Übersetzen).

Die Matrix zu dieser Frage könnte folgendermaßen aussehen:

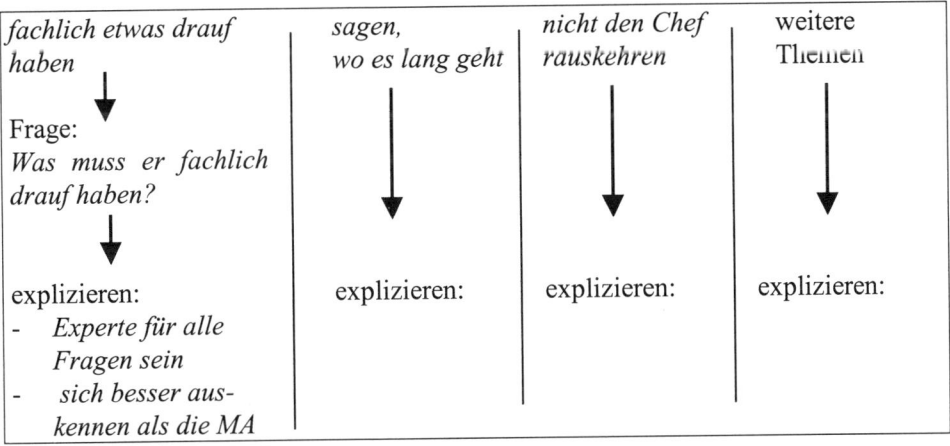

fachlich etwas drauf haben	sagen, wo es lang geht	nicht den Chef rauskehren	weitere Themen
Frage: *Was muss er fachlich drauf haben?*			
explizieren: - *Experte für alle Fragen sein* - *sich besser aus- kennen als die MA*	explizieren:	explizieren:	explizieren:

Die Erhebungsphase (zumindest die zu einer Leitfrage) ist abgeschlossen, wenn die Matrix ausgefüllt ist, d.h. wenn sowohl in die Breite als auch in die Tiefe keine neuen Informationen erfragt werden können.

(3) Abschlussphase

Das Thema im Interview wurde umfassend bearbeitet, und es gilt nun, zum Abschluss zu kommen. Drei Aufgaben stehen dafür noch an: Zu klären, ob noch etwas offen ist, ggf. Kontrakte über das weitere Vorgehen zu schließen oder nochmals festzumachen und dem Interviewpartner zu danken:

> ➤ **Gibt es zu dem Themenbereich des Interviews abgesehen von dem bereits Gesagten noch etwas, das der Interviewpartner ergänzen möchte?**
>
> ➤ **Sind noch Kontrakte (z.B. die Information des Interviewpartners über die Interviewergebnisse) zu schließen oder zu bekräftigen?**
>
> ➤ **Dank an den Interviewpartner, dass er sich die Zeit genommen und seine Überlegungen eingebracht hat.**

3.2.4   Die inhaltsanalytische Auswertung

Die Interviews sind durchgeführt, und es liegt (z.B. in Form eines Tonbands oder einer Mitschrift) eine Fülle von Material vor. Es steht nun an, die „Komplexität des Materials" zu reduzieren: Was sind die Kernaussagen der Interviews? Was wird als wichtige Probleme genannt? Was sind Ideen und Anregungen, die von den Interviewpartnern eingebracht werden?

Als Verfahren für die Auswertung hat sich die sog. strukturierende Inhaltsanalyse im Anschluss an Philipp Mayring bewährt (Mayring 2000, 76ff.). Grundprinzip ist hierbei, die einzelnen Äußerungen auf der Basis eines Kategoriensystems zu strukturieren. Das bedeutet, dass im Rahmen einer Befragung über die Zusammenarbeit eines Teams Äußerungen zum Thema „Informationsfluss innerhalb des Teams" unter eine, eben diese Kategorie, zusammengefasst werden.

Eine inhaltsanalytische Auswertung erfolgt in folgenden Schritten:

(1) Festlegung der Datenbasis

Datenbasis für die inhaltsanalytische Auswertung ist idealerweise eine Tonbandaufzeichnung des Interviews. Das bietet die Möglichkeit, in Zweifelsfällen Äußerungen nochmals abzuhören. Möglicherweise ergeben sich auch im Nachhinein noch relevante Abschnitte, die man beim ersten Abhören übersehen hatte.

> ➢ **Während des Interviews bei wichtigen Abschnitten schon den Stand des Zählwerks notieren, das erleichtert das Wiederfinden relevanter Stellen.**

Die zweite Möglichkeit besteht darin, als Datenbasis lediglich die Mitschrift des Interviews zugrunde zu legen. Die Gefahr dabei ist, dass in die Mitschrift bereits zu viele Interpretationen einfließen. Von daher gilt als Grundregel, auch bei der Mitschrift relevante Äußerungen möglichst wörtlich aufzuschreiben. Es ist günstiger, zwischendurch die eine oder andere Äußerung nicht zu notieren, als vorschnell lediglich allgemeine Begriffe festzusetzen. Oder man kann den Interviewpartner bitten, eine wichtige Aussage nochmals zu wiederholen.

> ➢ **Bei der Mitschrift wichtige Äußerungen möglichst wörtlich mitschreiben, ggf. nochmals nachfragen.**

(2) Identifizierung der relevanten Auswertungseinheiten

Im Rahmen eines Interviews werden nicht alle Äußerungen im Blick auf die Fragestellung relevant sein: Da gibt es in der Orientierungsphase einzelne Nachfragen, die nichts mit dem Thema zu tun haben, der Interviewpartner schweift ab und erzählt etwas anderes usw. Von daher macht es Sinn, die relevanten Äußerungen zusammen zu stellen.

Hierfür folgende praktische Hinweise:

> ➢ **Im Zweifelsfall lieber mehr Äußerungen aufführen: Nicht immer ist zu Beginn völlig klar, ob eine Äußerung im Blick auf die Fragestellung relevant ist oder nicht. Dann ist es leichter, die Äußerung im Nachhinein als irrelevant auszuscheiden, als sie anhand des Bandes mühevoll zu suchen.**

> Mögliche kurze Auswertungseinheiten wählen: Jede Auswertungseinheit sollte nur einen Kerngedanken haben.

> Die jeweiligen Äußerungen möglichst wörtlich formulieren, d.h. auch den Satzbau nur soweit verändern, wie es für das Verständnis unbedingt erforderlich ist.

> Zu jeder Auswertungseinheit die Interviewnummer und ggf. die Zelle (wurde hier eine Führungskraft oder ein externer Trainer oder ein Teilnehmer befragt?) aufführen. Eine zusätzliche Spalte kann später für die Bezeichnung der Kategorien verwendet werden.

Als Beispiel seien einige Äußerungen aus einem Teilnehmer-Interview (TN) über die Einschätzung einer Fortbildung aufgeführt:

IV-Nr.	Zelle	Kategorie	Äußerung
1	TN		*Von den Inhalten fand ich alles thematisch sehr gut.*
1	TN		*Gefallen hat mir vor allem, dass es stark an der Praxis orientiert ist.*
1	TN		*Einiges habe ich sofort nach Abschluss der Fortbildung umsetzen können.*
1	TN		*Stellenweise fand ich den Zeitrahmen zu eng, wir hätten mehr Zeit zum Üben gebraucht.*
1	TN		*Besonders hilfreich fand ich die Gruppenarbeit.*

(3) Festlegung des Kategoriensystems

Dieser Schritt ist erfahrungsgemäß der schwierigste bei der inhaltsanalytischen Auswertung: Was sind geeignete Kategorien, d.h. geeignete Oberbegriffe, mit deren Hilfe sich die Fülle an Daten strukturieren lässt? Dabei liegt die Schwierigkeit darin, dass hier zwei unterschiedliche Ziele berücksichtigt werden müssen:

- Es muss eine möglichst klare Struktur geschaffen werden, die sich in der Regel nicht unmittelbar aus den Interviews ergibt.

- Zugleich muss die Struktur möglichst nah an der Lebenswelt der Adressaten sein und darf nicht von außen übergestülpt werden.

Für die Festlegung des Kategoriensystems empfehlen sich folgende Schritte:

- **Als Datenbasis nicht alle, sondern nur zwei bis drei Interviews nehmen**

  Je größer die Zahl der Interviews, desto mehr wird man von der ‚Fülle der Aussagen' überschlagen, desto schwieriger ist es, eine Struktur zu finden. Wenn man sich stattdessen bei der Entwicklung des Kategoriensystems auf zwei bis drei Interviews beschränkt, kann man verschiedene Zuordnungen leichter ausprobieren.

Wenn man auf der Basis des hier entwickelten Kategoriensystems andere Interviews auswertet, so mögen sich Ergänzungen oder auch Abänderungen ergeben, aber es liegt schon eine Grundstruktur vor, die das Zuordnen erleichtert und vor allem wesentlich Zeit spart.

– **Vor Erstellung des Kategoriensystems zunächst einen intuitiven Eindruck über die Äußerungen verschaffen**

Wenn man die relevanten Äußerungen der Interviews ein bis zwei mal durchliest, erhält man damit in der Regel schon einen ersten Eindruck darüber, was wichtig ist. Dies erleichtert in der Regel das spätere Zuordnen.

– **Das Kategoriensystem schrittweise aufbauen**

Es ist ein häufiger Anfängerfehler, dass man versucht, in einem Schritt sämtliche Äußerungen in ein Kategoriensystem zu zwängen. Hier ist es leichter, mit denjenigen Äußerungen zu beginnen, die ohne Schwierigkeiten zuzuordnen sind und die übrigen Äußerungen zunächst einer „Restklasse" zuzuweisen. Im weiteren Fortgang fällt es dann meist leichter, das Kategoriensystem schrittweise zu erweitern und die restlichen Äußerungen zuzuordnen.

– **Die Kategorien im Blick auf das Untersuchungsziel und den Verwendungszweck festlegen**

Die Interviews sollen eine Antwort auf das Untersuchungsziel geben und im Blick darauf sollte die Struktur entwickelt werden.

– **Die einzelnen Kategorien eindeutig definieren**

Bei der Fülle von Aussagen besteht die Gefahr, dass die Abgrenzung zwischen den Kategorien unscharf wird. Um das zu verhindern, schlägt Philipp Mayring folgende Schritte vor (Mayring 2000, 76ff.):

- Eine Überschrift für die Kategorie festlegen
- „Ankerbeispiele" festlegen
  Eine bzw. zwei typische Äußerungen können als sog. „Ankerbeispiele" für die Kategorie dienen. Der Vergleich mit diesen Ankerbeispielen erleichtert später die Zuordnung: Passt eine unklare Äußerung noch dazu oder nicht?
- Kodierungsregeln zur Abgrenzung festlegen
  Manchmal ist die Zuordnung von Äußerungen zu unterschiedlichen Kategorien nicht eindeutig: Gehört jetzt die Äußerung zu der allgemeinen Kategorie „Zusammenarbeit" oder zu der speziellen Kategorie „Beziehung zwischen den Teammitgliedern"? Eine Kodierungsregel legt hierfür Entscheidungen fest, z.B. „soweit als möglich zunächst den spezielleren Kategorien zuordnen!"
- Das Kategoriensystem mit dem sozialen System rückkoppeln
  Das Kategoriensystem muss primär weniger zum Auswerter, sondern zum befragten Sozialsystem passen. Um das abzustimmen, ist es zweckmäßig, sich mit einem Angehörigen des sozialen Systems (in der Regel der jeweilige interne Ansprechpartner) abzusprechen: Passen die Kategorien (die Ankerbeispiele) aus seiner Sicht? Wo gibt es Unklarheiten?

Wie im Einzelnen Kategorien festgelegt werden, dafür gibt es keine Patentrezepte, sondern nur verschiedene Möglichkeiten. Hier einige Hinweise.

- In vielen Fällen ergeben sich Kategorien im Blick auf das Untersuchungsziel und den Verwendungszweck: Wenn beispielsweise im Rahmen einer Bildungsbedarfsanalyse Verwendungszweck ist, ein Seminarkonzept zu entwickeln, dann liegt es nahe, folgende Hauptkategorien zu wählen: Ziel, Inhalte, Methodik, Leiterverhalten, Organisation des Seminars. Eben das sind diejenigen Punkte, die später ein Seminarleiter oder eine Seminarleiterin berücksichtigen muss.

- In vielen Fällen kann auch eine grobe Struktur auf der Basis theoretischer Konzepte entstehen. So bietet sich für eine Bildungsbedarfsanalyse die Unterscheidung zwischen verschiedenen Kompetenzbereichen „Fachkompetenz", „Methodenkompetenz" usw. an. Bei einem Strategieprozess bietet sich die Unterscheidung von „Ist-Analyse", „Vision" und „ Strategische Schwerpunkte" an.

- Ein anderer Ansatz besteht darin, von einzelnen Äußerungen auszugehen und gleichsam intuitiv diejenigen Äußerungen zusammen zu fassen, die dasselbe Thema ansprechen. Auf diese Weise kann man Kategorien eng an den Adressaten entwickeln: Wenn zahlreiche Äußerungen zu demselben Thema „Räume" gemacht werden, dann kann man gut diese Äußerungen zusammenfassen.

- Manchmal ergeben sich auch aus Leitfragen Kategorien: Eine Bildungsbedarfsanalyse ist durch die Leitfragen nach Aufgaben, Kompetenz und Methodik gegliedert. Dann können eben diese Begriffe als Hauptkategorien verwendet werden. Aber Vorsicht: Nicht immer sind Leitfragen geeignet, außerdem ist es durchaus denkbar, dass innerhalb einer Leitfrage der Interviewpartner zu einem anderen Thema wechselt.

- Die (zunächst naheliegende) Unterscheidung zwischen Stärken und Schwachstellen wäre als Gliederung des Kategoriensystems nur dann sinnvoll, wenn alle Interviewpartner bei dieser Unterscheidung übereinstimmen. Das ist aber eher die Ausnahme. Häufig werden einige z.B. die Zusammenarbeit im Team positiv, andere sie negativ bewerten. Oder es werden sowohl positive Punkte als auch Schwachstellen der Zusammenarbeit genannt. Hier ist es sinnvoller, statt dessen „Zusammenarbeit im Team" als übergeordnete Kategorie festzulegen und dann innerhalb dieser Kategorie zwischen positiven und negativen Punkten zu unterscheiden.

Fast immer ergibt sich dann so etwas wie ein hierarchisch gegliedertes Kategoriensystem, mehrere Hauptkategorien und Unterkategorien auf verschiedenen Ebenen (d.h. Unter-Unterkategorien), zu denen dann möglicherweise nochmalige Unterkategorien gebildet werden. Dabei ist letztlich entscheidendes Kriterium, dass das Kategoriensystem für das befragte System passt: Die Betreffenden müssen mit den jeweiligen Kategorien etwas anfangen können.

(4) Zuordnung der Interviews zu den Kategorien

Sobald das Kategoriensystem in den Grundzügen steht, ist es verhältnismäßig einfach, die Äußerungen der einzelnen Interviews entsprechend zuzuordnen. Dabei wird es immer wieder der Fall sein, dass das Kategoriensystem zu ergänzen ist, oder es stellt sich im Bezug auf bestimmte Zitate eine Veränderung der Kategorien als sinnvoll heraus.

Nach der Zuordnung aller Interviews zu den Kategorien lassen sich die Interviews insgesamt qualitativ und quantitativ auswerten:

- Qualitative Auswertung bedeutet zu fragen, welche Auffassungen überhaupt vertreten werden: Was wird überhaupt als Schwachpunkt des Teams genannt? Welche Lösungsvorschläge werden gegeben? Bei einer qualitativen Auswertung kommt es nicht auf die Zahl der Interviewpartner an: Es macht Sinn, eine neue und wichtige Anregung in die Auswertung aufzunehmen, auch wenn sie nur von einer einzigen Interviewpartnerin genannt wurde.

- Bei der quantitativen Auswertung wird die Zahl der Interviewpartner genannt, die eine bestimmte Auffassung vertreten: Wie viele Interviewpartner sind der Auffassung, dass der Informationsfluss Problem bei der Zusammenarbeit ist? Waren es zwei von fünfzehn Interviews oder waren es zehn?

Quantitative Auswertungen ergeben Hinweise auf die Häufigkeit bestimmter Einschätzungen. Dabei empfiehlt es sich, die Häufigkeit in sog. „Rohwerten" anzugeben, d.h. die Zahl derjenigen Interviewpartner zu nennen, die diese Auffassung vertreten haben. Es würde wenig Sinn machen, bei drei Interviews anzugeben, dass 66,6% den Informationsfluss positiv eingeschätzt haben. Bei einer größeren Zahl von Interviews können Prozentwerte durchaus Sinn machen. Allerdings ist dabei zu beachten, dass Interviews ein sog. „nicht-reaktives" Messverfahren darstellen: Die Interviewpartner antworten nicht auf die Frage nach dem Informationsfluss, sondern sprechen von sich aus das Thema an, wenn es aus ihrer Sicht relevant ist. Das bedeutet, dass die Zahl der Nennungen hierbei in der Regel geringer ist als bei direktem Nachfragen: Es sind in der Regel weniger Personen, die z.B. fehlende Toleranz als Problem von sich aus ansprechen, als wenn direkt nach der Einschätzung bezüglich Toleranz gefragt würde.

(5) Interpretation der Ergebnisse

Was sagen nun die Ergebnisse aus? Wo liegen die Schwerpunkte? An welche Konzepte kann man anknüpfen? Was sollte als nächstes getan werden? Um diese Fragen zu beantworten, müssen die Ergebnisse abschließend interpretiert werden. Interpretation kann heißen:

- **Darstellung der wichtigsten qualitativen und quantitativen Ergebnisse**

  Was sind die zentralen Punkte, die in der Zusammenarbeit des Teams verbessert werden sollten? Welches Konzept für ein Kommunikationstraining ergibt sich auf der Basis der Vorschläge? Dabei macht es wenig Sinn, alle relevanten Aussagen aufzuführen, wohl aber, die wichtigen qualitativen Ergebnisse durch Zitate zu belegen. Die Arbeitsfrage zur Identifizierung solcher relevanter Kernaussagen lautet:

> ➤ **Was sind besonders typische oder besonders wichtige Aussagen im Blick auf Untersuchungsziel und Verwendungszweck?**

– **Zusammenfassung der zentralen Botschaften**

In der Regel ergeben sich aus den Interviewdaten einige wenige zentrale Botschaften: Die Fortbildung sollte stärker an der beruflichen Situation ansetzen, es sollte mehr an konkreten Fällen gearbeitet werden, und die Leiterin sollte ein mögliches Vorgehen häufiger demonstrieren. Diese zentralen Botschaften gilt es zu identifizieren. Basis dafür ist die Gesamtauswertung, die nunmehr gleichsam in einer 2. Runde nochmals durchgegangen wird:

> ➤ **Was sind die (3 bis 6) zentralen Botschaften, die sich im Blick auf Untersuchungsziel und Verwendungszweck aus der Auswertung ergeben?**

– **Vergleich der Interviewergebnisse mit anderen Daten**

Wie weit stimmen die Interviewergebnisse z.B. mit der vorhandenen Mitarbeiterbefragung überein? Wie weit stimmen die Ergebnisse mit der Literatur oder anderen Erhebungen überein? Daraus ergibt sich folgende Arbeitsfrage:

> ➤ **Zu welchen anderen Daten lassen sich die Ergebnisse in Beziehung setzen? Was sind Gemeinsamkeiten, was sind Unterschiede?**

– **Vergleich mit theoretischen Konzepten**

Wie weit entspricht die Anregung, jüngere Mitarbeiter durch ältere Mitarbeiter zu unterstützen, dem Konzept des Mentoring? Werden hier Forderungen erhoben, die in der Erwachsenenbildung unter dem Begriff „Teilnehmerorientierung" diskutiert werden? Wie lassen sich die Ergebnisse auf der Basis systemtheoretischer Überlegungen interpretieren? Daraus ergibt sich folgende Arbeitsfrage:

> ➤ **Mit welchen theoretischen Konzepten lassen sich die Ergebnisse in Verbindung setzen? Wie wären die Ergebnisse auf der Basis dieses Konzeptes zu interpretieren?**

– **Zentrale praktische Konsequenzen**

Hier wird abschließend nochmals die Verbindung zum Verwendungszweck der Untersuchung hergestellt: Was sind die zentralen Vorschläge z.B. für die Gestaltung des Seminars, die sich aus den Daten ergeben? Wo sollte man bei der Teamentwicklung ansetzen? Was wären die nächsten Schritte?

> ➤ **Welche zentralen Empfehlungen ergeben sich aus der Auswertung?**

Die Interpretation der Ergebnisse ist gleichzeitig eine Zusammenfassung und eine abschließende Einschätzung. Sie ist damit in stärkerem Maße auch subjektiv durch den Auswerter geprägt. Zweckmäßig ist, das auch transparent zu machen: Hier werden nicht nur reine Interviewergebnisse vorgestellt, sondern diese Ergebnisse werden durch den Auswerter z.B. im Blick auf wissenschaftliche Literatur interpretiert.

Wie die Ergebnisse dargestellt werden, ist je nach der Situation und den Erwartungen des „Auftraggebers" und den jeweils geltenden Regeln unterschiedlich und reicht von einem ausführlichen mit wissenschaftlichen Argumenten untermauerten Projektbericht über eine Folienpräsentation, bei der im wesentlichen relevante Zitate und anschließend die Kernbotschaften dargestellt werden, bis zur persönlichen Zusammenfassung im Rahmen der eigenen Seminarvorbereitung.

(6) Rückspiegelung der Ergebnisse

Den Abschluss einer Befragung bildet im Rahmen systemischen Vorgehens in der Regel die Rückspiegelung der Ergebnisse an das betroffene soziale System. Es erfolgt damit gleichsam eine strukturierte Rückspiegelung der eigenen Auffassung, an die sich dann weitere Prozesse anschließen können.

3.2.5 Anwendungsmöglichkeiten des Konstruktinterviews

Das Konstruktinterview kann in sehr unterschiedlichen Situationen eingesetzt werden: zur Erfassung des Bildungsbedarfs ebenso wie dafür, Stärken und Schwächen eines sozialen Systems zu erfassen. Einige Anwendungsmöglichkeiten sollen abschließend noch etwas ausführlicher dargestellt werden.

(1) Die systemische SWOT-Analyse

Die SWOT-Analyse ist ein im Zusammenhang mit Unternehmensberatung durchaus geläufiges Verfahren. Es geht darum, Stärken (strengthes), Schwachstellen (weaknesses), Chancen (opportunities) und Risiken (threats) zum Beispiel eines Teams, einer Bildungseinrichtung, eines Seminars usw. zu erfassen. Herkömmliche SWOT-Analysen (Kotler/Bliemel 2001, 132ff.; Gausemeier/Fink 1999, 193ff.) arbeiten häufig mit Fragebogen und legen so von außen fest, welche Themen eine Rolle spielen – und blenden damit möglicherweise gerade jene Themen aus, die für die betreffenden Person oder das betreffende soziale System insbesondere relevant sind. Die systemische SWOT-Analyse geht dem gegenüber von dem Grundsatz aus, dass die Kompetenz des sozialen Systems die Kompetenz des Einzelnen übersteigt: Um die Ursache für ein Problem herauszufinden, ist es zweckmäßig, anstelle lediglich einer Perspektive unterschiedliche Perspektiven zu erfassen. Das bedeutet für das Vorgehen:

- Kategorien werden nicht von außen vorgegeben, sondern aus Sicht der Betroffenen definiert.

- Stärken, Schwachstellen, Chancen und Risiken werden aus unterschiedlichen Perspektiven erfasst.

Daraus ergibt sich folgendes Vorgehen:

Untersuchungsziel und Verwendungszweck
Untersuchungsziel ist hierbei grundsätzlich: Erfassung von Stärken, Schwachstellen, Chancen und Risiken. Verwendungszweck ist dementsprechend:
- Stärken zu festigen und auszubauen
- Schwachstellen zu beseitigen
- Chancen zu nutzen
- Risiken rechtzeitig zu vermeiden.

Grundgesamtheit und Stichprobe
Zentrale Frage hierfür ist: Wer kann alles Auskunft über Stärken und Schwachstellen eines sozialen Systems (eines Teams, einer anderen Organisation) geben? Für ein Team z.B. ergeben sich folgende Perspektiven:
- Teammitglieder
- Vorgesetzter
- (interne) Kunden des Teams
- (interne) Lieferanten
- Angehörige benachbarter Bereiche (z.B. Kollegen aus anderen Teams)
- Berater oder Trainer, die mit diesem Team arbeiten.

Wie viele Personen man dabei befragt, wird jeweils von der Situation und den zur Verfügung stehenden Ressourcen abhängen. Dabei ist im Rahmen einer systemischen SWOT-Analyse die Berücksichtigung unterschiedlicher Perspektiven wichtiger als eine möglichst umfassende Erhebung. Damit kann sich z.B. folgende Stichprobe für die Erfassung von Stärken und Schwachstellen eines Teams ergeben:

Zelle	Grundgesamtheit	Stichprobe
Teammitglieder	15	4
unmittelbarer Vorgesetzter	1	1
interne Kunden		2
interne Lieferanten		1
Benachbarte Bereiche		1
Trainer	1	1

Damit ergibt sich ein Umfang der Stichprobe von 10 Interviews.

Leitfragen

Leitfragen auch im Rahmen einer SWOT-Analyse sind im Bezug auf ein genaues Ziel und den genauen Verwendungszweck sowie die jeweilige Stichprobe jeweils neu zu entwickeln. Das folgende Beispiel gibt mögliche Leitfragen für die SWOT-Analyse eins Teams:

– Was sind in Ihrem Team Haupttätigkeiten in den letzten 4 Wochen gewesen?

– Wie erfolgreich schätzen Sie das Team auf einer Skala zwischen 0 und 100 ein?

– Wenn Sie sich Ihre Einschätzung vergegenwärtigen, so stehen dahinter Stärken des Teams: Was sind diese Stärken?

– Andererseits haben Sie nicht 100 Punkte gegeben. Das bedeutet: Was sind die Punkte, die bis 100 Punkte fehlen?

– Stellen Sie sich vor, es ist ein Jahr vergangen und das Team ist ein absolutes Erfolgsteam geworden: Was ist gleich geblieben, was hat sich verändert?

  Was sind die Risiken? oder: Was könnte geschehen, dass es schlechter wird?

– Was sind die nächsten Schritte, die in Angriff genommen werden sollten?

  Diese Frage ist hilfreich, um konkrete Maßnahmen z.B. im Rahmen von Teamentwicklung festzulegen. Eine andere Alternative wäre, die Frage nach den nächsten Schritten unmittelbar an die Vorstellung des Idealteams anzuknüpfen: Was wurde getan, um ein absolutes Erfolgsteam zu werden?

(2) Appreciative Inquiry (AI)

Appreciative Inquiry („wertschätzendes Erkunden") ist ein von David Cooperrider in den 80er Jahren in den USA im Anschluss an die sog. Lösungsorientierte Kurzzeittherapie entwickeltes und mittlerweile auch in Deutschland genutztes Verfahren, Veränderungsprozesse in Organisationen durchzuführen (z.B. zur Bonsen/Maleh 2001). Appreciative Inquiry ist dadurch gekennzeichnet, dass die Aufmerksamkeit nicht auf Probleme und Schwachstellen gelegt wird, sondern auf die Stärken eines Systems. Zur Bonsen formuliert dies in folgenden Grundannahmen (zur Bonsen/Maleh 2001, 25):

(1) „Jeder Mensch, jedes Team und jede Organisation hat ein ungeahntes Potenzial, das manchmal schon aufblitzt."
(2) „Organisationen entwickeln sich immer in Richtung dessen, worauf sie ihre Aufmerksamkeit richten und was sie untersuchen."

Auf einen AI-Prozess (Appreciative Inquiry Prozess) angewendet bedeutet das: Die Aufmerksamkeit wird auf das Potential der Organisation gelegt, um die Veränderung in dieser Richtung voranzutreiben.

Insgesamt verläuft ein AI-Prozess in vier Schritten (vgl. zur Bonsen/Maleh 2001, 32ff.):

- Discovery (Erkunden und Verstehen),
- Dream   (Visionieren),
- Design   (Gestalten),
- Destiny   (Umsetzen).

Schritt 1 (Discovery) ist letztlich nichts anderes als ein Leitfadeninterview, wobei jedoch nicht nach Problemen und Schwachstellen, sondern ausschließlich nach Stärken gefragt wird. Zur Bonsen (zur Bonsen/Maleh 2001, 92ff.) gibt dafür folgende Leitfragen:

„Ihr Start bei der Organisation

Erzählen Sie mir bitte, wie Sie die Anfangszeit bei dieser Organisation empfunden haben:
- Wann kamen Sie zum Unternehmen?
- Was hat Sie zur Organisation hingezogen?
- Was waren Ihre ersten Eindrücke und was hat Sie bereits am Anfang begeistert, als Sie zu uns kamen?

Ihre herausragend positive Erfahrung

Während Ihrer Zeit bei der Organisation haben Sie höchstwahrscheinlich Höhen und Tiefen erlebt. Ich möchte Sie bitten, sich nun an einen Zeitraum zu erinnern, der für Sie ein echter Höhepunkt war, eine Zeit, in der Sie besonders begeistert waren, sich außerordentlich wohl und lebendig fühlten und in der Sie sich einbringen und etwas bewirken konnten. Ich möchte, dass Sie sich an eine herausragend positive Erfahrung erinnern. Gleichgültig, ob aus der jüngeren oder ferneren Vergangenheit. Erzählen Sie mir bitte nur diese Geschichte:
- Was ist genau geschehen?
- Wer war dabei wichtig? Und warum?
- Was hat es zu einer herausragenden Erfahrung gemacht?
- Welche Faktoren bei der Organisation machten dieses Gipfelerlebnis bzw. diese großartige Phase möglich? (Wenn Ihrem Partner nur wenig einfällt, prüfen Sie einzelne Themen wie Führung, Strukturen, Systeme, Anreize, Regelungen, Aufgabenstellungen, Strategie, Weiterbildungsmöglichkeiten, Kollegen, Beziehungen, Werkzeuge, Infrastruktur usw.)
- Was ist daraus für unsere Zukunft zu lernen?

Wertschätzung Ihrer Arbeit und Ihrer Person

Lassen Sie uns jetzt über einige Dinge sprechen, die Sie in Bezug auf sich selbst und auf Ihre Organisation am meisten wertschätzen.
- Ohne zu bescheiden zu sein, was schätzen Sie an sich selbst am meisten – als Mensch, als Freund, als Kollege, als Vater oder Mutter usw.?
- Was schätzen Sie am meisten an Ihrer Arbeit?
- Was schätzen Sie am meisten an Ihrer Organisation?
- Was ist der wichtigste Beitrag, den das Unternehmen bislang für Ihr Leben geleistet hat? Und den es für die Welt geleistet hat?

Belebende Faktoren
- Was sind Ihrem Erleben nach Schlüsselfaktoren, die der Organisation Vitalität, Lebendigkeit und Stärke geben?
- Geben Sie einige Beispiele dafür, wie Sie diese Schlüsselfaktoren bei uns erleben.

Wenn ein Wunder geschähe
Stellen Sie sich vor, über Nacht ist ein Wunder geschehen. Sie wachen morgens auf und alles passt für Sie zusammen. Das Unternehmen ist sehr erfolgreich und steht in jeder Hinsicht in voller Blüte. Unsere Kunden, Partner und wir, die Mitarbeiter, sind begeistert. Welche drei Dinge sind über Nacht verändert worden, die die Vitalität, Lebendigkeit und den Erfolg von der Organisation nachhaltig gestärkt haben?

Wozu sind wir berufen?
Was müssten wir als Organisation erreichen (für die Kunden, für die Welt, für ...), wie müssten wir werden, damit Sie sagen könnten: ‚Meine Mitarbeit hier ist für mich wertvoll und bereichernd‘?“

(3) Die systemische Bildungsbedarfsanalyse
Bildungsbedarfsanalysen basieren üblicherweise auf einem Ist-Soll-Vergleich: Es wird ein Soll-Profil für eine bestimmte Aufgabe, einen bestimmten Arbeitsplatz usw. festgelegt, und es werden die tatsächlichen Qualifikationen (Kenntnisse, Fähigkeiten usw.) eines Mitarbeiters oder einer Mitarbeiterin damit verglichen. Das Problem bei solchen Vorgehensweisen liegt darin, dass hier der Bildungsbedarf gleichsam von einem objektiven Beobachterstandpunkt erhoben wird: Es wird von außen festgestellt, welche Kenntnisse, welche Fähigkeiten und Einstellungen einem Mitarbeiter z.B. für eine Führungsaufgabe noch fehlen (vgl. Greif 1996; Lindner 2001, 81ff.; Merk 1998, 177ff.; vgl. auch Götz/Häfner 2002, 52ff.). Bildungsbedarf ist jedoch letztlich eine Systemeigenschaft: Was als Bildungsbedarf gilt, wird nicht von außen, sondern aus den unterschiedlichen Perspektiven des jeweiligen sozialen Systems definiert (vgl. König/Hillbrink 1999). Und diese Perspektiven gilt es, im Rahmen der systemischen Bildungsbedarfsanalyse zu erfassen.

Daraus ergibt sich folgendes Erhebungsdesign:

Untersuchungsziel und Verwendungszweck
Das Untersuchungsziel kann je nach der Fragestellung sein, den Bildungsbedarf einer einzelnen Person (z.B. eines Mitarbeiters, der Führungsaufgaben übernehmen möchte), eines Teams oder einer größeren Organisation zu erfassen. Der Verwendungszweck ergibt sich dann entsprechend daraus, Bildungsmaßnahmen für eine Person, ein Team, eine größere Organisation festzulegen.

Grundgesamtheit und Stichprobe
Grundgesamtheit sind auch hier diejenigen Personen, die Auskunft über Stärken und Schwächen der betreffenden Person bzw. des Teams und damit den jeweiligen Bildungsbedarf geben können. Das ist zweifelsohne der Betreffende selbst, darüber hin-

aus aus externer Perspektive Vorgesetzte, Mitarbeiter, Kollegen, ggf. auch externe Trainer und Berater. Systemische Bildungsbedarfsanalyse bedeutet, diese unterschiedlichen Perspektiven zu erfassen.

Leitfragen

Zu Beginn der 70er Jahre hat Saul B. Robinsohn im Rahmen der damaligen Curriculumdiskussion ein mittlerweile klassisches Schema zur Erfassung von Bildungsbedarf entwickelt (Robinsohn 1971, 75ff.): Bildungsinhalte und Maßnahmen werden diskutiert im Blick auf erforderliche Qualifikationen, die hinsichtlich zu erfüllender Aufgaben festgelegt werden. Daraus ergeben sich folgende zentrale Leitfragen:

– Welche Aufgaben hat die betreffende Person (jetzt oder in Zukunft) zu erfüllen?
– Welche Qualifikationen (Kenntnisse, Fähigkeiten, Einstellungen) bringt sie dafür schon mit?
– Welche Qualifikationen sollten im Blick auf diese Aufgaben zusätzlich erworben, vertieft oder erweitert werden?
– In welcher Form können diese Qualifikationen vermittelt werden?

Für die Bildungsbedarfsanalyse gilt gleichermaßen wie für andere Konstrukt-Interviews: Es gibt hier nicht die Standardleitfragen, sondern die Leitfragen sind je nach der genauen Zielstellung und im Blick auf den besonderen Interviewpartner neu zu entwickeln.

3.2.6 Chancen und Grenzen des Konstruktinterviews

Das Konstruktinterview bietet die Möglichkeit, das Wissen eines sozialen Systems zu bündeln. Dabei liegt der Vorteil des Konstruktinterviews auf mehreren Ebenen:

Zum einen liegt der Wert des Konstruktinterviews darin, dass hier das Wissen aus unterschiedlichen Perspektiven erfasst wird. Jede einzelne Person in einem sozialen System, so die bereits in den ersten Kapiteln dargestellte Prämisse Personaler Systemtheorie, verfügt immer nur über begrenztes und zum Teil auch verzerrtes Wissen: Ein Teilnehmer in einem Kurs wird bestimmte Faktoren deutlicher sehen als eine Seminarleiterin, aber möglicherweise auch bestimmte Faktoren (z.B. die Bedeutung des Raumes) überschätzen. Die Seminarleiterin wird wiederum andere Faktoren erkennen. Erst die Erfassung der verschiedenen Perspektiven zusammen gibt ein umfassendes Bild, das die Kompetenz des sozialen Systems widerspiegelt.

Zum anderen erfasst das Konstruktinterview auch dasjenige Wissen, das „unter der Oberfläche" liegt. Jeder, der selbst im Rahmen eines Interviews befragt wurde, hat diese Erfahrung gemacht: Das gezielte Nachfragen führt dazu, dass einem selbst auch Punkte klar wurden, die vielleicht intuitiv vorhanden, aber nicht bewusst waren.

Schließlich liegt ein großer Vorteil des Konstruktinterviews nach unseren Erfahrungen in der hohen Effizienz bei Durchführung und Auswertung: Bei der Durchführung

ınn zielgerichtet nach relevanten Konstrukten gefragt werden. Und die Auswertung steht nicht unter dem Problem letztlich nicht mehr verarbeitbarer Datenmengen, sondern kann sich auf die Zusammenstellung, Klärung und Strukturierung relevanter Konstrukte beschränken.
Andererseits treten beim Konstruktinterview selbstverständlich auch Probleme auf. Einige seien hier genannt:

Zum Einen gilt, dass jedes Konstruktinterview letztlich mehr als bloße Beschreibung, sondern zugleich Veränderung ist. Dies wurde bereits bei der Strukturierung von subjektiven Konstrukten angesprochen und gilt generell für das ganze Vorgehen: Der Versuch, Konstrukte zusammenzustellen und zu explizieren, verändert zugleich die Konstruktion der Wirklichkeit: Der Betreffende sieht bestimmte Sachverhalte klarer als er sie zuvor gesehen hat, und er sieht sie damit auch in gewisser Hinsicht anders. Andererseits ist dies kein pauschaler Einwand gegen das Konstruktinterview. Denn dieser Einwand würde in gleichen Maßen nicht nur alle qualitativen Methoden treffen, sondern gilt ebenso für jedes standardisierte Verfahren: Auch jeder Fragebogen kann dazu führen, dass der Interviewte dann eine bestimmte Situation anders sieht. Jede Befragung ist also grundsätzlich immer auch ein Stück Veränderung. Praktisch kann das nur bedeuten, dass es wichtig ist, im Verlauf des Interviews etwa durch Verzicht auf Suggestivfragen diese Veränderung so gering wie möglich zu halten.

Ein zweiter Einwand ist möglicherweise gewichtiger: Das Konstruktinterview ist ein relativ direktives Verfahren und steht damit im Gegensatz zu der häufig gestellten Forderung, qualitative Interviews als natürliche Gesprächssituationen zu verstehen. Aber auch hier gilt, dass eine solche generelle Forderung nicht einlösbar ist. Auch ein narratives Interview, bei dem der Interviewte vorwiegend frei erzählt und der Interviewer kaum in den Gang der Erzählung eingreift, ist etwas grundsätzlich anderes als ein alltägliches Gespräch. Von daher ist es wenig sinnvoll, den Unterschied zwischen Interview und natürlichem Gespräch zu verwischen: Ein Interview hat ein ganz bestimmtes Ziel (nämlich Information über ein Thema zu erhalten) und im Blick auf dieses Ziel ist es als eine ganz bestimmte Gesprächsart von anderen Gesprächsarten abgegrenzt.

Wichtig aber scheint hier zweierlei: Zum einen gilt, dass ein Interview niemandem aufgezwungen werden kann. Letztlich moralisch vertretbar ist die Durchführung von Befragungen immer nur dann, wenn sie Ergebnis eines gemeinsamen Kontraktes ist: Dem Interviewpartner muss deutlich gemacht werden,
– worum es im Interview geht,
– was der Interviewte von ihm wissen will,
– warum er das wissen will,
– wie er dabei vorgeht,
– was mit den Daten geschieht.

Der Interviewpartner hat dann die Möglichkeit, sich darauf einzulassen oder nicht. Wenn ein solcher Kontrakt nicht erzielt ist, sind direktive oder weniger direktive Interviews gleichermaßen problematisch. Wenn andererseits ein solcher Kontrakt erzielt ist, dann schließt er sinnvoller Weise auch die Zustimmung zu dem Vorgehen mit ein.

Ein weiteres Problem ergibt sich daraus, dass die Anwendung ursprünglich therapeutischer Verfahren im Rahmen eines Interviews relativ schnell „tiefere Probleme" beim Interviewten aufdecken kann. So kann durch die Explikation beim Erfragen verdeckter Informationen der Interviewte von einer Charakterisierung seines Vorgesetzten möglicherweise auf eigene persönliche Probleme stoßen, z.B. darauf, dass er sich grundsätzlich nicht durchsetzen kann. Im Rahmen einer Beratung, wo die Möglichkeit besteht, solche Probleme aufzuarbeiten, ist das sicher legitim. Im Rahmen eines Interviews ist das aber nicht möglich. Mögliche Konsequenzen im Blick darauf sind:

– Die Zielsetzung des Interviews klar zu machen: Es geht hier nicht um die Entwicklung von Lösungen oder um Coaching und Beratung, sondern darum, Informationen zu erhalten, bei denen in vielen Fällen zunächst offen ist, was damit gemacht wird.

– Wenn das Interview auf persönliche Themen stößt, für die Beratung angebracht wäre, dann ist der Unterschied zwischen Interview und Beratung nochmals deutlich zu machen. Ggf. kann man überlegen, wie der oder die Betreffende das Problem weiter bearbeiten kann, oder der Interviewer kann, sofern er über die entsprechende Kompetenz verfügt, selbst Beratung (zu einem anderen Termin) anbieten.

Das Konstruktinterview ist im Vergleich zu manchen anderen qualitativen Interviewverfahren in weitaus stärkerem Maße methodisch gelenkt. Das bietet die Möglichkeit eines für viele Situationen effektiveren und schnelleren Vorgehens – aber es macht zugleich auch Gefahren bei der Anwendung qualitativer Sozialforschung (und letztlich gilt das für alle sozialwissenschaftlichen Instrumentarien) deutlich.

Kapitel 4: Personale Systemtheorie und Erwachsenenbildung

4.1 Soziale Systeme in der Erwachsenenbildung

Eckard König

4.1.1 Erwachsenenbildung in der Tradition der Systemtheorie

Es gibt eine Reihe von Versuchen, systemtheoretische Überlegungen für Erwachsenenbildung nutzbar zu machen. Dabei wird im Wesentlichen auf zwei unterschiedliche Konzepte zurückgegriffen:

- auf die Theorie sozialer Systeme im Anschluss an Luhmann,

- auf den Radikalen Konstruktivismus in der Tradition von Maturana, Glasersfeld und von Förster.

Der Rückgriff auf die Systemtheorie von Luhmann liegt insofern nahe, als auf dem Hintergrund der Arbeiten von Luhmann und Schorr die systemtheoretische Diskussion in der Erziehungswissenschaft sehr stark an Luhmann orientiert war. Explizit auf Erwachsenenbildung ausgerichtet ist der 1997 von Luhmann und Lenzen herausgegebene Band „Bildung und Weiterbildung im Erziehungssystem" sowie der Ansatz von Josef Olbrich (1973, 1999).

Luhmanns soziale Systemtheorie ist dadurch gekennzeichnet, dass sie die Personen nicht als Elemente sozialer Systeme betrachtet, sondern der Systemumwelt zuordnet: Systeme sind definiert durch die Abgrenzung zur Umwelt, wobei sich dann in sozialen Systemen die einzelnen Kommunikationsereignisse als Elemente ergeben.

Deutlich wird dieser Ansatz in dem 1999 erschienenen Aufsatz von Josef Olbrich „Systemtheorie und Erwachsenenbildung". Olbrich sieht die Theoriediskussion in der Erwachsenenbildung bestimmt durch den Rekurs auf „…umfassende Leittheorien, die vor allem der Soziologie originär zugeordnet werden können" (Olbrich 1999, 158). In diesem Zusammenhang greift er auf die Systemtheorie von Luhmann zurück.

In Anlehnung an den Systembegriff von Luhmann wird das System der Erwachsenenbildung bei Olbrich definiert durch Abgrenzung von anderen sozialen Systemen wie dem politischen System und dem Wirtschaftssystem (Olbrich 1999, 164ff.). Olbrich kritisiert am System der Erwachsenenbildung im Anschluss an Lenzen die fehlende Abgrenzung. Erwachsenenbildung hat die Tendenz, sich als Teilsystem anderer Systeme zu verstehen und wird dadurch instrumentalisiert: „Für die Erwachsenenbildung wird es im besonderen bedeutsam, dass diese Tendenz, sich als Teilsystem übergeordneter Systeme zu verstehen, Formen der Instrumentalisierung verursacht. Besonders plausibel wird diese These, wenn man an das Bemühen der Erwachsenenbildung denkt, Anschlussfähigkeit an Umweltsysteme wie Wirtschaft, Arbeitsmarkt und Sozialpolitik zu gewinnen" (Olbrich 1999, 164).

Die strukturelle Kopplung zwischen Erwachsenenbildung und dem Wirtschaftssystem sieht Olbrich im Anschluss an Luhmann in Zeugnissen und Zertifikaten, die im System der Erwachsenenbildung verteilt werden, aber zugleich für die Wirtschaft Bedeutung besitzen. In dieser Hinsicht besteht für Olbrich ein „Defizit struktureller Kopplung" darin, dass pädagogische Systeme für viele Bereiche spezialisierter Qualifikationen und Kompetenzen keine adäquate Ausbildung bereithalten (Olbrich 1999, 166).

Die Abgrenzung des Systems Erwachsenenbildung gegenüber anderen Erziehungssystemen ergibt sich für Olbrich im Blick auf das Kriterium Lebenslauf: Erwachsenenbildung ist auf eine bestimmte Phase des Lebenslaufs, das Erwachsenenalter, ausgerichtet: „In diesem Theoriekontext mag es eine plausible Hypothese sein, dass der Lebenslauf zwischen ‚Anfang und Ende' einerseits ein Gesamterziehungssystem zu begründen vermag und dass er andererseits ein soziales Subsystem Erwachsenenbildung als ein abgrenzbares, operativ geschlossenes, ausdifferenziertes, selbstreferenzielles Teilsystem unter dem Gesichtspunkt der Temporalisierung des Lebenslaufs auf das Erwachsenenalter zu rekonstruieren in der Lage ist. In diesem Sinne kann der Lebenslauf als das strukturierende Kommunikationsmedium sowohl für das gesamte Erziehungssystem als auch für das Teilsystem Erwachsenenbildung die Anschlussfähigkeit verschiedener ausdifferenzierter Systeme im Sinne einer Einheit der Differenz herstellen" (Olbrich 1999, 156).

Sicher ist es hilfreich zu klären, wie sich Erwachsenenbildung von anderen Erziehungssystemen abgrenzt. Aber die eigentlich erwachsenenpädagogischen Fragen wie die Frage nach der Planung und Durchführung von Veranstaltungen in Erwachsenenbildung oder die nach der Rolle des Dozenten geraten bei dem Rückgriff auf Luhmann aus dem Blick. Erwachsenenbildung wird als soziales System unabhängig von den Intentionen und dem Handeln der Akteure betrachtet.

Für Olbrich sind, wie er im Anschluss an Tenorth hervorhebt, Theorie der Erwachsenenbildung und pädagogische Praxis zwei unterschiedliche Systeme: „An dieser Stelle ist hier nochmals auf den spezifischen Unterschied von Lebenspraxis, von pädagogischer Praxis und erziehungswissenschaftlicher Theorie hinzuweisen. Die verschiedenen Handlungs- und Wissensformen bilden ein je eigenes System und haben je eigene Umwelten... Für die Erwachsenenbildung gilt also in gleicher Weise das, was Tenorth für die Pädagogik und Erziehungswissenschaft insgesamt anempfiehlt: sich esoterisch zu verhalten" (Olbrich 1999, 178).

Der Rückgriff auf die Systemtheorie im Kontext von Erwachsenenbildung findet sich auch bei Horst Siebert (1998; 2003). Siebert greift primär auf den Konstruktivismus zurück, bezieht sich dann aber auch auf die Systemtheorie, hier insbesondere auch wieder auf Luhmann. So wird eine systemisch-konstruktivistische Sicht eines Seminars abgegrenzt von einer herkömmlichen auf der Basis eines linearen Ursache-Wirkungsmodells, das von einer einseitigen Beeinflussung der Teilnehmer durch Lehrende ausgeht. Ein Seminar ist für Siebert ein komplexes soziales System: „In systemisch-konstruktivistischer Sicht besteht ein Seminar aus einer Gruppe, in der Lehr- und Lernfunktionen wechseln, deren Mitglieder autopoietisch aufgrund ihrer eigenen Bildungsbiographie und kognitiven Strukturen lernen, die sich gegenseitig anregen und ‚irritieren‘, die unterschiedlich miteinander ‚gekoppelt‘ sind und deren Kommunikations- und Lernverhalten von der Lernatmosphäre und dem ‚Setting‘ beeinflusst wird. Die Seminarleitung hat weiterhin besondere Aufgaben, aber nicht primär die der Vermittlung gesicherten Wissens... Die Seminarleitung ‚lehrt‘ erfolgreich, wenn sie sich selber als lernfähig erweist, wenn sie das in der Gruppe vorhandene Wissen zu aktivieren vermag, wenn sie die Ressourcen – auch die des Lernorts – optimal nutzt" (Siebert 1998, 73).

Als soziales System ist ein Seminar z.B. durch Regelkreise gekennzeichnet: „Ein langweiliger Kursleiter langweilt die Gruppe - und umgekehrt. Eine lebhafte Gruppe aktiviert den Kursleiter - und umgekehrt" (Siebert 1998, 75).

Aufgabe des Seminarleiters ist es dann nicht, zu lehren, sondern das soziale System zu steuern, wobei der Selbststeuerung großes Gewicht zukommt: „Ein Beispiel: In der Literatur zur Gruppenarbeit liest man viele ‚Regeln‘, wie Kleingruppen zu bilden sind. Zweifellos kann es didaktisch berechtigt sein, Kleingruppen ‚gezielt‘ zusammenzustellen. In Hochschulseminaren verzichte ich mehr und mehr auf solche Regulierungen. Ich formuliere die Aufgabe, nenne die Anzahl der Gruppen und Räumlichkeiten. In kurzer Zeit finden sich die Kleingruppen zusammen, deren Mitglieder im großen und ganzen zueinander passen, die ähnliche theoretische Anspruchsniveaus haben, die zielgerichtet miteinander diskutieren" (Siebert, 1998, 76).

In dem 2003 erschienen Buch „Vernetztes Lernen" hat Siebert diesen Ansatz weiterentwickelt. Grundidee ist hier wieder, konstruktivistische und systemtheoretische Überlegungen zu verzahnen. Konstruktivismus ist für ihn durch die These „wir handeln aufgrund von Hypothesen über die Wirklichkeit" gekennzeichnet (2003, 12). Systemtheorie (Siebert bezieht sich hierbei insbesondere auf Luhmann, dann aber auch auf die Allgemeine Systemtheorie im Anschluss an Haken oder Capra, aber durchaus auch auf Watzlawick) basiert auf der Kernthese „Je komplexer die sozialen Systeme, desto mehr müssen Eigendynamik und Wechselwirkung berücksichtigt werden" (ebd.). Auf dieser Basis wird „vernetztes Lernen" als zentraler Grundbegriff eingeführt: „Vernetztes Lernen verknüpft Thesen mit Antithesen, Altes mit Neuem, Alltagswissen mit theoretischem Wissen, eigene Erfahrungen mit Erfahrungen anderer, Begriffe mit Beispielen, Bilder mit Kommentaren, Aktionen mit Reflexionen, Emotionen mit Kognitionen; Visionen mit Realitäten, Ursachen mit Wirkungen, Theorie mit Praxis, Eigeninteressen mit Gruppeninteressen, Argumente mit Gegenargumenten" (Siebert 2003, 42). Konsequenz daraus sind „vernetzte neue Lernkulturen", die durch Situiertheit, Vernetzung und Rollenwechsel gekennzeichnet sind: „Situiertes Lernen ist... auf Verwendungssituationen ausgerichtet, d.h. problem- und handlungsorientiert. Situiertes Lernen ist fast immer vernetztes Lernen, d.h. unterschiedliche Lernsettings, Lernangebote, Medien, Lernaktivitäten werden verknüpft... Rollenwechsel: dass auch Lehrende von den TeilnehmerInnen lernen sollten" (Siebert 2003, 141). Beispiele für solche neuen Lernkulturen sind z.B. ökologische Fahrradtouren, multikulturelle Kochkurse, Fremdsprachentandems, Regionaler Technikunterricht, Wissensbörsen u.a. (Siebert 2003, 145ff.).

Die Vielzahl theoretischer Bezüge, die Siebert im Kontext seines systemisch-konstruktivistischen Ansatzes herstellt - die Spannbreite reicht von Autoren in der Tradition der Allgemeinen Systemtheorie wie Capra und Vester über Luhmann und Willke, die Neurobiologie (Roth, Damasio), den Radikalen und Sozialen Konstruktivismus (Glasersfeld, Gergen) bis zur Kulturanthropologie, der „Lernenden Organisation" (Senge) oder der „Philosophie der Lebenskunst" (Wilhelm Schmid) - machen es schwer, die Merkmale einer systemisch-konstruktivistischen Bildungsarbeit im Anschluss an Siebert zu identifizieren. Worauf aber die Verknüpfung von systemischen und konstruktivistischen Ansätzen hinweist, ist, dass eine Systemtheorie als Grundlage der Erwachsenenbildung offenbar nicht im Sinne von Luhmann den Menschen der Systemumwelt zuordnen kann: „Der Lernbegriff wird auf nicht personale Systeme – lernende Organisation, lernende Region, lernende Gesellschaft – ausgedehnt, lässt sich aber nicht völlig entpersonalisieren" (Siebert 2003, 192).

Ein dritter Ansatz der systemtheoretischen Fundierung der Erwachsenenbildung schließlich ergibt sich aus dem Rückgriff auf die Personale Systemtheorie: Personale Systemtheorie richtet die Aufmerksamkeit auf das Zusammenspiel sowohl der verschiedenen Personen als auch der komplexen Prozesse im sozialen System. Der Erfolg einer Veranstaltung ist somit nicht von einem Faktor (z.B. vom Inhalt oder dem Verhalten des Leiters) abhängig, sondern ergibt sich aus den jeweiligen Personen, ihren subjektiven Deutungen, aber auch den geltenden sozialen Regeln, den Regelkreisen, der Systemumwelt und der bisherigen Entwicklung sowie dem Zusammenspiel verschiedener Faktoren.

Dabei sind in Erwachsenenbildung nicht nur ein soziales System, sondern unterschiedliche soziale Systeme zu berücksichtigen, d.h. zu analysieren und zu steuern:

– Das Teilnehmersystem: Wer sind die Teilnehmerinnen und Teilnehmer der Veranstaltung?

- Das Auftraggebersystem: Wer ist Auftraggeber: eine Volkshochschule, die Bildungsabteilung eines Unternehmens, ein freier Bildungsträger?

- Das Leitungssystem: Wer leitet konkret die Veranstaltung? Gibt es ein Leitungsteam? Gibt es jemand, der das Konzept entwickelt hat und der zu berücksichtigen ist, auch wenn er nicht aktuell an der Veranstaltung teilnimmt?

- Schließlich das Veranstaltungssystem: Teilnehmerinnen und Leitung bilden zusammen ein soziales System, das während der Veranstaltung (sei es, während eines Abends, sei es bei längeren Veranstaltungen über einen längeren Zeitraum) Bestand hat und sich zum Abschluss der Veranstaltung wieder auflöst.

Im Folgenden sollen diese unterschiedlichen Systeme jeweils dargestellt und dazu Checkfragen entwickelt werden, die es erlauben, dieses System zu analysieren und zu steuern.

4.1.2   Das Teilnehmersystem

Wenn z.B. ein Workshop mit einer Abteilung eines Unternehmens oder dem Team eines Kindergartens durchgeführt wird, ist ein bereits zuvor bestehendes soziales System (die Abteilung, das Kindergartenteam) das Teilnehmersystem: Es sind bestimmte Personen, die zu dem System gehören (auch wenn möglicherweise nicht alle an dem Workshop teilnehmen), sie haben subjektive Deutungen, es haben sich Regeln und Regelkreise herangebildet, die Abteilung oder das Kindergartenteam arbeiten in einer bestimmten Systemumwelt und haben eine gemeinsame Entwicklung. Vorbereitung auf einen Workshop, ein Training usw. mit einem bestehenden System bedeutet zunächst, dieses System kennen zu lernen: Die Leiterin des Workshops muss wissen, wie das Teilnehmersystem „funktioniert", mit welchen Regelkreisen sie möglicherweise zu rechnen hat usw. D.h. es ist eine Systemdiagnose durchzuführen: Sei es, dass die Leiterin Interviews mit den Teilnehmern führt oder als teilnehmende Beobachterin an einer Teambesprechung teilnimmt. Im Rückgriff auf die verschiedenen Faktoren sozialer Systeme ergeben sich für diese Diagnose folgende Fragen:

➤ **Wer sind die Personen, die zu diesem System gehören? Spielen hier ggf. auch Personen (z.B. der Vorgesetzte) eine Rolle, die an der Veranstaltung nicht teilnehmen werden, aber den Ablauf trotzdem beeinflussen?**

➤ **Was sind die subjektiven Deutungen der betreffenden Personen? Was denken sie über ihre Aufgabe, von einander? Was erwarten sie von der Veranstaltung?**

➤ **Welche sozialen Regeln gelten in der betreffenden Abteilung bzw. dem Team? Wofür wird man (positiv oder negativ) sanktioniert?**

> ➤ Haben sich bestimmte Regelkreise (z.B. endlose Diskussionen ohne Ergebnis) herausgebildet?

> ➤ Wie ist die Systemumwelt der Teilnehmer? Welche Bedeutung hat z.B. die räumliche und materielle Umwelt? Gibt es in der Umwelt andere soziale Systeme, die von Belang sind?

> ➤ Wie ist die Entwicklung dieses Systems bislang verlaufen? Handelt es sich z.B. um ein Team, das schon lange besteht und eine Menge gemeinsamer Erfahrungen hat? Oder handelt es sich um ein gerade erst gebildetes Projektteam oder um eine neue Abteilung?

Wenn jedoch an einer Volkshochschule ein neuer Kurs stattfindet, dann gibt es vor Beginn der Veranstaltung kein festes „Teilnehmersystem", sondern es sind Teilnehmer und Teilnehmerinnen, die aus unterschiedlichen sozialen Systemen kommen und sich in einem neuen System „Veranstaltung" zusammenfinden. Trotzdem ist hier eine Teilnehmeranalyse notwendig: Es ist abzuklären, wie unterschiedlich die Teilnehmerinnen bzw. Teilnehmer sind: Besitzen sie genügend Gemeinsamkeiten, um in einer Veranstaltung miteinander arbeiten zu können? Oder sind die Unterschiede zwischen ihnen so groß, dass eine gemeinsame Veranstaltung keinen Sinn macht? Was sind wichtige Fragestellungen der Teilnehmerinnen? Was sind ihre Erwartungen?

In der erwachsenenpädagogischen Literatur wird diese Frage unter dem Thema „Zielgruppenorientierung" behandelt. Ausgangspunkt für die seit den 60er Jahren erhobene Forderung nach „Zielgruppenorientierung" war die Erfahrung, dass Veranstaltungen in der Erwachsenenbildung nicht pauschal für alle angeboten werden können, sondern dass sie speziell auf bestimmte Zielgruppen zugeschnitten sein müssen. Dabei wurde der Begriff „Zielgruppe" durchaus unterschiedlich definiert (vgl. Brokmann-Nooren u.a. 1995, 225ff.; Faulstich/Zeuner 1999, 111ff.; Schiersmann 1999; Tippelt 1999, 555ff.):

– Die gleichsam „klassische" Definition bestimmt „Zielgruppe" über soziologische Kriterien wie Alter, Geschlecht, Schichtzugehörigkeit oder Bildungsabschluss (z.B. Strzelewicz u.a. 1966, vgl. auch Brokmann-Nooren u.a. 1995, 245ff.). Eine Zielgruppe liegt demzufolge vor, wenn Teilnehmerinnen und Teilnehmer hinsichtlich Alter, Bildungsstand usw. eine im wesentlichen homogene Gruppe bilden. Doch solche soziologischen Kriterien garantieren keine erfolgreiche Veranstaltung, sondern können zu eng oder zu weit sein: Eine Wochenendveranstaltung mit Großeltern und Enkeln kann durchaus erfolgreich sein, auch wenn die beteiligten Gruppen zweifelsohne unterschiedlichen Zielgruppen angehören. Andererseits können Teilnehmer mit ähnlichem Bildungsabschluss und ähnlicher beruflicher Position so unterschiedliche Erwartungen an eine Veranstaltung haben, dass sie keine gemeinsame Zielgruppe bilden.

– Der sog. „empirische" Ansatz versucht, „Zielgruppe" über gleiche Lernvorausset-
zungen zu bestimmen (z.B. Degen/Zelasny 1974). Ein solches Kriterium liegt
z.B. bei Sprach- oder Skikursen durchaus nahe: Fortgeschrittene in einem Skikurs
oder Teilnehmer mit ähnlichen Französisch-Kenntnissen lassen sich gut in einer
Gruppe zusammen fassen. Doch auch hier gibt es durchaus Probleme: Fortgeschrittene Skifahrer können sehr unterschiedliche Interessen haben: Die einen
möchten vielleicht möglichst schnell schwierige Abfahrten bewältigen, die anderen eher auf sichere geruhsame Abfahrten ausgerichtet sein. Entsprechend kann
das Anliegen von Teilnehmern in einen Französisch-Kurs sehr unterschiedlich
sein: Die einen möchten Französisch für ihre Urlaubsreise auffrischen, die anderen benötigen es für berufliche Zwecke.

– Im Anschluss an die Diskussion der 68er Jahre wurde Zielgruppe auf benachteiligte Gruppen wie Lohnarbeiter in strukturschwachen Gebieten, weibliche Hilfs-
arbeiter, arbeitslose Jugendliche (z.B. Werder 1980, 37ff.; vgl. Faulstich/Zeuner
1999, 111ff.) eingeschränkt. Anliegen von Erwachsenenbildung ist dabei, „Partei
für die Emanzipation der Lohnarbeiter" zu ergreifen (Werder 1980, 37). Das
Problem dabei ist, dass damit z.B. der Bereich beruflicher Weiterbildung (der
sich eben nicht an eine benachteiligte Gruppe richtet) aus der Zielgruppenarbeit
ausgeschlossen wird.

– Die heute gängige Definition von Zielgruppe versucht, Zielgruppe über eine gemeinsame Lebenswelt zu bestimmen. Grundlage ist die Überlegung, „dass Erwachsenenbildung sich nicht allein auf eine aus einer logischen Sachstruktur oder
Wissenschaftsdisziplin hergeleitete Inhaltssystematik beschränken darf, sondern
bei der Planung und Durchführung von Erwachsenenbildungsangeboten die jeweilige Lebenssituation, die Lernerfahrungen sowie daraus resultierende Prob-
lem- und Interessenlagen der Teilnehmer/-innen als Anknüpfungspunkte von Bil-
dungsprozessen ernst nehmen sollte" (Schiersmann 1999, 561).

„Lebenswelt" ist ein Begriff, der ursprünglich aus der sog. Phänomelogischen Philosophie stammt (vgl. Habermas 1995, 182ff.; Eberle 2000, 25ff.). Lebenswelt ist definiert durch
– gemeinsame Erfahrungen
– eine gemeinsame Sprache
– gemeinsame soziale Regeln
– gemeinsame Probleme.

So ist z.B. die Lebenswelt von jüngeren Führungskräften in größeren Unternehmen
gekennzeichnet durch

– gemeinsame Erfahrungen: Erfahrungen hinsichtlich ihrer Aufgaben, besonderen
Probleme im Umgang mit der Geschäftsführung, der Schwierigkeit im Umgang
mit hochspezialisierten EDV-Experten usw.

- eine gemeinsame Sprache: da ist von „Mission" und „Vision" die Rede, vom Strategieprozess, von der LOP (Liste offener Punkte), von Zielvereinbarungen usw.

- gemeinsame soziale Regeln: Da gibt es offizielle Regeln, nach denen bestimmte Projekte durchgeführt werden müssen, aber auch geheime Regeln, wie die Forderung „Widersprich nie deinem Vorgesetzten!".

- gemeinsame Probleme, z.B. das Problem, sich gegenüber einem starken Bereichsleiter durchzusetzen, die Mitarbeiter zu einem Team zu machen usw.

Eine gemeinsame Zielgruppe liegt dann vor, wenn die Teilnehmer in Bezug auf Ziel und Thema der Veranstaltung eine gemeinsame Lebenswelt teilen. Daraus ergeben sich folgende Checkfragen für eine Zielgruppenanalyse:

> **Haben die (potentiellen) Teilnehmer in Bezug auf Thema und Ziel der Veranstaltung ähnliche Erfahrungen?**

> **Haben die (potentiellen) Teilnehmer in Bezug auf Thema und Ziel der Veranstaltung eine gemeinsame Sprache? Können Sie sich miteinander über Inhalt und Ziel verständigen?**

> **Haben die (potentiellen) Teilnehmer in Bezug auf Thema und Ziel der Veranstaltung ähnliche Regeln? Können sie z.B. Probleme zielgerichtet bearbeiten, oder besteht eher die Regel, dass man Erfahrungen austauscht?**

> **Haben die (potentiellen) Teilnehmer in Bezug auf Thema und Ziel der Veranstaltung ähnliche Probleme und damit ähnliche Erwartungen an eine Veranstaltung?**

4.1.3   Das Auftraggebersystem

Während Teilnehmer- oder Zielgruppenanalyse gleichsam zum Standardrepertoire von Erwachsenenbildung zählen, bleibt das Auftraggebersystem vielfach unbeachtet. Ursache dafür mag sein, dass in klassischen Institutionen der Erwachsenenbildung wie der Volkshochschule die Erwartungen des Auftraggebers relativ klar und unproblematisch sind. Aber z.B. bei gewerkschaftlicher oder kirchlicher Bildungsarbeit und insbesondere auch bei Weiterbildung im Rahmen eines Unternehmens wird deutlich, dass der Auftraggeber hier eine beträchtliche Rolle spielt. Analyse des Auftraggebersystems gehört zu den weithin vernachlässigten, aber nichtsdestoweniger zentralen Aufgaben der Erwachsenenbildung. Die im folgenden dafür entwickelte Checkliste folgt wieder den einzelnen Merkmalen sozialer Systeme.

(1) Die Personen des Auftraggebersystems

In vielen Fällen ist zunächst überhaupt nicht klar, wer der Auftraggeber für eine Veranstaltung ist: Ist es der Fachbereichsleiter, oder ist es der Leiter der Volkshochschule selbst? Oder wird über neue Themen in einem Leitungsteam entschieden? Wer ist es, der bei einer Bildungsmaßnahme in einem Unternehmen letztlich darüber entscheidet – in vielen Fällen ist es nicht der ursprüngliche Ansprechpartner. Daraus ergeben sich für die Diagnose folgende Checkfragen:

> ➢ **Wer ist Auftraggeber?**

> ➢ **Wer entscheidet letztlich über die Durchführung einer Bildungsmaßnahme?**

> ➢ **Wer ist an der Entscheidung mit beteiligt?**

> ➢ **Wer kann darüber hinaus die Entscheidung unterstützen oder behindern?**

Zu überlegen ist dann für eine Intervention, ob es Sinn macht, mit den betreffenden Personen Kontakt aufzunehmen: Kann sich die Leiterin einer Veranstaltung bei dem Leiter der Volkshochschule direkt vorstellen? Wie könnte man im Unternehmen zu anderen Personen Kontakt aufbauen?

(2) Die subjektiven Deutungen

Subjektive Deutungen lassen sich in verschiedene Themenbereiche unterscheiden:
- Subjektive Deutungen über die Sache, die Thematik (Inhaltsebene)
- Subjektive Deutungen über die eigene Person (Selbstoffenbarung)
- Subjektive Deutungen über den anderen (Beziehungsebene)

Im Blick auf das Ziel, die subjektiven Deutungen des Auftraggebers kennen zu lernen, ergeben sich daraus folgende Leitfragen:

> ➢ **Was sind die Erwartungen des Auftraggebers hinsichtlich des Themas? Hat er bestimmte inhaltliche Vorstellungen? Welche Erfahrung hat er mit dieser Thematik bereits gemacht?**

> ➢ **Was sind seine subjektiven Deutungen über die eigene Person? Sieht sich der Auftraggeber als Fachexperte oder als Führungskraft, die nicht in die Thematik involviert ist? Was sind seine Ziele? Was könnte er durch die Bildungsmaßnahme gewinnen oder verlieren?**

> ➢ **Was sind die subjektiven Deutungen des Auftraggebers bezüglich des Leiters? Was weiß er von ihm? Gibt es gemeinsame Vorerfahrungen?**

Aufgabe der Kontaktgespräche mit dem Auftraggeber ist dann, dessen subjektiven Deutungen zu erfahren.

(3) Soziale Regeln

Soziale Regeln können sowohl den Umgang mit dem Auftraggeber als auch die Durchführung der Veranstaltung betreffen:

> **Gibt es soziale Regeln, die im Umgang mit dem Auftraggeber zu berücksichtigen sind: Wer darf ihn ansprechen? Werden Tischvorlagen erwartet?**

> **Gibt es Regeln des Auftraggebers für die Vorbereitung und Durchführung der Veranstaltung? Gibt es z.B. die Forderung, einen genauen Seminarplan zu entwickeln? Gibt es Vorgaben hinsichtlich der Länge des Seminars oder bestimmte Orte?**

(4) Regelkreise

Im Umgang mit manchen Auftraggebern gibt es bestimmte Regelkreise wie z.B.

– Das Konzept für ein neues Seminar muss immer wieder verändert werden, aber es kommt zu keiner Durchführung.

– Ein Seminar wird immer wieder verschoben.

Auch hier ist es Aufgabe, in der Diagnose solche Regelkreise zu erkennen:

> **Gibt es typische Muster, die im Umgang mit dem Auftaggeber immer wiederkehren?**

Für die Intervention sind anschließend Lösungen 2. Ordnung zu finden: Wenn ein Auftraggeber immer wieder fordert, ein Angebot zu überarbeiten, dann ist zu vermuten, dass es sich hier um einen stabilen Regelkreis handelt, bei dem auch eine nochmalige Verbesserung keinen Erfolg bringen wird. Was hier ansteht, ist eine Lösung 2. Ordnung, die den Regelkreis unterbricht: Keine weitere Verbesserung mehr machen, einen anderen Veranstalter ansprechen, über den Regelkreis reden usw.

(5) Systemumwelt

Systemumwelt bedeutet hier die Umwelt des Auftraggebers. Im Vergleich zu den anderen Faktoren spielt sie eine relativ geringe Rolle. Trotzdem ist es sinnvoll, sie mit zu beachten:

> **Welche Faktoren der Systemumwelt spielen für den Auftraggeber eine Rolle? Findet das Vorgespräch – und möglicherweise dann auch die Veranstaltung im Werksgelände statt?**

> **Welcher Besprechungsraum steht zur Verfügung? Welche Möglichkeiten bietet er, die eigene Sitzposition zu wählen?**

(6) Entwicklung

> ➢ Was ist die Vorgeschichte in Bezug auf diesen Auftraggeber? Gab es schon frühere Kontakte? Gab es Veränderungen hinsichtlich der Ansprechpartner?

Die Auftraggeberanalyse ist ein Thema, das in der Erwachsenenbildung bislang wenig behandelt worden ist. Die hier aufgeführten Punkte machen aber deutlich, wie wichtig eine sorgfältige Analyse des Auftraggebersystems ist und dass Erwachsenenbildung eben nicht nur Handeln in einem Teilnehmersystem bedeutet, sondern immer auch Handeln in einem Auftraggebersystem.

4.1.4   Das Leitungssystem

Das Leitungssystem ist schließlich das dritte soziale System, das im Rahmen von Erwachsenenbildung zu betrachten ist: Wer sind die Personen, die die Leitung haben? Gibt es mehrere Trainer, die sich in einem Seminar abwechseln? Gibt es nach einem Vortrag einen Moderator, der den Prozess steuert? Wie weit wird ein Konzept übernommen, das jemand anders entwickelt hat?

Auch das Leitungssystem ist unter den bereits in den vorherigen Abschnitten angesprochenen Aspekten zu betrachten:

(1) Die Personen des Leitungssystems

> ➢ Gibt es einen Leiter bzw. eine Leiterin oder mehrere Leiter?

> ➢ Hat jemand anderes das Konzept entwickelt?

> ➢ Sind noch andere Personen im Leitungssystem zu berücksichtigen (z.B. der Geschäftsführer des Trainingsinstituts, dem die Trainer angehören)?

(2) Die subjektiven Deutungen

> ➢ Was sind die subjektiven Deutungen der einzelnen Personen des Leitungssystems?

> ➢ Wie sehen sie ihre Aufgabe?

> ➢ Wie sehen sie sich selbst, ihre eigenen Stärken oder Schwächen?

> ➢ Wie sehen sie den anderen Leiter/die andere Leiterin?

(3) Soziale Regeln

> ➢ Was sind die Regeln, nach denen die Arbeit im Leitungssystem verläuft?

> ➢ Wie wird der Wechsel zwischen den Leitern geregelt?

> ➢ Darf ein Leiter den anderen kritisieren oder unterbrechen?

(4) Regelkreise

> ➢ Gibt es typische Regelkreise, z.B. dass ein Leiter den anderen unterbricht, immer noch ergänzt?

(5) Systemumwelt

> ➢ Welche Rolle spielt die Systemumwelt für die Leiter?

> ➢ Wie ist die Sitzposition bei zwei Leitern?

(6) Entwicklung

> ➢ Gibt es eine Entwicklung hinsichtlich der Zusammenarbeit?

> ➢ Gab es zunächst eine Phase des vorsichtigen Abtastens, hat sich die Zusammenarbeit zwischenzeitlich eingespielt?

4.1.5   Das Veranstaltungssystem

Jede Veranstaltung in der Erwachsenenbildung bildet ein eigenes soziales System. Teilnehmer und Leitung kommen zusammen, sie deuten die Situation, die Abläufe sind durch bestimmte Regeln (was man in einer Veranstaltung darf oder nicht darf) geleitet, es gibt möglicherweise Regelkreise, die Veranstaltung ist bestimmt von der räumlichen Umwelt, und es gibt eine Entwicklung der Veranstaltung, die sich möglicherweise nach Phasen aufgliedert. Auch hier sollen im Folgenden wieder Hinweise zu den jeweiligen Faktoren des sozialen Systems gegeben werden.

(1) Die Personen der Veranstaltung

Die Zahl der Personen bestimmt die Art einer Veranstaltung: Handelt es sich um eine kleinere Gruppe von 6 Teilnehmern, mit denen man ein konkretes Thema bearbeiten kann, ein Seminar mit 12 bis 15 Teilnehmern oder eine größere Gruppe, wobei dann andere Formen der Erwachsenenbildung (Vortrag, Open Space usw.) erforderlich sind? Die Zahl der Teilnehmer bestimmt auch die Beziehung innerhalb des sozialen Systems: Bei einer großen Veranstaltung entstehen kaum (neue) Kontakte zwischen den Teilnehmern, bei einer längeren Fortbildung mit 15 Teilnehmern können sehr intensive und häufig über die Veranstaltung hinausführende Kontakte entstehen.

Eine Schwierigkeit ergibt sich bei wechselnden Teilnehmern. Wenn in einer Seminarreihe oder in einem Workshop verschiedene Personen immer wieder fehlen, wird dadurch das System und damit auch der Ablauf gestört.

Daraus ergeben sich folgende Fragen:

➢ **Mit wie vielen Teilnehmerinnen und Teilnehmern ist zu rechnen?**

➢ **Wie lässt sich der Ablauf im Blick auf die Zahl der Teilnehmer verändern?**

➢ **Wie weit ist Teilnehmerfluktuation zu erwarten?**

➢ **Was ergeben sich daraus für Konsequenzen?**

(2) Subjektive Deutungen

Aus der Praxis ist die Anfangssituation eines Seminars hinreichend geläufig: Bei den Teilnehmerinnen und Teilnehmern, in der Regel auch bei der Leiterin oder dem Leiter besteht Unsicherheit: Was wird hier auf mich zukommen? Wer sind die Teilnehmer? Wer ist der Leiter? Werde ich als Teilnehmer von dieser Veranstaltung etwas haben? Wie wird die Gruppe sein? Wird es mir als Leiterin gelingen, Kontakt zu den Teilnehmern aufzubauen? Unklarheit hinsichtlich solcher Fragen führt zu Orientierungslosigkeit und zu Verunsicherung. Von daher gehört es zu den klassischen Aufgaben in der Anfangs- oder Orientierungsphase von Erwachsenenbildung, hier zunächst Orientierung zu schaffen:

Orientierung hinsichtlich des Themas:

➢ **Was sind die Erwartungen der Teilnehmerinnen und Teilnehmer?**

➢ **Was sind die Vorstellungen der Leiterin bzw. des Leitungskreises hinsichtlich der Ziele, des Themas und des Ablaufs?**

➢ **Wie weit stimmen die Erwartungen überein?**

Orientierung hinsichtlich der Leitung:

➢ **Wer ist derjenige, der dieses Seminar durchführt? Ist er fachlich kompetent? Kann er den Teilnehmern Antwort auf ihre Fragen oder Unterstützung bei der Lösung von Problemen geben?**

➢ **Werden die Teilnehmer akzeptiert?**

All das sind Fragen, auf die Teilnehmerinnen und Teilnehmer eine Antwort wollen. Die Orientierungsphase einer Veranstaltung ist somit immer ein Stück Selbstoffenbarung der Leiterin oder des Leiters: Was erzählt er von sich, und wie erzählt er es von sich? Erzählt er von seiner Motivation zu diesem Thema, seinen bisherigen Erfahrungen oder darüber, dass es für ihn die erste Veranstaltung überhaupt ist?

Kommunikation erfolgt aber nicht nur verbal, sondern ebenso nonverbal: Teilnehmerinnen und Teilnehmer deuten die Körpersprache des Leiters oder der Leiterin. Doch Körpersprache ist nicht technisch steuerbar, sondern wird in starkem Maße von Einstellungen geprägt. Daraus ergibt sich die Wichtigkeit der Einstellung:
- Die Sicherheit, die Veranstaltung erfolgreich durchzuführen.
- Die Bereitschaft, die Teilnehmerinnen und Teilnehmer ernst zu nehmen, sie zu unterstützen und zu akzeptieren.

Orientierung hinsichtlich der Teilnehmer:
In einem Vortrag werden die Teilnehmer relativ wenig voneinander wissen. In einem Seminar, in dem möglicherweise an konkreten persönlichen Themen gearbeitet wird, ist Orientierung hinsichtlich der Teilnehmer wichtig:

> **Wer sind diejenigen, die hier sind? Wie weit kann ich den anderen vertrauen? Muss ich damit rechnen, von ihnen angegriffen zu werden?**

Orientierung hinsichtlich der Teilnehmer ist auch für die Leiterin oder den Leiter erforderlich:

> **Was sind die Erwartungen und die Befürchtungen der Teilnehmer?**

> **Welche Vorkenntnisse haben sie?**

> **Auf welche Fragen wollen sie Antwort?**

Je nach der Art der Veranstaltung sind hier unterschiedliche Vorgehensweisen angebracht:
- Im Rahmen einer Teilnehmeranalyse zuvor Interviews mit tatsächlichen oder potentiellen Teilnehmern zu führen und anderen Personen, die die betreffende Zielgruppe genauer kennen,
- eine Vorstellrunde,
- Partnerinterview oder Interviews in kleinen Gruppen, um sich persönlich kennen zu lernen,
- Erwartungsabfrage (z.B. mit Hilfe von Moderationskarten) usw.

(3) Soziale Regeln

Jedes soziale System und damit auch jede Veranstaltung in Erwachsenenbildung wird durch soziale Regeln gesteuert. Viele solcher Regeln sind uns selbstverständlich: z.B. die Regel, dass bei einem Vortrag eine Person etwas darstellt und die anderen zuhören oder dass in einer Diskussion Fragen gestellt werden dürfen.

Der Erfolg einer Veranstaltung hängt nicht zuletzt davon ab, wie weit die jeweils geltenden Regeln transparent und sinnvoll sind. Dabei gibt es zahlreiche Beispiele von wenig sinnvollen Regeln, die sich zwar irgendwann eingebürgert haben, den Ablauf aber eher behindern. Solche unzweckmäßigen Regeln sind z.B.:

- In einem Workshop darf jeder kommen und gehen, wann er will.

- Jeder darf in einer Besprechung so lange und so oft reden, wie er möchte.

- Redebeiträge müssen grundsätzlich in der Reihenfolge der Wortmeldung aufgerufen werden.

Erwachsenenbildung als Steuerung eines sozialen Systems bedeutet auch, sinnvolle Regeln einzuführen: z.B. die Regel, nicht Redebeiträge der Reihe nach, sondern nach Themen aufzugreifen oder an Stelle eines Zweiergesprächs zwischen Leiter und einem Teilnehmer ein Rundgespräch durchzuführen, in dem auch andere ihre Auffassung vertreten können. Wie solche Regeln eingeführt werden, hängt von der Situation ab:

- In vielen Fällen reicht es aus, Regeln durch Vormachen einzuführen. So kann z.B. die Regel, nach Pausen pünktlich zu sein, eingeführt werden, indem die Leiterin einfach anfängt, ohne auf alle zu warten.

- Man kann Regeln transparent machen, z.B. „Wir fangen an, wenn die Hälfte der Teilnehmer da ist. Für später Kommende wiederholen wir nicht".

- Man kann problematische Regeln ansprechen und alternative Regeln vereinbaren.

(4) Regelkreise

Regelkreise sind ein Kennzeichen von sozialen System, die stagnieren und keine Entwicklung bieten. Regelkreise in Seminaren können den Lernprozess behindern und führen bei allen zu dem Gefühl, dass nichts vorangeht. Beispiele sind:

- Der Fortgang eines Workshops wird durch kontroverse Diskussion zwischen zwei Teilnehmern behindert.

- Ein Teilnehmer stellt fortwährend Fragen, die Leiterin beantwortet diese, die anderen Teilnehmer werden zunehmend unruhig.

- Ein Seminar verfängt sich in endlosen Verfahrensdiskussionen, ohne dass es weitergeht.

- Der Leiter wird von einer Teilnehmerin kritisiert und verteidigt sich, daraufhin wiederholt die Teilnehmerin ihre Kritik, der Leiter verteidigt sich weiter usw.

- Nach Übungsphasen beginnt eine umfangreiche Diskussion, in der jeder immer noch etwas sagen will.

Konsequenz daraus ist, solche Regelkreise frühzeitig zu erkennen und Lösungen 2. Ordnung zu entwickeln:

> **Was sind die Muster, die immer wiederkehren?**

> **Was wären alternative Möglichkeiten?**

Grundregel ist auch hier: Um aus dem Regelkreis herauszukommen, muss etwas anderes getan werden, wobei das „jeweils andere" auf der Basis theoretischer Konzepte entwickelt werden oder aus der Alltagserfahrung stammen kann. Solche Lösungen 2. Ordnung können sein:

> **Weniger desselben: sich weniger verteidigen, weniger erklären**

> **Passives oder aktives Zuhören: Auf den anderen eingehen, zunächst seine Aussagen wiederholen oder das dahinterstehende Gefühl erfassen z.B.: „Ihnen reicht diese Erklärung noch nicht."**

> **Ich–Botschaften**

> **Genauer nachfragen: „Was genau möchten Sie anders haben?"**

> **Die anderen Teilnehmer einbeziehen**

> **Metakommunikation: über die Kommunikation reden**

> **Die Arbeitsform wechseln**

> **Eine kurze Pause machen usw.**

(5) Die Systemumwelt
Die Systemumwelt während einer Veranstaltung betrifft insbesondere die materielle Umwelt des Raumes und der Technik:

> **Wie ist der Raum beschaffen?**

> **Wie ist die Anordnung innerhalb des Raumes: Stuhlreihen, Sitzplätze im Viereck, Stuhlkreis?**

> **Wo findet der Leiter seinen Platz? Stimmt die Entfernung zu den Teilnehmern? Blickkontakt zu allen vorhanden? Welche Materialien werden benötigt? Sind diese Materialien vorhanden?**

> ➤ Welche Technik wird benötigt?

> ➤ Wie sind Beamer, Overhead, Flipchart usw. angeordnet?

(6) Die Entwicklung des sozialen Systems

Jedes soziale System durchläuft eine bestimmte Entwicklung. Dabei wird bei der Entwicklung von Gruppen üblicherweise zwischen verschiedenen Phasen unterschieden, die sich auch auf Veranstaltungen in der Erwachsenenbildung anwenden lassen. So unterscheiden z.B. König/Volmer (2000, 243ff; vgl. auch Langmaack/Braune-Krickau 1995, 63ff.):

- Eine Orientierungsphase, in der die einzelnen Teilnehmer sehr vorsichtig und zurückhaltend agieren und allgemein anerkannte Regeln (z.B. Höflichkeit, Zurückhaltung usw.) den Ablauf bestimmen.

- Eine Konfliktphase, die dadurch gekennzeichnet ist, dass über geltende Regeln keine Einigkeit besteht und verschiedene Teilnehmer ihre Position durchsetzen möchten.

- Eine Arbeitsphase, die durch ein effizientes und funktionales Regelsystem gekennzeichnet ist.

- Eine Abschlussphase, in der sich das System auflöst und damit bestehende Regeln außer Kraft gesetzt werden müssen.

Selbstverständlich müssen diese Phasen nicht immer in reiner Form auftreten. Möglicherweise tritt auch eine Konfliktphase überhaupt nicht auf, oder man fällt aus einer Arbeitsphase wieder in eine Konfliktphase zurück. Konsequenz daraus ist, hier jeweils eine sorgfältige Diagnose durchzuführen:

> ➤ Wie verläuft die Entwicklung während der Veranstaltung? In welcher Phase befinden wir uns?

> ➤ Wo deuten sich Probleme an? Gibt es Unzufriedenheit unter den Teilnehmern? Gibt es bestimmte Regelkreise?

> ➤ Gibt es Signale, die auf mögliche Probleme unter der Oberfläche hindeuten?

Auf dieser Basis lassen sich dann für konkrete Situationen die nächsten Schritte festlegen.

Der Erfolg von Erwachsenenbildung hängt entscheidend davon ab, dass es gelingt, ein stabiles Veranstaltungssystem zu etablieren. Dabei liegt die Schwierigkeit darin, dass dafür drei weitere Systeme zu betrachten sind: das Teilnehmersystem, das Auftraggebersystem und das Leitungssystem. Die Beziehung zwischen diesen drei Systemen ist sowohl durch Systemdifferenz, als auch durch Austausch gekennzeichnet. Das heißt:

- Sich klar zu machen, dass verschiedene Systeme jeweils verschiedene Perspektiven und verschiedene Aufgaben bedingen. So gibt es eine Systemgrenze zwischen Leitung und Teilnehmern, die nicht verletzt werden darf, weil ansonsten eine Steuerung nicht mehr möglich ist. Es gibt ebenso eine Systemgrenze zwischen Leitung und Auftraggeber, bei der jeder eine unterschiedliche Perspektive besitzt.

- Zugleich erfordert Erwachsenenbildung die Anschlussfähigkeit an jedes dieser Systeme. Eben das besagt die im folgenden Kapitel ausführlicher dargestellte klassische Forderung nach Teilnehmerorientierung in der Erwachsenenbildung: Unter Berücksichtigung von Teilnehmer-, Auftraggeber- und Leitungssystem ein neues System, nämlich das Veranstaltungssystem zu bilden.

Es gehört zu den Kennzeichen sozialer Systeme, dass die Wirkungen von Interventionen durch das System selbst definiert werden: Der Erfolg einer Veranstaltung lässt sich nicht technisch planen und herbeiführen, sondern Erfolg hängt davon ab, was die Betreffenden daraus machen. Erfolg einer Veranstaltung ist also grundsätzlich nicht Wirkung des Vorgehens des Leiters oder der Leiterin allein, sondern das Ergebnis eines bestimmten Systemzustandes. Das macht erwachsenenpädagogische Arbeit nicht leichter, aber herausfordernder und den Erfolg zu einem gemeinsamen.

4.2 Teilnehmerorientierung als Prinzip der Erwachsenenbildung

Eckard König / Katja Luchte

4.2.1 Die Diskussion um Teilnehmerorientierung in der Erwachsenenbildung

Der Begriff „Teilnehmerorientierung" wurde in den 70er Jahren in der Erwachsenenbildung als Gegengewicht zu einer einseitigen „Leiter-orientierten" Erwachsenenbildung eingeführt: Nicht der Leiter, so die dahinter stehende These, setzt von sich aus Ziele, Inhalte und Methoden der Erwachsenenbildung fest, sondern Erwachsenenbildung hat sich „an den Teilnehmern zu orientieren".

Dabei bedarf die Formulierung „Orientierung am Teilnehmer" weiterer Klärung. Im groben lassen sich hier zwei unterschiedliche Konzepte von Teilnehmerorientierung unterscheiden:

(1) Teilnehmerorientierung als Zielgruppenorientierung
Hans Tietgens (1977, 1980, 1997, ähnlich Horst Siebert 1980) bestimmt Teilnehmerorientierung als Zielgruppenorientierung: Teilnehmerorientierung als Zielgruppenorientierung richtet sich auf „Konturierung des Adressatenkreises, der erreicht werden soll" (Tietgens 1997, 481), und bedeutet, dass Veranstaltungen in der Erwachsenenbildung nicht pauschal „für alle" angeboten werden, sondern auf eine bestimmte „Zielgruppe" (alleinstehende Elternteile, arbeitslose Jugendliche, Eltern mit kleinen Kindern) ausgerichtet sind. Teilnehmerorientierung im Sinne von Zielgruppenorientierung heißt für eine Leiterin oder einen Leiter, dass er zuvor die Zielgruppe definieren, ihre Erwartungen erfassen und bei der Planung berücksichtigen muss.

Eine teilnehmerorientierte Veranstaltung für Eltern mit heranwachsenden Kindern würde somit bedeuten, dass man

– zunächst mit Hilfe von Interviews, Fragebogen, teilnehmender Beobachtung usw. die Interessen und Erwartungen der Teilnehmer erhebt und auf dieser Basis die Veranstaltung plant: In Vorüberlegungen bei der Planung sind somit „Voraussetzungen potentieller Teilnehmer einer Veranstaltung zu definieren... die zugleich Kriterien der Teilnehmerorientierung sind. Auf diese Weise lässt sich der Planungsrahmen abstecken" (Tietgens 1980, 178).

– den Teilnehmern diese Veranstaltungsplanung transparent macht, wobei zumindest geringere Modifikationen durch die Teilnehmer möglich sind: „Mit der Planung und Ankündigung werden Konditionen für Vereinbarungen vorgegeben. Bei der Durchführung kann ihre Teilnehmer-Angemessenheit geprüft, können sie gegebenenfalls durch kommunikativ entstandene Vereinbarungen abgelöst werden" (Tietgens 1980, 190).

(2) Teilnehmerorientierung als Berücksichtigung der Interessen und Bedürfnisse der Teilnehmer

Gerhard Breloer versteht „Teilnehmerorientierung" im Sinne einer „didaktischen Kategorie" (1979, 170) als Forderung, von den „Interessen und Bedürfnissen der Teilnehmer auszugehen" (Breloer 1980, 32). Entsprechend versteht auch Hans-Georg Kempkes „Teilnehmerorientierung" als „eine Hinwendung und ein Ausrichten der Planung, Durchführung und Evaluation von Erwachsenenbildungsveranstaltungen an Bedürfnissen, Erfahrungen, Interessen, der Betroffenheit und den kognitiven Strukturen der Teilnehmer" (Kempkes 1987, 15). „Teilnehmerorientierung" wird hier mit Rückgriff auf die Begriffe „Bedürfnis" und „Interesse" definiert: Ziel der Erwachsenenbildung ist es, Bedürfnisse und Interessen der Teilnehmer zu befriedigen, und im Blick darauf sind Veranstaltungen zu planen und durchzuführen.

Am weitesten ist diese Auffassung bei Gerhard Breloer in dem 1980 erschienenen Aufsatz „Aspekte einer teilnehmerorientierten Didaktik der Erwachsenenbildung" entwickelt, wobei sechs Aspekte von Teilnehmerorientierung unterschieden werden (Breloer 1980, 53ff.):
– Zielaspekt
– Subjektiver Bedingungsaspekt
– Inhaltsaspekt
– Methodenaspekt
– Interaktionsaspekt
– Objektiver Bedingungsaspekt

Gemeinsam ist allen Ansätzen von Teilnehmerorientierung, dass bei der Planung, Durchführung und Auswertung von Erwachsenenbildung das Augenmerk auf die Teilnehmer gerichtet wird. Zugleich aber bleiben beide Konzepte unscharf. Im einzelnen sind hier folgende Probleme zu nennen:
– Wenn Teilnehmerorientierung als Berücksichtigung der Bedürfnisse und Interessen verstanden wird, stellt sich die Frage, was genau Bedürfnisse der Teilnehmer sind und wie sie sich erfassen lassen. Versteht man Bedürfnisse als diejenigen Interessen, die Teilnehmer vor oder während eines Kurses anmelden, so führt die Forderung nach Teilnehmerorientierung zumindest in bestimmten Situationen zu unhaltbaren Konsequenzen: Was ist, wenn eine Gruppe arbeitsloser Jugendlicher Interesse anmeldet, das Aufbrechen von Autos zu lernen? Dass teilnehmerorientierte Erwachsenenbildung das nicht heißen kann, ist intuitiv einsichtig. Doch

aufgrund welcher Kriterien wird das ausgeschlossen? Wenn man andererseits zwischen dem angemeldeten „Bedarf" (also den Interessen, die Teilnehmer vor oder während einer Veranstaltung artikulieren) und „Bedürfnissen" unterscheidet, stellt sich die Frage, wie Bedürfnisse zu ermitteln sind. Kann man im Anschluss an Maslow von „Grundbedürfnissen" ausgehen und somit postulieren, dass die Teilnehmer grundsätzlich ein Bedürfnis nach „Selbstentfaltung" oder „Selbstver- wirklichung" haben? Ist man als Leiterin oder Leiter nicht in Gefahr, solche Grundbedürfnisse von außen Teilnehmern überzustülpen?

— Damit wird schon ein zweites Problem angedeutet: Was heißt „Berücksichtigung" der Bedürfnisse? Die unterschiedlichen Konzepte von Teilnehmerorientierung bei Tietgens auf der einen Seite und Breloer auf der anderen Seite machen deutlich, dass „Berücksichtigung" sehr unterschiedlich verstanden werden kann: Besteht Berücksichtigung darin, dass die Planung der Veranstaltung auf die Erwartungen von Teilnehmern Bezug nimmt? Oder heißt Berücksichtigung der Bedürfnisse, dass allein die Teilnehmer entscheiden, was sie wie in einem Kurs behandelt ha- ben wollen?

— Aus der Unklarheit hinsichtlich der Begriffe „Bedürfnisse" und „Berücksichti- gung" ergibt sich schließlich, dass der Begriff Teilnehmerorientierung nicht ein- deutig zwischen verschiedenen Formen erwachsenenpädagogischer Praxis unter- scheidet, sondern in Gefahr ist, zur Legitimation einer jeden beliebigen Praxis zu werden (vgl. Breloer 1980, 57): Wenn ein Kursleiter sich nicht vorbereitet hat und der Kurs sich müde dahinschleppt, so könnte das als „Teilnehmerorientie- rung" legitimiert werden. Wenn ein Gespräch in einem Gesprächskreis versandet, dann könnte ein solches Vorgehen ebenso unter Berufung auf ein Prinzip der Teilnehmerorientierung gegenüber möglicher Kritik immunisiert werden.

Die Unschärfe hinsichtlich des Begriffes „Teilnehmerorientierung" in der pädagogi- schen Literatur hat offensichtlich dazu geführt, dass auch in der Praxis von Erwach- senenbildung unter „Teilnehmerorientierung" sehr Unterschiedliches verstanden wird. „Teilnehmerorientierung" wird bei Praktikern zwar durchweg als zentrales Prinzip erwachsenenpädagogischen Handelns angesehen, dann aber sehr unter- schiedlich verstanden: als „Information des Teilnehmers über meine Ziele", als „Ori- entierung an gesellschaftlichen Voraussetzungen", als „Berücksichtigung der Indivi- dualität des Teilnehmers", als „Aktivierung, Mitwirkung und Selbststeuerung des Teilnehmers", als „Orientierung an persönlichen, individuellen Zielen des Teilneh- mers" (Luchte 2001).

Darüber hinaus dürfte diese Unklarheit auch dazu geführt haben, dass der Begriff „Teilnehmerorientierung" seit Ende der 80er Jahre in der wissenschaftlichen Diskus- sion deutlich in den Hintergrund getreten ist: In den neueren Handbüchern der Er- wachsenenbildung (Tippelt 1999; Weinert/Mandl 1997) wird „Teilnehmerorientie- rung" nur noch am Rande erwähnt. Peter Faulstich und Christine Zeuner stellen die Frage, ob „Teilnehmerorientierung für die Erwachsenenbildung noch ein tragfähiger

Ansatz sein kann" (Faulstich/Zeuner 1999, 110). Der Begriff „Teilnehmerorientierung" ist, so lasst sich zusammenfassen, offenbar deshalb in den Hintergrund getreten, weil hier ein Programm formuliert wurde (nämlich, die Bedürfnisse der Teilnehmerinnen und Teilnehmer zu berücksichtigen), das aber zunächst keine Methode impliziert, mit deren Hilfe sich eindeutig entscheiden lässt, ob eine Veranstaltung oder eine bestimmte Maßnahme teilnehmerorientiert ist oder nicht.

Wenn man sich die verschiedenen Bedeutungen von „Teilnehmerorientierung" vergegenwärtigt, so lässt sich trotz aller Unterschiede ein gemeinsamer Ansatzpunkt finden: „Teilnehmerorientierung" ist ein Begriff, der in der Diskussion um die Legitimation, die Begründung von Erwachsenenbildung eine Rolle spielt. „Teilnehmerorientierung" ist ein Kriterium, auf dessen Basis für oder gegen bestimmte Ziele, Themen, Methoden in der Erwachsenenbildung argumentiert wird: z.B. für die Beschränkung auf eine bestimmte Zielgruppe, gegen ein bestimmtes Thema, für die Anwendung gruppendynamischer Übungen.

Das bedeutet, dass die Klärung des Begriffs „Teilnehmerorientierung" bei der Diskussion um die Legitimierung praktischen Handelns in der Erwachsenenpädagogik ansetzen muss: Wie lässt sich ein bestimmtes Thema (z.B. das Thema „Konflikte mit heranwachsenden Jugendlichen") begründen? Welche Gründe sprechen für oder gegen den Einsatz einer Videosequenz, eines Rollenspiels oder einer gruppendynamischen Übung?

Dabei deutet die Forderung nach Teilnehmerorientierung zwei Grundsätze einer solchen Legitimation erwachsenenpädagogischen Handelns an:

(1) Die Argumentation für oder gegen bestimmte Inhalte, Methoden, bestimmte Formen des Leiterverhaltens erfolgt stets im Blick auf bestimmte Ziele.
Wenn man Teilnehmer z.B. nach der Beurteilung eines Vortrags fragt und die Antwort erhält, es sei ihnen zu theoretisch gewesen, dann wird dabei implizit auf ein Ziel Bezug genommen: Der Vortrag soll praktische Anregungen bieten. Oder wenn man Teilnehmer nach Gründen für oder gegen den Besuch einer Veranstaltung fragt, wird wieder auf Ziele verwiesen: Die Veranstaltung soll neue Anregungen bieten, soll die Möglichkeit zu einem Erfahrungsaustausch schaffen, soll Unterstützung in praktischen Situationen bieten.

Entsprechend argumentiert man als Referent, Leiter oder Trainer im Blick auf Ziele:

– Ein Kommunikationstraining verfolgt das Ziel, Teilnehmer bei der Bewältigung schwieriger Gesprächssituationen z.B. im privaten Bereich oder im Betrieb zu unterstützen.

– Ein Rollenspiel wird im Blick auf das Ziel angesetzt, bestimmte Methoden (z.B. die Durchführung von Ich-Botschaften im Kommunikationstraining) nicht nur kennen zu lernen, sondern konkret einzuüben.

– Gegen ein Rollenspiel wird möglicherweise argumentiert, dass dadurch Teilnehmer entmutigt werden - womit eine Nebenwirkung wiederum im Blick auf ein Ziel „die Teilnehmer sollen nicht entmutigt werden" angesetzt ist.

Damit stellen sich drei Fragen im Rahmen einer Legitimation von erwachsenenpädagogischen Entscheidungen:

> **Welche Ziele sollen damit erreicht werden?**

> **Werden diese Ziele tatsächlich erreicht?**

> **Treten Nebenwirkungen auf, d.h. ist mit Konsequenzen zu rechnen, die - wiederum im Blick auf bestimmte Ziele - vermieden werden sollten?**

(2) „Teilnehmerorientierung" zielt auf eine Beteiligung oder „Partizipation" der Teilnehmerinnen und Teilnehmer bei der Festlegung von Zielen, Inhalten und Methoden (vgl. z.B. Siebert 1996, 106ff.):

Teilnehmerorientierung, dies war die ursprüngliche Intention bei der Einführung des Begriffs „Teilnehmerorientierung" in den 70er Jahren, richtet sich dagegen, dass Ziele, Inhalte und Methoden allein durch den Leiter festgesetzt werden. Teilnehmerorientierung kann aber sinnvoller Weise auch nicht heißen, dass Teilnehmer allein über Ziele, Inhalte und Vorgehen entscheiden. Sondern Teilnehmerorientierung bedeutet grundsätzlich den Verzicht auf monologisch einseitige Festlegungen zu Gunsten einer Beteiligung unterschiedlicher Betroffener. Doch wie lässt sich ein solches Kriterium präzisieren? Konkret:

– Wie geht eine Leiterin damit um, wenn die Teilnehmer zwar etwas Neues lernen wollen, aber nicht wissen, was dieses Neue ist?

– Wie lässt sich vermeiden, dass eloquente und bildungserfahrene Teilnehmer ihre Interessen gegenüber Anderen durchsetzen?

– Wie kann ein Leiter mit unterschiedlichen Wünschen und Erwartungen umgehen?

– Soll z.B. pädagogisch sinnvolle Gruppenarbeit auch gegen den Willen der Teilnehmer durchgesetzt werden (vgl. Siebert 1996, 106)?

4.2.2   Teilnehmerorientierung: Legitimation durch Konsens

Umsetzung von Teilnehmerorientierung macht Methoden erforderlich, auf deren Basis sich solche Entscheidungen treffen lassen. Doch was kann die Basis für eine solche Methode sein?

Einen Ansatz dafür bieten die sog. Konsensverfahren, deren Grundsatz darin besteht, Entscheidungen in einem Konsens zu treffen, um Beliebigkeit und Willkür zu vermeiden: „Konsens wird üblicherweise definiert als Herstellung einer rational gewinnbaren Übereinstimmung aller derjenigen, die von dem jeweiligen Handeln betroffen sind" (Kambartel 1984, 439). Konsensverfahren haben eine lange Tradition. Im Grunde stellt bereits Kants Kategorischer Imperativ „Handle so, dass die Maxime deines Willens jederzeit zugleich als Prinzip einer allgemeinen Gesetzgebung gelten könne" eine bestimmte Form des Konsensprinzips dar: Handlungen sind im Blick auf einen möglichst allgemeinen Konsens zu legitimieren. Konsensverfahren sind dann in der angelsächsischen Moralphilosophie und im deutschsprachigen Raum unter anderem durch die Konzepte von Habermas, Apel und die sog. Erlanger Philosophie bekannt geworden. Zentral ist die These, dass begründete Entscheidungen immer nur in Form eines Miteinander-Beratens möglich sind, d.h. dass Entscheidungen über bestimmte Handlungen bzw. Normen nicht „monologisch" zu treffen, sondern an die Zustimmung der Betroffenen zu binden sind: Diejenigen Normen gelten als gerechtfertigt, denen alle Betroffenen prinzipiell zustimmen können.

Bei Habermas, an dem sich die Diskussion um Konsensverfahren in den 70er Jahren stark orientierte, wird versucht, Konsens im Rahmen eines „herrschaftsfreien Diskurses" zu bestimmen, der dadurch gekennzeichnet ist, dass alle Beteiligten gleiche Rechte und Pflichten haben: Das heißt, „eine Gleichverteilung der Chancen, Deutungen, Behauptungen, Erklärungen und Rechtfertigungen aufzustellen und deren Geltungsansprüche zu begründen oder zu widerlegen" (Habermas 1971, 137). Eine solche Definition des Konsens ist jedoch problematisch. Denn, so wurde schon in den 70er Jahren zu Recht eingewandt, die hier geforderte Herrschaftsfreiheit ist letztlich nie realisierbar (vgl. König/Zedler 1983, 130ff.). In der Tat ist menschliche Interaktion immer, wie sich im Anschluss an Watzlawick formulieren lässt, von Komplementarität gekennzeichnet, dergestalt, dass die Beteiligten in unterschiedlichem Maße ihre Vorstellungen einbringen, mehr oder weniger Gewicht und damit letztlich nie total gleiche Rechte haben (vgl. Watzlawick 1969, 68, 103). Damit ist aber das Konsensprinzip anders zu definieren: Konsens, so wird hier vorgeschlagen, ist zu definieren als „faktischer Konsens", bei dem die Legitimation von Entscheidungen letztlich an die faktische Zustimmung der Betroffenen gebunden ist.

Für eine solche Formulierung des Konsensprinzips gibt es zwei Begründungen - eine moralische und eine pragmatische:

- In moralischer Hinsicht stellt die Bindung an die faktische Zustimmung der Beteiligten die einzige Möglichkeit dar, die Forderung nach Konsens und damit nach allgemeiner Legitimation von Entscheidungen tatsächlich einzulösen. Die für Konsenskonzepte zentrale These, dass eine Entscheidung dann legitimiert ist, wenn ihr prinzipiell jedermann zustimmen kann, ist eben nur dann einlösbar, wenn es gelingt, den Konsens tatsächlich herzustellen.

- In pragmatischer Hinsicht zeigt sich, dass Konsensverfahren eine höchst effiziente Möglichkeit darstellen, gemeinsame Entscheidungen zu realisieren: Wer einer Entscheidung nicht zustimmt, wird sie nicht tragen, sondern sich dagegen wehren oder sie unterlaufen. Wenn andererseits Teilnehmerinnen den Zielen, Themen und dem methodischen Vorgehen zugestimmt haben, werden sie es mit tragen.

Teilnehmerorientierung ist somit sowohl eine Alternative zu einem einseitig leiterorientierten Vorgehen als auch zu einem einseitig adressatenorientierten Vorgehen, bei dem der Leiter nur noch reagiert. Teilnehmerorientierung ist demgegenüber die Forderung, bei jedem Schritt in einer Veranstaltung (aber auch bei jedem Schritt im Umgang mit Referenten, Bildungsverantwortlichen usw.) einen Konsens herbeizuführen, dem alle zustimmen.

Nun finden sich auch in der erwachsenenpädagogischen Literatur durchaus Ansätze, den Begriff „Teilnehmerorientierung" mit Hilfe von Konsensverfahren zu bestimmen (vgl. Siebert 1996, 217ff.). Gerd Doerry plädiert bereits 1981 für ein „Konzept verteilter Verantwortung" und fordert Vereinbarungen zwischen Teilnehmern und Leiter. Karlheinz Geißler plädiert für einen „Lehr-Lernkontrakt" zu Beginn eines Seminars, in dem all das festgelegt werden soll „was für die jeweilige Teilnehmergruppe mit hoher Wahrscheinlichkeit ungewöhnlich, auffällig und neu ist" (Geißler 1994, 19f.).

Am weitesten sind solche Überlegungen von Erhard Meueler ausgeführt worden. Meueler plädiert dafür, die Kompetenzen zwischen Teilnehmern, Leiter und Organisation durch den sog. „Lehr-Lern-Vertrag" festzulegen: „Der Lehr-Lern-Vertrag, der hier durch den Leiter oder durch Sie als Teilnehmer beantragt wird, soll deutlich machen, dass bei seiner Annahme durch die Beteiligten die hier realisierte Freiheit kein großzügig gewährtes Geschenk des Leiters, sondern selbstverständlich gehandhabte Grundlage der Zusammenarbeit aller beteiligten Erwachsenen ist. Der Vertrag gilt der Einrichtung eines stabilen Bezugsrahmens der gemeinsamen Arbeit, sowohl was die Arbeitsorganisation wie die Stetigkeit des Leiterverhaltens betrifft" (Meueler 1992, 140).

Gegenstand eines solchen Lehr-Lern-Vertrages sind Ziele, Themen und Methoden der jeweiligen Veranstaltung: „In einer solchen Vertragsverhandlung kann und muss alles zur Sprache kommen, was Sie und alle anderen Beteiligten mitbringen: Ihre unterschiedlichen Einzelinteressen und Erwartungen, Ihre sozialen Bedürfnisse, die zu einer festen Arbeitsabfolge (Planung) verdichtete Vorbereitung des Leiters. Ebenso muss über die jeweils unterschiedliche Arbeitsformen beanspruchende Eigenart des Themas und Lerngegenstandes nachgedacht werden" (Meueler 1992, 142).

Grundlage eines solchen Vertrages, das deutet sich bei Meueler an, ohne dass es expliziert wird, ist ein Konsensverfahren: Der Vertrag kommt nur zustande, wenn Leiter und Teilnehmer (und, ohne dass das weiter thematisiert wird: auch die Institution) gemeinsam zustimmen.

Doch wie kann eine Leiterin oder ein Leiter in einem Kurs der Erwachsenenbildung einen solchen Lehr-Lern-Vertrag konkret herstellen? Ist am Anfang, wie es bei Meueler anklingt, eine grundsätzliche Vereinbarung zu treffen, die von inhaltlichen Zielen über Arbeitsformen bis zur Frage, ob man sich mit Du oder Sie anredet, alles regelt? Wie sichert man sich ab, dass man sich nicht in unendlichen Verfahrensdiskussionen verfängt? Was muss alles im Konsens abgesichert werden? Zwischen wem ist Konsens zu schließen? In welchen Schritten kann Konsensbindung durchgeführt werden? Was ist dabei zu beachten?

Nun gibt es eine Reihe von praktischen Vorschlägen zur Umsetzung von Konsensverfahren in konkreten Situationen. Eines der klassischen Beispiel ist die „Niederlagelose Methode", die Thomas Gordon zur Lösung von Konflikten zwischen Eltern und Kindern, Lehrern und Schülern bzw. im beruflichen Bereich vorgeschlagen hat. Die Niederlagelose Methode zielt auf eine Lösung, die für beide Seiten akzeptabel ist: „Konflikte werden bewältigt, ohne dass einer dabei siegt oder einer unterliegt. Beide siegen, weil die Lösung für beide annehmbar sein muss" (Gordon 1989, 211).

Gordon hat das Vorgehen dieser Niederlagelosen Methode in sechs Schritten beschrieben:

➢ **Den Konflikt identifizieren und definieren.**

➢ **Mögliche Alternativlösungen entwickeln.**

➢ **Die Alternativlösungen kritisch bewerten.**

➢ **Sich für die beste annehmbare Lösung entscheiden.**

➢ **Wege zur Ausführung der Lösung ausarbeiten.**

➢ **Spätere Untersuchung, um zu beurteilen, wie sie funktionierte.**

Gordons Niederlagelose Methode ist nichts anderes als die Konkretisierung des Konsensverfahrens in sechs Schritten. Die gemeinsame Entscheidung wird in mehrere Teilschritte aufgeteilt, bei denen man genauer Übereinstimmung und Unterschiede festlegen kann:

➢ **Es ist Konsens über die Ist-Situation zu erstellen: Wo genau liegt das Problem?**

➢ **Es sind mögliche Alternativen zu sammeln, wobei jeder Beteiligte Vorschläge unterbreiten kann.**

➢ **Es sind die verschiedenen Alternativen zu bewerten, wobei die Einschätzung aus durchaus unterschiedlicher Perspektive erfolgen kann.**

➢ **Es ist schließlich diejenige Alternative auszuwählen, der alle Betroffenen zustimmen können.**

Ergebnis von Teilnehmerorientierung muss ein Kontrakt sein, dem alle Beteiligten zustimmen. Kontrakte sind „Vereinbarungen" zwischen Leiter und Teilnehmern über Ziele, Inhalte, ggf. Methoden: Entscheidungen sind erst dann legitimiert, wenn alle dieser Entscheidung zugestimmt haben und wenn über diese Zustimmung Einvernehmen besteht. Kontrakte stellen somit ein Mittel dar, um Entscheidungen abzusichern.

Die theoretische Diskussion über mögliche Probleme von Konsens- und Diskurstheorien täuscht leicht darüber hinweg, dass solche Konsensverfahren in der Praxis in vielen Bereichen völlig unproblematisch angewandt werden. Ein klassisches Beispiel dafür ist Projektmanagement. Projektmanagement basiert auf einem Konsensprinzip: Angehörige verschiedener Bereiche (der Entwicklung, des Vertriebs, der EDV-Abteilung) werden in einem Projektteam zusammengefasst mit der Aufgabe, sich auf gemeinsame Lösungen zu einigen. Der Verlauf von Entscheidungsprozessen in einem Projektteam entspricht dann den wesentlichen Schritten von Gordon: Es wird die Situation analysiert, es werden Alternativen zusammengetragen, bewertet. Ziel ist, eine gemeinsame Lösung zu entwickeln: In einem Projektteam wird nicht demokratisch in dem Sinne entschieden, dass abgestimmt wird und die Mehrheit sich durchsetzt, sondern Ziel ist eine gemeinsame Lösung, der alle Beteiligten zustimmen.

Teilnehmerorientierung in der Erwachsenenbildung bedeutet somit, bei jedem Schritt der Planung und Durchführung einen Konsens zwischen den Beteiligten herbeizuführen. Doch wer sind „Beteiligte" in der Erwachsenenbildung? „Beteiligte" sind drei unterschiedliche soziale Systeme:
- das Teilnehmersystem
- das Auftraggebersystem
- das Leitungssystem

Teilnehmerorientierung bedeutet dann, in Erwachsenenbildung Konsens mit den Personen der unterschiedlichen sozialen Systeme, Teilnehmer, Auftraggeber und Leiter, herzustellen. Dabei wird der Konsens je nach der Phase (Planung, Durchführung, Auswertung) unterschiedlich verlaufen: In der Planungsphase ist in vielen Fällen kein Konsens mit den späteren Teilnehmern möglich, in der Durchführungsphase in der Regel keine direkte Abstimmung mit dem Auftraggeber.

Im Folgenden sollen unterschiedliche Phasen, die der Planung, Durchführung und Auswertung, im Blick auf Konsens diskutiert werden.

4.2.3 Teilnehmerorientierung in der Planungsphase

Teilnehmerorientierte Planung setzt voraus, dass zunächst die Lebenswelt und die Erwartungen der Teilnehmerinnen, des Auftraggebers, aber auch die eigenen Erwartungen und Ziele des Leiters oder der Leiterin geklärt werden.

(1) Diagnose des Teilnehmersystems in der Planungsphase

Erwachsenenbildung muss in Bezug auf die Lebenswelt der Teilnehmer und Teilnehmerinnen anschlussfähig sein:

- Sie muss anknüpfen an Erfahrungen in der Lebenswelt der Teilnehmerinnen und Teilnehmer.

- Erwachsenenbildung muss an die Sprache der Beteiligten anknüpfen.

- Die im Rahmen von Veranstaltungen entwickelten Handlungsmöglichkeiten müssen die geltenden Regeln berücksichtigen (was nicht heißt, dass diese Regeln befolgt werden müssen).

- Schließlich muss Erwachsenenbildung Ansatzmöglichkeiten für die Lösung konkreter Probleme der Teilnehmer bieten.

Daraus ergeben sich folgende Fragen in der Planungsphase:

> **Was sind die Vorerfahrungen der Teilnehmerinnen und Teilnehmer in Bezug auf die Themen der Veranstaltung?**

> **Welche Probleme und Fragestellungen ergeben sich daraus?**

> **Was ist die Sprache der (potentiellen) Teilnehmer? Gibt es bestimmte Fachbegriffe? Ist die Sprache dem Leiter oder der Leiterin vertraut?**

> **Gibt es besondere Regeln der Teilnehmer im Umgang miteinander oder für die Bearbeitung von Themen?**

Daneben sind konkrete Erwartungen der Teilnehmerinnen und Teilnehmer abzuklären. Dabei können die Erwartungen auf zwei Ebenen liegen:

- Erwartungen inhaltlicher Art: Überblick über einen bestimmten Themenbereich zu bekommen, ein bestimmtes Thema intensiv zu bearbeiten, konkrete Methoden zu lernen, für ganz konkrete Fragen ebenso konkrete Hilfestellung zu erhalten.

- Soziale Erwartungen: die Erwartung, Anerkennung zu bekommen, Gesprächspartner zu treffen, die Erwartung, miteinander etwas zu lernen und Freude zu haben usw.

Daraus ergeben sich weitere Checkfragen für Teilnehmeranalyse:

> **Was möchten die Teilnehmer als Ergebnis der Veranstaltung mitnehmen?**

> **Aus welchen Motiven besuchen die Teilnehmer diese Veranstaltung?**

> **Welche inhaltlichen Themen und Fragestellungen möchten die Teilnehmer bearbeiten?**

> **Welche sozialen Erwartungen bestehen an die Veranstaltung?**

In manchen Situationen ist es möglich, bereits in der Planungsphase Kontakt zu den späteren Teilnehmerinnen und Teilnehmern aufzunehmen: In einem Kommunikationstraining für Führungskräfte eines Unternehmens stehen die Teilnehmer bereits zuvor fest; bei einer längeren „Train-the-Trainer-Ausbildung" kennt die Leiterin die Gruppe von früheren Ausbildungsblöcken. In vielen Situationen kennt man jedoch die endgültigen Teilnehmer nicht: Man kann hier jedoch Kontakt zu potentiellen Teilnehmern aufnehmen: Im Blick auf einen Gesprächskreis für alleinerziehende Elternteile zu einem Bekannten, der in einer solchen Situation lebt usw.

In Kap. 3 wurden eine Reihe von Methoden zur Diagnose sozialer Systeme genannt, die auch hier angewandt werden können. Bezogen auf die Diagnose des Teilnehmersystems ergeben sich:

– **Teilnehmende Beobachtung**

Man nimmt als Vorbereitung auf ein Kommunikationstraining mit einem Team an der Teambesprechung oder auch an anderen Kommunikationstrainings teil. Dabei erhält man unter der Hand eine Fülle von Informationen: Wie gehen Teilnehmerinnen in der Besprechung miteinander um? Wo treten Probleme auf? Welche Themen werden angesprochen? Wo liegen die Fragen der Teilnehmerinnen und Teilnehmer in einem anderen Kommunikationstraining?

– **Qualitatives Interview (Konstruktinterview)**

Dies ist gleichsam das klassische Verfahren der Teilnehmeranalyse: Ein offenes Interview (möglicherweise nur als Gespräch deklariert) zu führen, bei dem gezielt die Lebenswelt, aber auch konkrete Erwartungen abgefragt werden.

– **Fragebogen**

Der Vorteil dieses in der Praxis relativ häufig angewandten Verfahrens liegt in der leichten Handhabbarkeit, der Nachteil in dem häufig geringen Rücklauf und darin, dass sich bei dem Fragebogen nicht nachfragen lässt, was genau mit einzelnen Formulierungen gemeint ist: Wenn Teilnehmer betonen, sie möchten sicherer bei Präsentationen werden, ist damit ein möglicher Themenbereich angedeutet, aber es bleibt unklar, wo genau die Unsicherheit besteht: im Aufbau einer Präsentation, hinsichtlich des konkreten Vortragens, fehlt das Selbstvertrauen?

– **Dokumentenanalyse**

Eine weitere Möglichkeit, die Lebenswelt und auch mögliche Erwartungen von Teilnehmerinnen und Teilnehmern zu erhalten, besteht in der Analyse von Texten: Gibt es Protokolle aus Teambesprechungen, die als Vorbereitung für einen Workshop dienen können? Gibt es in der Literatur Hinweise zur Zielgruppe? Gibt es Konzepte zur Durchführung entsprechender Seminare und Trainings?

Exemplarisch sei der Aufbau eines Konstruktinterviews im Rahmen der Vorbereitung eines Seminars „Konflikte im Berufsalltag" für eine Abteilung in einem Unternehmen dargestellt, wobei das Vorgehen den in Kap. 3.2.2 dargestellten Schritten folgt:

- **Festlegung von Untersuchungsziel und Verwendungszweck**

  Untersuchungsziel ist es, Lebenswelt und Erwartungen der Teilnehmerinnen und Teilnehmer an ein Seminar „Konflikte im Berufsalltag" zu klären. Verwendungszweck ist, auf dieser Basis Hinweise zur Gestaltung des Seminars zu erhalten.

- **Festlegung der Stichprobe: Wen befrage ich?**

  Wer kann Informationen im Blick auf das Untersuchungsziel geben? Das können sehr unterschiedliche Personen sein:
  - aktuelle Teilnehmer der Veranstaltung, die im Vorfeld befragt werden
  - potentielle Teilnehmer, d.h. andere Mitarbeiter aus der Zielgruppe
  - Teilnehmer an ähnlichen Veranstaltungen
  - Trainer, die solche Seminare durchgeführt haben
  - Experten, die z.B. im Rahmen von Coachingprozessen in diesem Unternehmen gearbeitet haben

  Wie groß die Stichprobe ist, hängt von der konkreten Situation ab. Manchmal ist es ausreichend, 2 bis 3 Interviews im Vorfeld zu führen, manchmal kann (das geschieht insbesondere im Rahmen betrieblicher Weiterbildung) die Durchführung einer umfangreicheren Interviewreihe Bestandteil eines größeren Auftrags sein.

- **Festlegung von Leitfragen**

  Leitfragen sind im Blick auf Untersuchungsziel, Verwendungszweck und die jeweilige Gruppe zu bestimmen, das Interview mit einem erfahrenen Trainer wird anders verlaufen als das mit einem potentiellen Teilnehmer. Exemplarisch seien die Leitfragen für ein Interview mit potentiellen Teilnehmern, d.h. Mitarbeitern dieser Abteilung, genannt:
  - Sicher haben Sie in Ihrem betrieblichen Umfeld Konfliktsituationen erlebt. Können Sie einige solcher Situationen schildern?
  - Wo genau liegen bei solchen Konflikten die Probleme?
  - Was würde helfen, mit solchen Konflikten besser umzugehen?
  - Wir planen ein Seminar zum Thema „Konflikte im Berufsalltag". Was sollte dabei für Sie Ergebnis sein?
  - Welche Themen sollten behandelt werden?
  - Hätten Sie weitere Wünsche, Hinweise oder Anregungen zu diesem Seminar?

(2) Diagnose des Auftraggebersystems

In den meisten Fällen haben Veranstaltungen in der Erwachsenenbildung einen eigenen Auftraggeber. Das mag der Fachbereichsleiter der jeweiligen Volkshochschule, die Kindergartenleiterin für einen Elternabend oder die Geschäftsführerin für einen Workshop mit Führungskräften sein. Zuweilen können es auch mehrere Auftraggeber sein: Die Abteilungsleiterin einer EDV-Abteilung, für die ein Workshop durchgeführt wird, sowie der Personalleiter, zu dessen Aufgaben die Organisation von Bildungsmaßnahmen zählt.

Voraussetzung für einen Konsens mit dem Auftraggeber ist auch hier, die Erwartungen des Auftraggebers zu erheben. Auch hier ist das Interview in der Regel das geeignetste Verfahren - das aber meist nicht als Interview bezeichnet wird, sondern als ein Vorgespräch. Aber dieses Vorgespräch enthält zumindest Teile eines Interviews, die entsprechend zu planen sind.

Mögliche Leitfragen für dieses Vorgespräch sind:

> **Was sind aus Sicht des Auftraggebers wichtige Informationen über die Zielgruppe: Wer sind die Teilnehmer solcher Veranstaltungen? Um was für eine Abteilung handelt es sich? Gibt es wichtige Vorinformationen zu den Teilnehmern? Was sind üblicherweise Erwartungen der Zielgruppe?**

> **Was sind die Ziele des Auftraggebers mit dieser Veranstaltung? Was möchte er als Ergebnis erreichen?**

> **Woran lässt sich aus Sicht des Auftraggebers feststellen, ob die Veranstaltung erfolgreich gewesen ist?**

> **Gibt es besondere Themen, die schwerpunktmäßig behandelt werden sollten?**

> **Gibt es methodische Hinweise?**

> **Welche Rahmenbedingungen müssen beachtet werden?**

Hierbei erhält man eine Fülle von Hinweisen auf Faktoren, die aus Sicht des Auftraggebers berücksichtigt werden müssen. Wichtig ist insbesondere die Frage, woran sich aus Sicht des Auftraggebers feststellen lässt, ob die Veranstaltung erfolgreich gewesen ist: Sie definiert Indikatoren, die Erfolg oder Misserfolg aus Sicht des Auftraggebers präzisieren. Wenn man als Leiterin oder Leiter diese Indikatoren kennt, erhält man damit eine klare Orientierung und kann auch den Erfolg der Veranstaltung für den Auftraggeber belegen.

(3) Abklärung der eigenen Erwartungen

Konsens bedeutet, dass auch die Leiterin oder Leiter bzw. das Leitungsteam zustimmen müssen. Von daher bedeutet Teilnehmerorientierung in der Erwachsenenbildung immer auch, sich über die eigenen Erwartungen klar zu werden:

> **Worin sehe ich meinen Auftrag bei der Durchführung dieser Veranstaltung?**

> **Was sind meine zentralen Wertvorstellungen, die mein pädagogisches Handeln bestimmen?**

Die Fragen zeigen, dass die Klärung der eigenen Erwartungen verstärkt die Diskussion um allgemeine Ziele und Wertvorstellungen in der Erwachsenenbildung betrifft: z.B. ein allgemeines Ziel, dass Erwachsenenbildung einzelne oder Gruppen bei der Bewältigung konkreter Aufgaben unterstützen soll, eine Wertvorstellung der Autonomie, dass der einzelne das Recht hat, selbst zu entscheiden.

Klärung der eigenen Erwartungen bedeutet auch, sich über Vorkenntnisse, mögliche Themen und Vorgehensweisen Gedanken zu machen:

> **Was sind mögliche Themen, die ich im Rahmen eines Konflikttrainings behandeln könnte?**

> **Mit welchen methodischen Vorgehensweisen habe ich in ähnlichen Situationen gute Erfahrungen gemacht?**

(4) Planung der Veranstaltung

Teilnehmerorientierung in der Planungsphase bedeutet, ein Konzept für die Veranstaltung zu entwickeln, dem die verschiedenen Beteiligten mit hoher Wahrscheinlichkeit zustimmen können. D.h. es ist zu klären, wie weit die Erwartungen von Teilnehmern, Auftraggeber und Leitung übereinstimmen bzw. wo Widersprüche und Gegensätze bestehen. Wenn sich herausgestellt hat, dass die berufliche Lebenswelt der Teilnehmer an einem Konfliktseminar von Problemen aufgrund einer Zusammenlegung von zwei Abteilungen bestimmt ist und dass die Erwartung des Auftraggebers insbesondere darauf zielt, die beiden Abteilungen arbeitsfähig zu machen, kann das Konzept für die Veranstaltung im Blick darauf entwickelt werden.

Daraus ergibt sich eine Reihe von Fragen:

> **Wie weit stimmen (potentielle) Teilnehmer, Auftraggeber und Leitung hinsichtlich der Ziele überein? Welche Ziele halte ich selbst als Leiterin oder Leiter für sinnvoll? Bei welchen Zielen kann ich vermuten, dass sowohl Teilnehmer als auch Auftraggeber zustimmen? Worauf kann ich mich selbst als Leiterin oder Leiter einlassen? Lässt sich hier ein Konsens finden? Gibt es Möglichkeiten, unterschiedliche Ziele zugleich anzusetzen?**

> **Was ergibt sich hinsichtlich möglicher Themen? Welche inhaltlichen Schwerpunkte sind im Blick auf die Zielsetzung geeignet? Was gibt es z.B. für Konzepte zur Konfliktlösung? Wäre Gordons Niederlagelose Methode geeignet oder ein Modell der Eskalation von Konflikten? Gibt es besondere Erwartungen z.B. einzelner Teilnehmer oder des Auftraggebers? Wie weit kann ich als Leiter oder Leiterin meine Themenvorstellungen einbringen? Ist hier Konsens möglich?**

➢ Gibt es hinsichtlich der Rahmenbedingungen (zeitlicher Umfang, Ort usw.) feste Vorgaben des Auftraggebers, oder besteht ein Spielraum? Welche Rahmenbedingungen wären im Blick auf Ziel und Thematik besonders geeignet? Kann ich als Leiter mich auf diese Rahmenbedingungen einlassen?

➢ Welche methodischen Vorgehensweisen könnten im Blick auf Ziel und Thema geeignet sein: Präsentationsphasen, Rollenspiele, Arbeit an Fällen, kreative Methoden? Gibt es besondere Vorstellungen hinsichtlich des methodischen Vorgehens von Seiten der Teilnehmer bzw. des Auftraggebers? Welches Vorgehen wird bei den Teilnehmern bzw. dem Auftraggeber am ehesten auf Zustimmung stoßen?

Konsens mit dem Auftraggeber lässt sich in vielen Fällen in der Planungsphase explizit abklären – was nicht zuletzt deswegen sinnvoll ist, weil der Auftraggeber nur in den seltensten Fällen an der Veranstaltung selbst teilnimmt. Wie die Abklärung des Konsens im einzelnen abläuft, wird von Fall zu Fall unterschiedlich sein:

– In vielen Situationen wird vom Trainer oder Seminarleiter ein schriftliches Seminarkonzept gefordert, auf dessen Basis der Auftraggeber entscheidet, ob die Veranstaltung stattfindet oder nicht.

– Man trifft sich zu einem gemeinsamen Vorgespräch, in dem (ggf. wiederum auf der Basis eines schriftlichen Konzeptes) Ziele, Inhalte, Rahmenbedingungen und methodisches Vorgehen abgeklärt werden.

– Insbesondere dann, wenn ein Auftraggeber und eine Dozentin sich schon längere Zeit kennen, kann dieser Abstimmungsprozess sehr kurz verlaufen: Möglicherweise reicht ein Telefongespräch, in dem lediglich das Thema und der Termin vereinbart werden.

Mit den Teilnehmern lässt sich in den allermeisten Fällen in der Planungsphase kein endgültiger Konsens herstellen: Sei es, dass die Teilnehmer noch gar nicht feststehen, sei es, dass man als Leiter nicht sicher sein kann, ob die tatsächlichen Erwartungen der Teilnehmer zu Beginn der Veranstaltung dem entsprechen, was einige Wochen zuvor erhoben wurde. Teilnehmerorientierte Planung einer Veranstaltung kann somit grundsätzlich nie zu einem starren Ablaufschema führen. Sondern es ist so zu planen, dass eine Leitung möglichst gut auf veränderte Erwartungen der Teilnehmer reagieren kann. Das aber bedeutet eine Planung in Alternativen:

➢ Was sind mögliche alternative Zielsetzungen, die sich während der Veranstaltung ergeben können (wie z.B. Bearbeitung eines aktuellen Teamkonfliktes anstelle eines Konflikt-Trainings)?

➢ Was sind mögliche alternative Themen?

> **Was sind mögliche alternative methodische Vorgehensweisen? Was kann man z.B. vorschlagen, wenn sich die Teilnehmer nicht auf ein Rollenspiel einlassen?**

Teilnehmerorientierte Planung bedeutet dabei nicht, an jeder Stelle zahllose Alternativen zu entwickeln - das würde letztlich jegliche Struktur auflösen. Sondern teilnehmerorientierte Planung ist eher eine Planung in einzelnen „Modulen", d.h. einzelnen Abschnitten, die dann je nach Bedarf benutzt, abgeändert oder auch weggelassen werden können. Für ein Seminar „Konfliktbewältigung" könnte die Planung in Alternativen etwa folgendermaßen ausschauen:

Vorgesehenes Vorgehen	Mögliche Alternativen
(1) Einführung in das Thema: Bedeutung von Konflikten in beruflichen Situationen, Klärung der Zielsetzung des Seminars	*Als Einstieg Konfliktsituation vorspielen. Diskussion der Darstellung und Sammlung von Lösungsmöglichkeiten*
(2) Sammlung von Konfliktsituationen der Teilnehmer	*Ggf. Input: Schritte der Konfliktlösung vorziehen*
(3) Bearbeitung von Konflikten im Rollenspiel: – Darstellung der Konfliktsituation mit Rollentausch (der Betreffende übernimmt die Rolle des anderen Konfliktpartners) – Sammlung von Lösungsmöglichkeiten – Erprobung der Lösungsmöglichkeiten im Rollenspiel	*Ggf. theoretischer kurzer Input an passenden Stellen. Mögliche Themen:* – *Inhalts- und Beziehungsebene in Konflikten* – *Regelkreise in Konflikten* – *Ich-Botschaften in Konflikten* – *Die niederlagelose Methode* *Falls Rollenspiel nicht geeignet ist, Fallbeispiel vorbereiten*
(4) Input (unter Berücksichtigung der Ergebnisse aus Phase 3): Schritte der Konfliktlösung	*Ggf. ergänzend Demonstration des Vorgehens durch Leiter*
(5) Jeder Teilnehmer entwickelt einen Maßnahmenplan für einen aktuellen Konflikt	
(6) Abschlussrunde: Was nimmt jeder Teilnehmer als wichtige Anregung mit?	

4.2.4 Teilnehmerorientierung in der Durchführungsphase

Bei der Durchführung einer Veranstaltung kommt der Orientierungsphase zu Beginn besonderes Gewicht zu: Es geht hier darum, Ziele, Themen und ggf. methodisches Vorgehen grob festzulegen - und das heißt, darüber einen Konsens zu erzielen. Wie man im einzelnen dabei vorgeht, wird von Fall zu Fall unterschiedlich sein:

– Eine sehr offene Möglichkeit besteht darin, mit einer Erwartungsabfrage der Teilnehmerinnen und Teilnehmer (z.B. als Partnergespräch, als Kartenabfrage, als Rundgespräch) zu beginnen: „Was möchten Sie am Schluss des Seminars als Ergebnis haben? Welche Themen sollten aus Ihrer Sicht behandelt werden?". Dieses Vorgehen birgt die Gefahr in sich, dass die Vorstellung der Teilnehmerinnen und Teilnehmer beträchtlich von der Planung der Leiterin oder des Leiters abweichen können: Die Teilnehmer wollen einen Überblick über theoretische Konzepte, die Leiterin hat sich jedoch auf praktische Übungen eingestellt. Ein solches offenes Vorgehen macht demzufolge nur Sinn, wenn ich als Leiterin oder Leiter bei der Vorbereitung die Erwartungen der Teilnehmer relativ gut einschätzen kann oder (und) wenn ich sehr flexibel in meinem Vorgehen bin.

– Man kann die in der Planungsphase erhobenen Erwartungen der unterschiedlichen Zielgruppen zu Beginn der Veranstaltung präsentieren und nach Ergänzungen fragen. In der Regel kommen nur kleinere Ergänzungen, die sich leicht in das ursprüngliche Konzept einfügen lassen.

– Eine weitere Möglichkeit besteht in der Vorstellung des eigenen Konzeptes mit der Frage nach möglichen Ergänzungen oder besonderen Schwerpunkten. Wenn die Planungsphase die Erwartungen der Teilnehmer hinreichend berücksichtigt hat, bietet dieses Vorgehen eine gute Chance zu einer stabilen Planung.

Im Grunde sind die verschiedenen Möglichkeiten gleichermaßen konsensfähig: Man kann als Leiter erst die Erwartungen der Teilnehmerinnen und Teilnehmer abfragen - oder kann erst das eigene Konzept als Vorschlag unterbreiten. Entscheidend ist, dass tatsächlich ein Konsens erzielt wird:

> **Lassen sich die Teilnehmerinnen darauf ein?**

> **Kann ich mich darauf einlassen?**

> **Kann ich davon ausgehen, dass diesem Vorgehen auch der Auftraggeber zustimmt?**

Konsens muss eindeutig sein. Ein „sehen wir mal" einzelner Teilnehmer ist kein Konsens. Hier ist es notwendig, genauer nachzufragen: „'Sehen wir mal' heißt was? Können Sie sich darauf einlassen?". Manchmal macht es Sinn, jeden Teilnehmer einzeln abzufragen. Denn wenn es nicht gelingt, Konsens herzustellen, dann fehlt die

Basis für die gemeinsame Arbeit. Erfahrungsgemäß treten in späteren Phasen Probleme häufig dann auf, wenn der Konsens in der Orientierungsphase nicht präzise abgesichert wurde. Oder anders formuliert: Wenn Teilnehmerinnen und Teilnehmer sich beschweren, dass die Veranstaltung nicht ihren Erwartungen entsprach, wurde in der Regel in der Orientierungsphase kein wirklicher Konsens erzielt.

Konsens in der Orientierungsphase gibt Orientierung über das grundsätzliche Vorgehen. Er legt aber nicht das gesamte Vorgehen einer Veranstaltung fest, sondern es stehen immer wieder Entscheidungen über ein bestimmtes Thema, eine bestimmte Methode, ein bestimmtes Leiterverhalten an. Teilnehmerorientierung bedeutet, auch weitere Entscheidungen im Konsens zu treffen. Damit sind nicht endlose Verfahrensdiskussionen gemeint. Konsensentscheidungen während einer Veranstaltung müssen praktikabel sein. Das kann z.B. bedeuten:

– Die Leiterin schlägt ein bestimmtes Vorgehen vor und holt die Zustimmung der Teilnehmer dafür ein.

– Die Leiterin schlägt verschiedene Möglichkeiten vor: „Ich kann Ihnen jetzt theoretischen Input geben, oder wir stellen zunächst eine konkrete Situation im Rollenspiel dar".

– Es wird vereinbart, dass Teilnehmer selbst ihre Wünsche (z.B. hinsichtlich einer Übungsphase, einer Demonstration durch die Leiterin, einer Pause) einbringen.

Entscheidend ist in der Regel weniger das konkrete Vorgehen, sondern die dahinter stehende Haltung: Die Bereitschaft der Leiterin bzw. des Leiters, einen Weg zu gehen, dem alle zustimmen können.

4.2.5   Überprüfung des Konsens in der Auswertungsphase

Konsens ist grundsätzlich nach vorne gerichtet: Es geht darum, einen Konsens über das zukünftige Vorgehen zu erzielen. Eine Auswertungsphase ist demgegenüber rückwärts gerichtet: Wie wird das Vorgehen aus Sicht der verschiedenen Betroffenen beurteilt? Von daher ist eine Auswertungsphase immer auch Überprüfung, wie weit es tatsächlich gelungen ist, Konsens herzustellen:

> **Wie weit wurden die Erwartungen der Teilnehmer erfüllt?**

> **Wie weit sind die Erwartungen des Auftraggebers erfüllt?**

> **Wie weit sind die Erwartungen der Leiterin oder des Leiters erfüllt?**

> **Sind die gemeinsam vereinbarten Ziele tatsächlich erreicht worden?**

> **Sind Nebenwirkungen (z.B. Überforderung der Teilnehmer) aufgetreten?**

Nach vorne gewendet können die Ergebnisse einer solchen Auswertung in die nächste Planungsphase eingehen: Was ist zu beachten, um für ein entsprechendes zukünftiges Seminar Konsens zu sichern? Bei welchen Themen ist bei dieser Zielgruppe mit Widerständen zu rechnen? Was ist im Blick auf den Auftraggeber das nächste Mal zu verändern?

Teilnehmerorientierung, so lautet das Ergebnis dieser Überlegungen, ist keine Leerformel. Teilnehmerorientierung bedeutet, erwachsenenpädagogisches Handeln an den Konsens der Beteiligten (Teilnehmer, Auftraggeber und Leiterin bzw. Leiter) zu binden. Dabei kann auch ein Vortrag teilnehmerorientiert sein, ebenso wie ein Rollenspiel in bestimmten Situationen nicht teilnehmerorientiert sein kann. Was teilnehmerorientiert ist, d.h. über welche Ziele, Themen und methodische Vorgehensweisen Konsens erzielt wird, lässt sich somit nicht von vornherein antizipieren, sondern letztlich erst in der konkreten Situation im Konsens mit den Beteiligten entscheiden.

Kapitel 5: Personale Systemtheorie und Organisationsberatung

5.1 Systemische Organisationsberatung

Eckard König / Gerda Volmer

5.1.1 Grundlagen

Die Personale Systemtheorie von Gregory Bateson wurde zunächst im Bereich der Familientherapie aufgegriffen. Hier sind es die Mitarbeiter von Batesons Forschergruppe in Palo Alto gewesen, die sein systemtheoretisches Konzept für die Arbeit mit Familien genutzt haben (vgl. Marc/Picard 1991; Schiepek 1999; Schlippe/Schweitzer 2002). Daneben sind Organisationen ein weiterer möglicher Anwendungsbereich: Eine Organisation lässt sich wie die Familie als soziales System verstehen, deren Verhalten bestimmt ist auf der einen Seite von den jeweiligen Personen und ihren subjektiven Deutungen, auf der anderen Seite aber auch von sozialen Regeln, den Regelkreisen, der materiellen und sozialen Umwelt und schließlich der bisherigen Entwicklung. Die Veränderung einer Organisation lässt sich damit als Veränderung eines sozialen Systems begreifen.

Der erste Versuch der Anwendung der Personalen Systemtheorie auf Organisationen findet sich bei Mara Selvini Palazzoli. Selvini Palazzoli ist ursprünglich Familientherapeutin, die im Rahmen ihrer familientherapeutischen Arbeit in Kontakt mit der Bateson-Gruppe kam und die Systemtheorie in der Tradition von Bateson zunächst für therapeutische Arbeit nutzt, aber dann auf Organisationen überträgt. Ihr zusammen mit Mitarbeitern verfasstes Buch „Hinter den Kulissen der Organisation" aus dem Jahr 1984 schildert ihre Arbeit in vier unterschiedlichen Organisationen (einem Betrieb, einem Forschungszentrum, einer Krankenstation und einer Schule) auf der Basis des Ansatzes von Bateson. Selvini Palazzolis These ist, dass das Verhalten der jeweiligen Organisationen von „zirkulären Rückkopplungen" (Selvini Palazzoli u.a. 1984, 206) gekennzeichnet ist wie z.B.:

- Es kommt zu einer Fülle von Projekten, die nicht verwirklicht werden.

- Es kommt zu Spaltungen und Auseinandersetzungen in dem Versuch, das jeweilige Projekt durchzuziehen.

– Uneinigkeit an der Spitze einer Organisation sorgt dafür, dass die Spitze auch weiterhin die Kontrolle über alle Vorgänge behält (Selvini Palazzoli u.a. 1984, 205).

Dabei kann auch die Berufung eines Beraters (in den Beispielen: des Betriebspsychologen) Teil einer Struktur sein und eine bestimmte Funktion haben: „Diese Berufung kann ein Schachzug sein, den der unterlegene Teil... mit dem Ziel unternimmt, sich einen Bundesgenossen zu verschaffen" (Selvini Palazzoli u.a. 1984, 207). Entsprechend haben auch verbale und nonverbale Verhaltensweisen des Beraters Einfluss darauf, „dass die Situation sich so und nicht anders entwickelt" (Selvini Palazzoli u.a. 1984, 221). Konsequenz daraus ist, dass Beratung in der Lage sein sollte, Regelkreise in Organisationen zu verändern – ohne dass allerdings hier ein Instrumentarium zur Verfügung steht, mit dem solche Veränderungen zu erreichen sind.

Das von Eckard König und Gerda Volmer Ende der 80er Jahre entwickelte Konzept „Systemische Organisationsberatung" basiert auf drei Ansätzen:

– Familientherapie in der Tradition von Bateson, insbesondere der Ansatz von Virginia Satir (König und Volmer haben eine familientherapeutische Ausbildung bei Virginia Satir).

– Wissenschaftstheoretische und insbesondere forschungsmethodische Ansätze zur Systemtheorie (vgl. König/Zedler 2002; 2002a).

– Umfangreiche praktische Erfahrung in der Arbeit mit Organisationen (Coaching, Teamentwicklung, Organisationsentwicklung) sowie in der Erwachsenenbildung und Weiterbildung.

Auf dieser Basis wurde Ende der 80er Jahre die Konzeption der Personalen Systemtheorie sowie ein umfangreiches Methodenrepertoire für die Umsetzung in Organisationen entwickelt. Eine ausführliche Darstellung findet sich in dem Buch „Systemische Organisationsberatung" (König/Volmer 2000; urspr. 1993).

Mittlerweile gibt es eine Reihe weiterer Ansätze systemischer Organisationsberatung, wobei jedoch häufig auf die Konzeption von Luhmann zurück gegriffen wird:

– Bereits 1992 hatte Rudolf Wimmer versucht, die Systemtheorie in der Tradition von Luhmann und Willke für Organisationsberatung heranzuziehen (Wimmer 1992). Im Anschluss an Luhmann sind für Wimmer die Kommunikationsereignisse die „Basiselemente sozialer Systeme" (Wimmer 1992, 65). Gegenstand der Organisationsberatung sind damit die Kommunikationsprozesse einer Organisation (ebd., 77). Daraus ergeben sich drei Zielebenen systemischer Organisationsberatung: „die Unterstützung des Klientensystems bei der Erarbeitung jener Informationen über sich selbst und die relevanten Umwelten, die eine angemessene Problemsicht ermöglichen", die Herausarbeitung einer „veränderten Sicht auf die Probleme" und damit neuer Optionen für das Klientensystem, und die Ermöglichung eines organisationsinternen Prozesses, „der das systeminterne Potential...

156

mobilisieren hilft und die Problemverarbeitungskapazität des Systems insgesamt und dauerhaft erweitert" (ebd., 80).

– Auf den Ansatz von Luhmann greifen auch Roswitha Königswieser, Alexander Exner u.a. in der Beratergruppe Neuwaldegg zurück (z.B. Königswieser/Lutz 1992; Königswieser/Exner 2002). Auch hier sind Personen nicht Teil des sozialen Systems, sondern Teil der Systemumwelt: „Unternehmen als soziale Systeme aufzufassen bedeutet, Mitglieder dieser Organisation der inneren Systemumwelt zuzurechnen... Aus diesen Annahmen folgt, dass Diagnosen und Interventionen nicht bei Personen anzusetzen haben, sondern bei Handlungen und deren Voraussetzungen beziehungsweise Folgen" (Exner 1992, 207). In ähnliche Richtung zielt auch das Konzept von Zwingmann u.a.: „Um Veränderung durch Beratung zu erreichen, müssen wir nicht ,Menschen' ändern. Es reicht aus und ist sparsamer, das Zusammenspiel der Kommunikation zu ändern" (Zwingmann u.a. 1998, 21f.). Dass eine solche Position jedoch für Beratung schwer durchzuhalten ist, wird bei Roswitha Königswieser und Alexander Exner in dem 1998 erstmals erschienenen Band „Systemische Intervention" deutlich: Zwar werden auch hier Personen wie die Berater der Systemumwelt zugeordnet, aber zugleich sind sie „eine zentrale Einflussgröße für die Interventionsentscheidungen und deren Auswirkungen" (Königswieser/Exner 2002, 25f.). Eine Reihe von hier dargestellten Interventionen zielen auch explizit auf die subjektiven Deutungen einzelner Personen.

Systemische Organisationsberatung auf der Basis der Personalen Systemtheorie ist gegenüber diesen Ansätzen dadurch gekennzeichnet, dass die jeweiligen handelnden Personen explizit als Teil des sozialen Systems definiert sind. Der Zustand eines sozialen Systems ist somit auf der einen Seite von dem jeweiligen Personensystem bestimmt, d.h. den handelnden Personen und ihren subjektiven Deutungen, auf der anderen Seite aber auch von dem Kommunikationssystem, d.h. den geltenden Regeln, Regelkreisen und Systemgrenzen zu anderen Systemen, sowie schließlich von der Systemumwelt und der Entwicklung. In Abgrenzung von Zwingmann u.a. ließe sich damit formulieren: Um Veränderung einer Organisation durch Beratung zu erreichen, können wir Menschen unterstützen, sich selbst und/oder die Kommunikation (oder die Systemumwelt) zu verändern. Daraus ergeben sich folgende Grundsätze Systemischer Organisationsberatung:

(1) Systemische Organisationsberatung richtet sich auf Organisationen oder einzelne Personen in Organisationen.
Organisationen sind im Sinne des sog. Institutionalen Organisationsbegriffs definiert als „geplante, sorgsam aufgebaute und auf spezifische Ziele gerichtete soziale Gebilde" (Etzioni 1967, 13; vgl. auch Schanz 1992; Schreyögg 1999, 9ff.). Damit sind Organisationen soziale Systeme (vgl. Scott 1986). Beispiele für Organisationen sind z.B. Unternehmen, soziale Einrichtungen wie Schulen, Krankenhäuser, Vereine usw.

Organisationsberatung richtet sich dann auf einzelne Personen einer Organisation, auf Teams oder auf gesamte Organisationen. Dabei kann der Adressat im einzelnen sehr unterschiedlich sein:

– Adressat von Organisationsberatung kann eine einzelne Person sein, wobei ihre Situation in der jeweiligen Organisation das zentrale Thema ist. Organisationsberatung kann also Beratung einer Abteilungsleiterin in einem Unternehmen oder eines Projektleiters sein oder Beratung eines Marketing-Experten, der sich selbständig machen möchte, Beratung einer Führungskraft, die eine neue Aufgabe übernehmen soll.

– Adressat von Organisationsberatung kann ein Team, eine Arbeitsgruppe an einer Universität, eine Abteilung in einem Unternehmen sein. Hier geht es dann nicht (zumindest nicht vorrangig) um Probleme eines einzelnen, sondern z.B. um die Zusammenarbeit im Team, um die Gewinnung neuer Projekte in einer Universität oder die Verbesserung der Abläufe in einer Abteilung.

– Adressat von Organisationsberatung kann schließlich eine komplexe Organisation mit mehreren hundert oder tausend Mitarbeitern sein. Themen sind dabei möglicherweise die Veränderung der Aufbauorganisation (d.h. der Gliederung in unterschiedliche Bereiche und Ebenen), die Entwicklung einer gemeinsamen Identität, die Sicherung der Organisation in schwierigen Zeiten, die Kommunikation zwischen verschiedenen Bereichen usw.

(2) Systemische Organisationsberatung ist Beratung im Sinne einer Unterstützung des oder der Klienten bei der Lösung von Problemen, ohne dass der Berater dem Klienten die Entscheidung abnimmt.

Gleichsam eine klassische Definition von Beratung wurde von Ruth Bang 1958 im Rahmen der Diskussion über Beratung in der Sozialarbeit eingeführt: Beratung ist „Hilfe zur Selbsthilfe" (Bang 1958; vgl. Hackney/Cormier 1998). Eine Beraterin nimmt einem „Klienten" die Entscheidung nicht ab, sondern unterstützt ihn, selbst sein Problem zu lösen: „Beratung ist Unterstützung des Ratsuchenden bei Entscheidungen, ohne die Entscheidung für ihn zu treffen" (König/Volmer 1996, 122). Ähnlich formulieren Lippit/Lippit oder Zygowski: Ziel der Beratung, so Lippit/Lippit (1984, 13) ist es, „einer Person, Gruppe, Organisation oder einem größeren System zu helfen, die für diese Auseinandersetzung mit Problemen und Veränderungsbemühungen erforderlichen inneren und äußeren Kräfte zu mobilisieren". Ein Berater, so Zygowski (1989, 173), „stellt... dem Ratsuchenden Hilfen zur eigenständigen Problembewältigung zur Verfügung, nimmt ihm trotz kritischer Urteile weder die Entscheidung über Handlungsalternativen oder ihre Umsetzung aus der Hand, noch versucht er, den Ratsuchenden auf seine persönliche Überzeugung zu verpflichten".

Im einzelnen ergeben sich daraus folgende Merkmale von Beratung (vgl. auch Bachmair u.a. 1999; König/Volmer 2000, 45ff.):

– Berater- und Klientensystem sind deutlich voneinander unterschieden.

– Das Klientensystem hat Probleme, aber nicht der oder die Berater.

– Der die Berater unterstützen den bzw. die Klienten bei der Problemlösung, d.h. sie geben (je nach der Situation) Anregungen, Hilfestellung, wobei „Nicht-Bevormundung" das „wichtigste Prinzip eines derartigen Beratungsverständnisses" ist (Scheller/Heil 1986, 96).

Dabei ist „Problem" nicht in dem alltäglich negativen Sinn zu sehen, sondern im Verständnis der Problemlösungspsychologie: Ein Problem liegt immer vor, wenn jemand ein bestimmtes Ziel erreichen möchte, sich aber über die Wege zur Erreichung nicht klar ist. Problem kann damit auch sein, dass die Leiterin eines Kindergartens abklären möchte, ob sie mir ihrem Vorgehen auf dem richtigen Weg ist, oder dass ein Team sich beraten lässt unter der Fragestellung, ob die bisherige Zusammenarbeit im Team von allen positiv eingeschätzt wird oder ob es noch Verbesserungsmöglichkeiten gibt.

Beratung als Unterstützung bei der Problemlösung kann dabei in unterschiedlichen Formen erfolgen: Ein Berater kann als Experte Anregungen geben, oder er kann den Klienten unterstützen, selbst neue Lösungen zu finden. Daraus ergibt sich die Unterscheidung in zwei unterschiedliche Formen von Beratung: Prozess- und Expertenberatung. Diese Unterscheidung ist ursprünglich von Edgar H. Schein (der in der Tradition von Levin und Mc Gregor am MIT, dem Massachusetts Institut of Technology, tätig war) Ende der 60er Jahre eingeführt und Ende der 80er Jahre nochmals weitergeführt wurde (Schein 1969, 4ff; 1993; 2000, 21ff.; vgl. auch König/Volmer 2000, 46ff.):

– Expertenberatung ist dadurch gekennzeichnet, dass der Berater auf der Basis seines Wissens oder seiner Erfahrung Anregungen und Hinweise gibt: Er gibt z.B. dem Klienten Anregungen für die Bewältigung seines täglichen Arbeitspensums oder Hinweise zur Verbesserung der Zusammenarbeit in einem Team.

– Prozessberatung ist Unterstützung des Klienten, die Situation selbst zu klären und selbst neue Lösungen zu finden. Im Rahmen von Prozessberatung werden keine Lösungen angeboten und keine Vorschläge gemacht, sondern der Klient wird durch geeignete Methoden dazu gebracht, die Situation selbst neu zu durchdenken oder auf dem Hintergrund früherer Erfahrungen neue Lösungen zu entwickeln.

Beratung in der Tradition von Betriebswirtschaftslehre, aber auch Informatik und Ingenieurwissenschaften ist lange Zeit ausschließlich Expertenberatung gewesen: Ein Experte macht Vorschläge. Bei reiner Expertenberatung besteht jedoch die Gefahr, dass die Lösung nicht für den Klienten und seine besondere Situation passt. Man kennt diese Situation aus der Praxis: Ein Experte macht Vorschläge, der Angesprochene antwortet mit „Ja – Aber". Dahinter steht die Tatsache, dass Lösungsvorschläge für den Klienten, für seine konkrete Situation und auch für seine Person „passen" müssen. Was passend ist, kann jedoch nur der Klient selbst entscheiden. Diese Entscheidung kann ihm ein Berater nicht abnehmen. Zudem kann ein Klient eine Lösung besser umsetzen, wenn er sie selbst entwickelt hat und als seine eigene erlebt.

Beratung in der Tradition von Pädagogik und Psychologie war und ist dem gegenüber vorrangig Prozessberatung. Ziel ist dabei, einen Klienten zu unterstützen, seine Probleme genauer zu erkennen und auf dieser Basis selbst neue Lösungen zu finden. Die Schwierigkeit dabei liegt darin, dass Klienten in vielen Situationen eben durchaus auch Anregungen von einem Experten erwarten. Beratung für eine Vorbereitung auf eine Präsentation ist sinnvoller Weise immer auch Hinweis auf mögliche Probleme und Anregung, so und so vorzugehen – es wäre für den Klienten wenig befriedigend, wenn ein Berater hier seine Erfahrung zurückhalten würde nach dem Motto „ich könnte Ihnen Anregungen geben, aber tue es nicht, überlegen Sie doch selber!".

Systemische Organisationsberatung kann sowohl Prozess- als auch Expertenberatung sein, wobei die Schwerpunkte in verschiedenen Phasen unterschiedlich sind:

- Wenn es darum geht, einen Klienten zu unterstützen, seine Situation klarer zu sehen, liegt das Schwergewicht der Beratung auf Prozessberatung.

- Wenn es darum geht, neue Lösungen zu finden, kann dieser Prozess auch durch Prozessberatung unterstützt werden. Zum anderen kann hier aber auch Expertenberatung sinnvoll sein, bei der auf der Basis von Expertenwissen oder eigener Erfahrung Anregungen gegeben werden. In diesem Zusammenhang können auch klassische Verfahren wie Projektmanagement, Strategieprozesse, Geschäftsprozessoptimierung usw. eine Rolle spielen. Grundsätzlich gilt jedoch für Expertenberatung, dass sie dem Klienten nie die Entscheidung abnehmen darf. Am Schluss von Expertenberatung steht somit immer die Frage „können Sie mit dieser Anregung etwas anfangen?" – und das heißt, auf Expertenberatung folgt grundsätzlich immer Prozessberatung.

Der hier verwendete Beratungsbegriff ist relativ weit gefasst und umschließt auch Coaching, Consulting, Supervision, Teamberatung, Organisationsentwicklung:

- Coaching ist Beratung von Führungskräften, Experten, Mitarbeitern bei der Lösung von Problemen im beruflichen Bereich (vgl. Kap. 5.2), wobei auch Coaching in Form von Prozess- und Expertenberatung erfolgen kann. Dabei liegt das Schwergewicht von Coaching auf der Einzelberatung, neben Formen des Teamcoaching, Konfliktcoaching u.a.

- Consulting ist Beratung bei fachlichen Problemen, wobei jedoch Expertenberatung verhältnismäßig großes Gewicht hat. Klassische Themen des Consulting sind Beratung bei technischen oder betriebswirtschaftlichen Fragen (vgl. z.B. Block 1997; König/Volmer 2004).

- Supervision ist Beratung von pädagogischen und psychologischen Fachkräften bei beruflichen Problemen, wobei traditionell Prozessberatung im Mittelpunkt steht (z.B. Schreyögg 1992).

- Teamberatung ist Beratung von Teams, also weniger Einzelberatung.

- Unter Organisationsentwicklung schließlich versteht man in Anlehnung an die Definition der Deutschen Gesellschaft für Organisationsentwicklung (GOE) aus dem Jahr 1982 „einen längerfristig angelegten organisationsumfassenden Entwicklungs- und Veränderungsprozess von Organisationen und der in ihr tätigen Menschen" (Becker/Langosch 1995, 5; vgl. Kap. 5.3), womit auch Organisationsentwicklung zu einer Form von Organisationsberatung, nämlich Beratung komplexer Organisationen wird.

(3) Grundlage Systemischer Organisationsberatung ist das Konzept der Personalen Systemtheorie.

Versteht man Organisationen als soziale Systeme, ist das Verhalten einer Organisation bestimmt von
- den Personen der Organisation,
- ihren subjektiven Deutungen,
- den formalen und informellen sozialen Regeln,
- den Regelkreisen bzw. Interaktionsstrukturen, die sich immer wiederholen,
- der materiellen und sozialen Systemumwelt,
- und schließlich durch ihre Geschichte.

Das Ziel Systemischer Organisationsberatung besteht darin, soziale Systeme (ein Team, eine Abteilung, eine Familienbildungsstätte, eine Schule, ein Unternehmen) dabei zu unterstützen, neue Lösungen für anstehende Probleme zu finden. Entsprechend dem Systemmodell der Personalen Systemtheorie können Probleme und auch neue Lösungen auf den unterschiedlichen Ebenen sozialer Systeme liegen. D.h. schlechte Zusammenarbeit in einem Team kann aus folgenden Faktoren resultieren:

- Es sind die falschen oder zu viele oder zu wenig Personen im Team.

- Die subjektiven Deutungen einzelner Teammitglieder behindern die Zusammenarbeit (z.B. wenn mehrere Teammitglieder davon überzeugt sind, dass Teamarbeit ohnehin nichts bringt).

- Die offiziellen oder geheimen Regeln verhindern Zusammenarbeit. Das können Regeln für Teambesprechungen sein oder die geheime Regel wie „versuche, auf Kosten anderer Erfolge zu erzielen!"

- Die Zusammenarbeit ist durch Regelkreise belastet, z.B. dass Probleme endlos zerredet werden, ohne dass man zu einem Ergebnis gelangt.

- Die Systemgrenzen zwischen Team und Vorgesetztem sind nicht klar definiert, was z.B. dazu führt, dass Vorgesetzte dauernd in die Teamarbeit eingreifen.

- Die bisherige Entwicklung, die davon gekennzeichnet ist, dass in dem letzten halben Jahr die Teamzusammensetzung viermal verändert wurde, hat Auswirkungen auf die Zusammenarbeit.

Aufgabe Systemischer Organisationsberatung ist es, zu klären, welche Faktoren im System zu Problemen beitragen, sowie anschließend Möglichkeiten zur Veränderung des Systems zu entwickeln. Die Entscheidung darüber, was letztlich getan wird, ist jedoch nicht von außen durch eine Beraterin, sondern immer nur aus Sicht des sozialen Systems zu treffen. Daraus ergibt sich ein weiterer Grundsatz Systemischer Organisationsberatung:

(4) Systemische Organisationsberatung bedeutet, das Wissen des jeweiligen sozialen Systems zu nutzen.

Humberto F. Maturana hat in der Tradition des sog. Radikalen Konstruktivismus die These aufgestellt, dass alles Wissen grundsätzlich von der jeweiligen Beobachterperspektive abhängt: „Alles was gesagt wird, wird von einem Beobachter gesagt" (Maturana 2000, 25). In einem sozialen System bedeutet das, dass jeder „Beobachter" des sozialen Systems grundsätzlich eine eigene Perspektive hat, und erst die verschiedenen Perspektiven zusammen so etwas wie ein umfassendes Gesamtbild des Systems ergeben. Das bedeutet, dass die Kompetenz des sozialen Systems grundsätzlich die Kompetenz des einzelnen übersteigt. Systemische Organisationsberatung bedeutet, dieses Wissen zu nutzen.

Damit richtet sich dieser Grundsatz auch gegen einseitige Expertenberatung: Es ist gleichsam ein klassischer Fehler traditioneller Unternehmensberatung, dass Lösungen von außen vorgegeben werden. Solche Veränderungen von außen führen häufig nicht zu den erwarteten Ergebnissen, sondern in vielen Fällen zu neuen Problemen. Soziale Systeme sind dadurch gekennzeichnet, dass über die Wirkungen von Interventionen „durch das soziale System selbst" entschieden wird. Letztlich legt das soziale System fest, welche Auswirkungen z.B. ein Teamworkshop hat. Konsequenz daraus ist, dass letztlich nur der Klient bzw. das Klientensystem die Angemessenheit von Lösungen für die konkrete Situation beurteilen kann und damit auch autonom bei seiner Entscheidung ist.

(5) Systemische Organisationsberatung ist sowohl durch ein humanistisches Menschenbild, als auch durch ein bestimmtes Methodenrepertoire gekennzeichnet.

Die Tatsache, dass Personale Systemtheorie die Aufmerksamkeit sowohl auf die einzelnen Personen und ihre subjektiven Deutungen als auch auf das Kommunikationssystem aus subjektiven Regeln und Regelkreisen sowie schließlich auf die Systemumwelt richtet, impliziert bestimmte Methoden für Diagnose und Interaktion (vgl. König/Volmer 2000):

- Diagnose des sozialen Systems im Blick auf subjektive Deutungen, Regeln, Regelkreise usw.
- Beratung (Coaching) einzelner Personen
- Beratung mehrerer Personen z.B. bei Konflikten
- Teamberatung

–   Unterstützung der Organisation bei Strategieprozessen, Veränderungen der Abläufe usw.

Zugleich ist Systemische Organisationsberatung mehr als die Anwendung von Methoden, sondern setzt, das wurde in Kapitel 1.2 deutlich, ein humanistisches Menschenbild voraus, bei dem die Autonomie des einzelnen, aber auch die des sozialen Systems im Mittelpunkt steht.

5.1.2   Phasen des Beratungsprozesses

Wenn Beratung Unterstützung des oder der Klienten bei der Lösung von Problemen ist, dann liegt es nahe, das Vorgehen im Problemlösungsprozess als Grundlage für die Strukturierung des Beratungsprozesses zu übernehmen. Im Sinne der Problemlösungspsychologie ist ein Problem grundsätzlich durch drei Faktoren gekennzeichnet (vgl. z.B. Dörner 1979; Hussy 1998):
–   ein Ziel, das erreicht werden soll,
–   eine Ausgangssituation,
–   eine Menge von Operationen, d.h. die Schritte, die von der Ist-Situation zum Ziel führen.

Schwierigkeiten bei der Problemlösung können dabei auf unterschiedlichen Ebenen liegen:
–   Das Ziel ist unklar. Damit hat man letztlich keine Orientierung, in welche Richtung man gehen soll. Häufig landet man letztlich da, wo man auf keinen Fall hinwollte.

–   Die Ist-Situation ist unklar, d.h. man weiß nicht, wo genau die Probleme liegen bzw. was möglicherweise schon erreicht ist.

–   Die Wege zur Erreichung des Ziels sind unklar.

–   Es fehlt ein Handlungsplan, der die einzelnen Schritte zur Zielerreichung festlegt.

Daraus ergibt sich eine Gliederung des Problemlösungsprozesses in vier Schritte:
–   Festlegung des Ziels
–   Klärung der Ist-Situation
–   Sammlung von Lösungen zur Erreichung des Ziels
–   Festlegung des Handlungsplans, d.h. der konkreten Schritte zur Erreichung des Ziels

Eben diese Gliederung des Problemlösungsprozesses wird auch der Strukturierung des Beratungsprozesses zugrundegelegt (ausführlicher vgl. König/Volmer 2000, 55f.;

2003, 26ff.; ähnlich z.B. auch Whitmore 2002, 53fff.). Daraus ergeben sich folgende Phasen des Beratungsprozesses:
- Orientierungsphase
- Klärungs- oder Diagnosephase
- Lösungs- oder Veränderungsphase
- Abschlussphase.

Diese Phasen seien im folgenden dargestellt.

(1) Die Orientierungsphase

Die Orientierungsphase hat zwei Aufgaben:
- Etablierung des Beratungssystems
- Festlegung von Thema, Ziel und Vorgehen im Beratungsprozess

Das Beratungssystem setzt sich aus Klienten- und Beratersystem zusammen: Ein oder mehrere Klienten und ein oder mehrere Berater bilden zusammen ein soziales System, das wie andere soziale Systeme zusätzlich durch die jeweiligen subjektiven Deutungen, durch soziale Regeln, mögliche Regelkreise, die materielle und soziale Umwelt und schließlich eine bestimmte Entwicklung gekennzeichnet ist. Aufgabe zu Beginn eines jeden Beratungsprozesses ist es, dieses Beratungssystem zu etablieren. Das heißt im einzelnen:

> **Festlegung der Personen des Beratungssystems: Wer gehört zum Klientensystem? Gibt es nur einen Klienten oder mehrere? Wer gehört zum Beratersystem?**

> **Aufbau einer positiven Beziehung zwischen Berater und Klient: Ein Klient lässt sich nur beraten, wenn er Vertrauen zum Berater besitzt. Dieses Vertrauen ist aufzubauen.**

Auf der Inhaltsebene geht es darum, Thema, Ziel und Vorgehen des Beratungsgesprächs festzulegen:

> **Was soll Thema des Beratungsprozesses sein?**

> **Was ist Ziel des Beratungsprozesses? Was soll am Schluss als Ergebnis erreicht sein?**

> **Wie lässt sich feststellen, ob das Ziel erreicht ist?**

> **In welchen Schritten soll der Beratungsprozess verlaufen?**

(2) Die Klärungs- bzw. Diagnosephase

Ziel der Klärungsphase ist es, die vorliegende Situation genauer zu klären. Auf Organisationen als soziale Systeme bezogen: Was ist die Ist-Situation des Systems? Welche Faktoren des sozialen Systems haben zu dieser Situation geführt? Mit Rückgriff auf die verschiedenen Merkmale sozialer Systeme heißt das:

> ➤ **Welche Personen des jeweiligen sozialen Systems sind für die gegenwärtige Situation bzw. das Problem relevant?**

> ➤ **Was sind ihre subjektiven Deutungen, die ihr Handeln beeinflussen?**

> ➤ **Welche sozialen Regeln beeinflussen die Situation?**

> ➤ **Gibt es immer wiederkehrende Verhaltensmuster (Regelkreise, Interaktionsstrukturen), die zu Problemen führen?**

> ➤ **Wie wird das System von der materiellen Systemumwelt beeinflusst? Wie ist die Abgrenzung gegenüber anderen sozialen Systemen?**

> ➤ **Wie ist die bisherige Entwicklung verlaufen?**

Die Klärungs- oder Diagnosephase kann je nach der Situation unterschiedlich umfangreich sein: Sie kann sich auf eine kürzere Klärungsphase in einem Beratungsgespräch erstrecken oder auf eine umfangreiche Diagnosephase auf der Basis von Interviews, Beobachtungen, Fragebogen, Dokumentenanalysen usw.

(3) Die Lösungs- oder Veränderungsphase

Ziel der Lösungs- oder Veränderungsphase ist es, neue Möglichkeiten zur Lösung des Problems zu entwickeln. Das kann im Rahmen von Expertenberatung durch Anregungen des Beraters erfolgen, im Rahmen von Prozessberatung, wobei der Klient unterstützt wird, selbst neue Lösungen zu entwickeln, oder als gemeinsames Brainstorming von Berater und Klient. Dabei können Lösungen wiederum auf unterschiedlichen Ebenen sozialer Systeme liegen:

> ➤ **Veränderung von Personen, indem bisherige Personen das System verlassen oder neue Personen in das System kommen**

> ➤ **Veränderung subjektiver Deutungen**

> ➤ **Veränderung von offiziellen und inoffiziellen sozialen Regeln**

> ➤ **Abänderung von Regelkreisen**

> ➤ **Veränderung der materiellen Systemumwelt oder Veränderung der Systemgrenze zu anderen sozialen Systemen**

> ➤ **Veränderung von Entwicklungsrichtung und Entwicklungsgeschwindigkeit: entweder, indem möglichst schnell bestimmte Veränderungen durchgeführt werden oder indem zunächst einmal Zeit gelassen wird**

(4) Die Abschlussphase

Aufgabe der Abschlussphase ist es zu überprüfen, ob das Ziel erreicht ist. Damit kann auch die Abschlussphase je nach der Thematik unterschiedlich aufwendig sein: Sie kann sich auf einen kurzen Abschluss eines Beratungsgesprächs beschränken mit der Frage, ob der Klient sein Ziel erreicht hat und mit dem Ergebnis zufrieden ist. Oder sie kann im Rahmen eines umfassenden Organisationsberatungsprozesses eine umfangreiche Evaluation sein. Fragen hierfür sind:

> ➢ **Was ist das Ergebnis?**

> ➢ **Wie lässt sich der Erfolg messen?**

> ➢ **Was sind die nächsten Schritte?**

Diese vier Phasen des Beratungsprozesses wiederholen sich auf unterschiedlichen Ebenen: Sie bilden die Struktur umfangreicher Organisationsentwicklungsprozesse (ein Beispiel dafür wird in Kap. 11 gegeben), aber sie bilden auch die Struktur für jedes einzelne Beratungsgespräch. Das soll abschließend noch an einem konkreten Beispiel verdeutlicht werden.

5.1.3 Systemische Organisationsberatung in der Praxis: ein Fallbeispiel

Es handelt sich hier um einen Organisationsberatungsprozess in einer Beratungsstelle. Die Beratungsstelle war vor ca. 1 1/2 Jahren aus zwei ursprünglich selbständigen Einrichtungen zusammengelegt worden. Mittlerweile gibt es nur noch eine Leiterin, das Team ist aber weiterhin auf zwei Orte aufgeteilt. Insgesamt dauerte der Beratungsprozess acht Monate, wobei ca. alle 4 Wochen ein halber Tag Beratung stattfand. Themen waren Teambildung, Entwicklung eines Leitbildes, Bearbeitung von Konflikten zwischen einzelnen Angehörigen usw. Im folgenden wird eine Beratung zum Thema Teambildung dargestellt. In der Vergangenheit hatte es mehrere Versuche gegeben, aus beiden Beratungsstellen ein Team zu machen. Nun kommt das Thema nochmals auf. Diese Beratungseinheit verlief in folgenden Phasen:

(1) Orientierungsphase

An diesem Beratungsgespräch nahmen das gesamte Team (11 Personen) und der Berater teil. Nachdem der Beratungsprozess insgesamt schon eine längere Zeit zuvor begonnen hatte und entsprechendes Vertrauen aufgebaut war, verlief in diesem Beratungsgespräch die Orientierungsphase recht kurz: Nach der Begrüßung wurde in einem Rundgespräch das Thema „Team" von mehreren Teilnehmern kurz angesprochen, es wurde gemeinsam beschlossen, das Thema zu bearbeiten. Als Ziel wurde angesetzt, die Zusammenarbeit im Team, die von mehreren als schlecht beklagt wurde, zu verbessern.

(2) Diagnosephase

Die Frage, die sich hier stellt, lautet: Wie ist die gegenwärtige Situation des Teams? Grundsätzlich ergeben sich im Rahmen von Systemischer Organisationsberatung dafür mehrere Möglichkeiten:

- Interviews mit einzelnen, um die unterschiedlichen subjektiven Sichtweisen zu erfassen. Möglich wären dabei folgende Leitfragen: Was sind Stärken des Teams? Was sind Punkte, die verändert werden sollten? Was könnten mögliche nächste Schritte sein?

- Gruppendiskussion (etwa mit Hilfe von Kartenabfrage) im Team im Blick auf Stärken und Schwächen

- Beobachtung des Teams im Rahmen teilnehmender Beobachtung: Wie laufen z.B. Teambesprechungen ab?

- Visualisierung des sozialen Systems Team mit Hilfe von Karten oder realen Personen („Systemskulptur" bzw. „Systemaufstellung"), um Nähe und Distanz zwischen den Personen deutlich zu machen (vgl. König/Volmer 2000, 113ff.)

In der konkreten Situation wurde eine bestimmte Form der Systemvisualisierung gewählt, wobei das soziale System durch Stühle visualisiert wurde: Stühle wurden als Symbole für die einzelnen Personen der Beratungsstelle gewählt (die Stühle waren mit Kreppstreifen gekennzeichnet), und ein Teilnehmer stellte die Stühle im Raum so auf, wie seinem Eindruck nach die Position der einzelnen Personen tatsächlich ist. Dabei ging es nicht um das Organigramm, sondern um Nähe und Distanz und Ausrichtung einzelner Personen: Nähe und Distanz von Stühlen bedeuten Nähe und Distanz der betreffenden Personen, Richtung des Stuhls bedeutet Hinwendung oder Abwendung von anderen Personen. Dabei ergab sich deutlich das Bild von zwei Subsystemen, die durch zwei im Raum befindliche Säulen getrennt waren, wobei einzelne Personen versuchten, den Kontakt zum anderen System herzustellen (die Leiterin A, die Mitarbeiterin B sowie der Mitarbeiter F aus dem zweiten Subsystem):

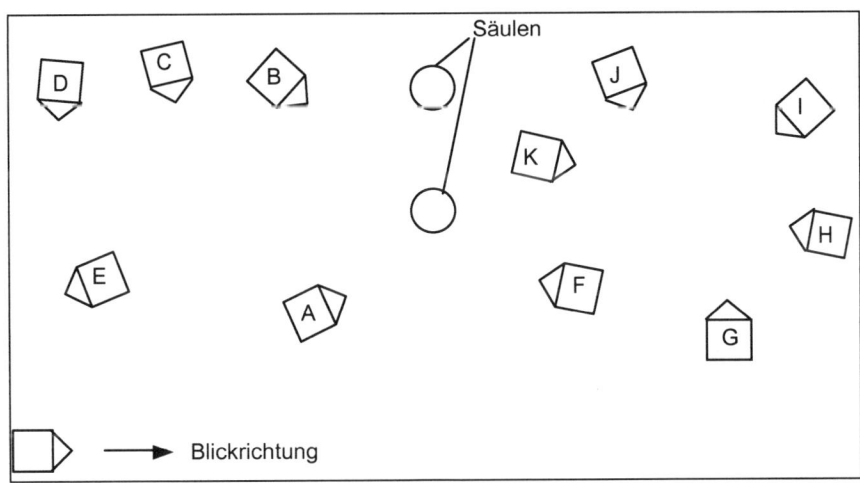

Für die Entscheidung für dieses Vorgehen waren dafür folgende Überlegungen entscheidend:

- Es sollte ein Verfahren gewählt werden, das schnell zu Ergebnissen führt - von daher waren Interviews oder Gruppendiskussionen für diese Situation weniger geeignet.

- Nachdem das Thema „Team" schon mehrmals in vergangenen Beratungsphasen anklang, schien es sinnvoll, ein unkonventionelles Vorgehen zu wählen, um sich nicht in alten Regelkreisen (Zerreden des Themas) zu verfangen.

- Visualisieren mit Stühlen stellt gleichsam einen Mittelweg zwischen einer Visualisierung mit Hilfe von Karten und einer Systemskulptur bzw. -aufstellung im Blick auf die emotionale Beteiligung der Teilnehmer dar: Das jeweilige Teammitglied kann sich z.B. zu seinem Stuhl stellen und erlebt dann seine Perspektive, die betreffende Person ist andererseits aber emotional nicht so betroffen, als wenn hier eine „Skulptur" mit realen Personen durchgeführt würde.

Faktisch verlief der Prozess folgendermaßen: Ein Teilnehmer visualisiert aus seiner Sicht das System. Dabei ist wichtig, sich Zeit zu lassen (stellenweise wurden einzelne Positionen mehrmals korrigiert) und sich dann zugleich klar zu werden, was die Positionen im einzelnen bedeuten: Wohin ist der Blick gerichtet? Wie groß ist die Distanz? Wie geht es dieser Person in ihrer Position?

Bei der Visualisierung des Systems durch einen Teilnehmer erhält man die subjektive Sicht lediglich eines Teammitglieds. Stattdessen könnte auch jedes Teammitglied selbst „seinen" Stuhl an die entsprechende Position stellen, was aber häufig ein relativ langwieriger Prozess ist. Von daher wurde hier die Visualisierung durch einen Teilnehmer gewählt, wobei dessen subjektive Sicht dann natürlich mit den Auffassungen der anderen Personen abzugleichen ist: Die anderen Teilnehmer kommentieren aus ihrer Sicht die Visualisierung:
- Was sehen Sie genauso oder ähnlich?
- Würden Sie Ihre eigene Position anders sehen?
- Wie geht es Ihnen in Ihrer Position?

Dabei stellte sich in den Grundzügen deutlich Übereinstimmung heraus: Alle sahen das Team zweigeteilt, A, B und F erleben sich in einer Zwitterposition zwischen den Systemen. Der einzige Unterschied betrifft den Teilnehmer E, der sich nicht abgewendet, sondern (zwar in deutlicher Distanz) dem System zugewandt sieht. Dabei wurde übrigens eine zwischenzeitlich erfolgte Veränderung im System deutlich: E hatte etwa vor einem halben Jahr eine stärker nach außen gewendete Position, hat sich aber mittlerweile mehr dem Team zugewandt.

(3) Lösungs- bzw. Veränderungsphase

Was kann das System tun, um einen „besseren" Zustand zu erreichen? Grundsätzlich bieten sich hier zwei Möglichkeiten: Der Berater kann als Experte Vorschläge machen, oder es werden im Rahmen von Prozessberatung die im System vorhandenen Ideen gesammelt. Ausgehend von dem Grundsatz Systemischer Beratung, dass die Kompetenz des sozialen Systems grundsätzlich die Kompetenz eines einzelnen (und damit auch eines Beraters) übersteigt, wurde hier zunächst Prozessberatung gewählt: Im Rahmen eines Rundgesprächs brachte jeder Teilnehmer seinen Vorschlag ein.

Was schließlich die Lösung ergab, war der Vorschlag der Teilnehmerin C: Sie nahm eine Stange, die zufällig im Raum stand, und verband damit die Stühle A und F, ein Vorschlag, der dann bei den übrigen Beteiligten (insbesondere auch bei A, F und B) auf deutliche Zustimmung stieß.

An dieser Stelle wechselt der Berater von Prozess- zu Expertenberatung mit dem Ziel, auf dem Hintergrund theoretischen Wissens über Systeme zu verdeutlichen, was dieser Vorschlag bedeutet: Bislang war der Blick auf zwei unterschiedliche Systeme gerichtet gewesen: Die beiden Subsysteme A bis E und F bis K sowie ein Gesamtsystem A bis K, das immer wieder erfolglos versucht wurde, zu etablieren. Der Vorschlag der Teilnehmerin bedeutet demgegenüber eine Lösung 2. Ordnung, d.h. die Bildung eines dritten Subsystems A + F: Beide Teilsysteme A bis E und F bis K werden als selbständige Systeme gesehen, A und F erhalten die Rolle des Sprechers und koordinieren untereinander, d.h. bilden gleichsam ein Steuerungssystem:

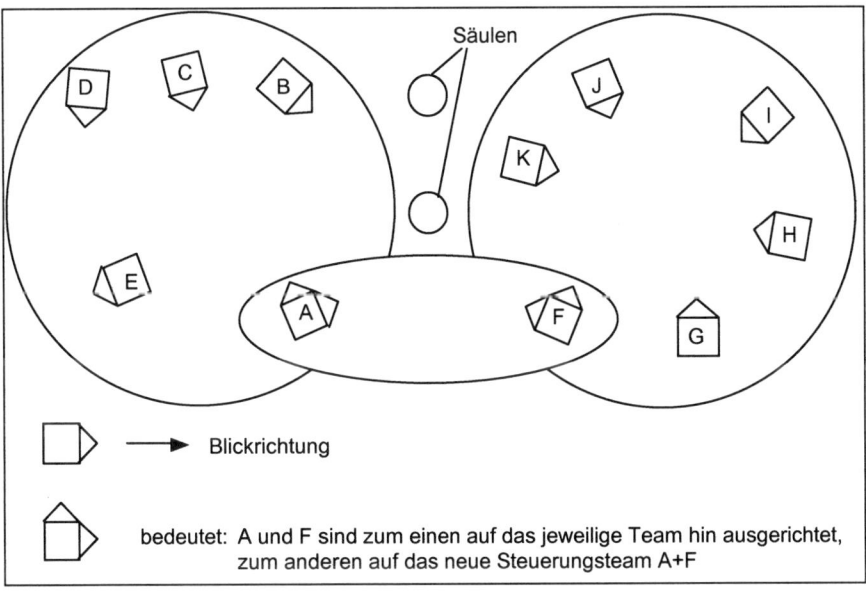

(4) Abschlussphase

Ziel der Abschlussphase ist es, die nächsten Schritte festzulegen. Hier war die Rolle des Beraters zunächst schwerpunktmäßig auf Expertenberatung ausgerichtet: Als Experte für Organisationsentwicklung gab er Hinweise dazu, wo bei solchen Prozessen Probleme auftreten und was dabei zu beachten ist. Hauptthese des Beraters war, dass eine solche Systembildung durch neue Regeln (eine neue Ablauforganisation) zu etablieren ist. Wichtig ist, dass der Berater als Experte auch hier nur Vorschläge machen kann, die dann vom System akzeptiert oder verworfen werden. Aufgrund des Expertenvotums wurde dann z.B. vom System die ursprünglich angedachte Idee verworfen, in der nächsten Gesamtteambesprechung darüber zu diskutieren. Vereinbart wurde abschließend:

– In den drei Subsystemen werden Vorteile, Nachteile, Risiken und Chancen des neuen Vorschlags diskutiert. Dabei besteht zugleich die Möglichkeit, erstmals das neue Steuerungsteam A + F zu testen.

– Die Ergebnisse werden im Gesamtteam präsentiert und entschieden.

– Danach ist für die neue Systemstruktur eine Ablauforganisation im Detail zu entwickeln. D.h. es ist festzulegen: Wie werden Kompetenzen zwischen Team und Leiter geregelt? Wie organisieren A und F ihre Zusammenarbeit?

In der folgenden Sitzung (ca. 3 Wochen danach) wurden dann im Rahmen der Organisationsberatung die Erfahrungen aufgearbeitet. Grundsätzlich hatte sich die Veränderung bewährt, an einigen Stellen waren zusätzliche Regelungen zu treffen.

5.2 Systemisches Coaching

Eckard König / Gerda Volmer

5.2.1 Grundlagen

In den letzten zehn Jahren hat Coaching immer mehr an Bedeutung gewonnen. Ausgangspunkt dafür ist die Erfahrung, dass insbesondere Führungskräfte, aber auch Projektleiter oder Fachexperten in zunehmend komplexeren Situationen individuelle Unterstützung benötigen. Damit hat Coaching teilweise klassische Trainingsmaßnahmen abgelöst: Während es in einem Training darum geht, den Teilnehmern Kompetenzen zu vermitteln, wobei die besonderen Probleme einzelner Teilnehmer grundsätzlich eher am Rande stehen, ist Coaching unmittelbar auf die Fragen und Probleme des einzelnen Coachee bezogen.

Der Begriff „Coaching" kommt ursprünglich von dem englischen Wort „Coach": „Kutscher", „Kutsche". „Coachman" oder „Coach" ist der Kutscher, der die Aufgabe hat, die Pferde sicher und schnell ans Ziel zu lenken. Die Bedeutung, jemanden sicher und schnell an ein Ziel zu lenken, hat sich im Begriff „Coach" bis heute erhalten.

In den 60er Jahren wurde der Begriff „Coaching" in den Sport übertragen: Der Coach hat die Aufgabe, einen Sportler oder eine Sportlerin dabei zu unterstützen, Spitzenleistungen zu erbringen: „Coaching ist Betreuung im Sinne teilnehmender Hilfestellung beim Lösen von Problemen im leistungsorientierten Sport, vor, während und nach Beanspruchungen und Belastungen in Training und Wettkampf" (Eberspächer 1983, 297). Dabei ist Coaching mehr als Training: Während der Trainer einen Sportler dabei unterstützt, seine Fähigkeiten zu entwickeln und z.B. einzelne Abläufe mit ihm übt, bearbeitet der Coach auch persönliche Themen. Hintergrund für diesen Wechsel vom Training zum Coaching ist die Erfahrung, dass Erfolg nicht nur von den Fähigkeiten des Betreffenden abhängt, sondern auch von der Einstellung: Was traue ich mir zu? Bin ich davon überzeugt, dass ich es schaffe? Wie gehe ich mit Erfolgen und Misserfolgen um? Coaching ist somit Unterstützung eines Sportlers oder einer Sportlerin nicht nur in Bezug auf seine sportlichen Fähigkeiten, sondern ebenso mit Bezug auf seine Einstellungen, Befürchtungen, Ängste, Zweifel und Hoffnungen.

Seit den 80er Jahren wurde diese Bedeutung dann auf den Business-Bereich übertragen: Der Coach hat die Aufgabe, eine Führungskraft, eine Projektleiterin, einen

Fachexperten oder auch Mitarbeiter und Teams bei der Erreichung ihrer Ziele im beruflichen Bereich individuell zu unterstützen.

Nun ist der Begriff „Unterstützung" hier noch relativ unscharf. Dabei haben sich im groben zwei unterschiedliche Ansätze herausgebildet:

Insbesondere im angelsächsischen Bereich bezeichnet „Coaching" sämtliche Aufgaben einer Führungskraft in Bezug auf die Unterstützung seiner Mitarbeiter: Anleitung, Motivation, Kontrolle sind dabei Bestandteile von Coaching. Damit wird Coaching letztlich nichts anderes als „professionelle Führungskompetenz im Betrieb" (Bayer 1995, 10) oder ein „entwicklungsorientiertes Führen" (Rauen 1999, 22, vgl. 48ff.), das darauf abzielt, Mitarbeiter zu motivieren, ihnen mehr Freiraum zu geben und sie besser bei ihren Aufgaben zu unterstützen (so z.B. Donnert 1998; Hamann/Huber 1997; Landsberg 1998; Shula/Blanchard 2000).

Im deutschsprachigen Bereich wird „Coaching" seit den achtziger Jahren überwiegend von Führung abgegrenzt und als Beratung verstanden: Coaching ist „personenbezogene Einzelberatung von Menschen in der Arbeitswelt" (Looss, 1991, 13), ist eine „professionelle Form der Managementberatung" (Schreyögg 1999, 7). Grundsätzlich ähnliche, mehr oder minder weit gefasste Definitionen finden sich auch bei anderen Autoren: „Coaching ist die individuelle Beratung von einzelnen Personen oder Gruppen in auf die Arbeitswelt bezogenen, fachlich-sachlichen und/oder psychologisch-soziodynamischen Fragen bzw. Problemen durch den Coach" (Wahren 1997, 9). „Coaching ist ein personenzentrierter Beratungs- und Betreuungsprozess, der berufliche und private Inhalte umfassen kann und zeitlich begrenzt ist" (Rauen (1999, 64). „Coaching ist Beratung von Führungskräften, Experten, Mitarbeitern bei der Erreichung von Zielen im beruflichen Bereich" (König/Volmer 2003, 11).

Auf dem Hintergrund solcher Definitionen lässt sich „Coaching" durch folgende Merkmale kennzeichnen:

(1) Coaching wendet sich an Personen in der Arbeitswelt

Im Blick auf die Häufigkeit stehen dabei Führungskräfte in Organisationen an erster Stelle, gecoacht werden aber durchaus auch Projektleiter oder Fachexperten z.B. im vertrieblichen Bereich, die mit Hilfe von Coaching bei der Wahrnehmung ihrer Aufgaben unterstützt werden. „Coachee" (des öfteren spricht man auch von „Klient") kann aber durchaus auch ein neuer Mitarbeiter sein. Oder Coaching als individuelle Unterstützung wird als Teil der Ausbildung für Auszubildende eingeführt. Coachee aber kann selbstverständlich auch eine freie Trainerin sein, die bei der Entwicklung ihrer eigenen Konzeption gecoacht wird, oder jemand, der sich selbständig machen möchte usw.

(2) Gegenstand von Coaching sind Themen aus dem beruflichen Bereich

Hier empfiehlt es sich, Coaching und Beratung im privaten Bereich deutlicher abzugrenzen: Beratung bei Eheproblemen wird üblicherweise nicht als Coaching bezeichnet, ebenso wenig wie Therapie bei gravierenden psychischen Problemen kein Coaching ist. Klassische Fragen im Coaching sind dagegen z.B.: Wie kann ich als Führungskraft erfolgreich werden? Wie entwickle ich die Strategie für meinen Arbeitsbereich? Wie kann ich im Unternehmen erfolgreich vorankommen? Wie lässt sich der Erfolg im Vertrieb oder der Erfolg des Projektes steigern? Wie kann ich eine neue Stelle finden?

Dabei ist sicherlich die Grenze zwischen beruflichen und privaten Themen fließen: Berufliches Thema und damit Gegenstand von Coaching kann durchaus auch das Verhältnis Arbeitszeit – Freizeit sein. Oder es können durchaus auch Eheprobleme thematisiert werden, dann nämlich, wenn sie Einfluss auf die Arbeitssituation haben. D.h. Kriterium ist letztlich die Unterstützung bei beruflichen Aufgaben bzw., wie Rauen formuliert, die „Verbesserung der Arbeitsqualität" (Rauen 2002, 62).

(3) Coaching ist Beratung und damit „Hilfe zur Selbsthilfe"

Beratung ist Unterstützung bei einem Problemlösungsprozess, ohne dass der Berater (Coach) dem Klienten (Coachee) die Entscheidung abnimmt. D.h. ein Coach unterstützt z.B. seinen Coachee beim Wechsel in eine neue Position, aber er gibt ihm keine Anweisungen.

(4) Coaching kann Prozess- oder Expertenberatung sein

Prozessberatung bedeutet, dass der Coach den Verlauf des Problemlösungsprozesses des Coachees unterstützt, ohne inhaltliche Hinweise zu geben: Der Coach kann z.B. geeignete Fragen stellen, die den Coachee anregen, seine Situation klarer zu sehen und selbst neue Lösungen zu finden. Expertenberatung bedeutet, dass der Coach auf der Basis seiner Fachkompetenz und seiner Erfahrung Anregungen gibt - eben das wird von Coachees in den meisten Fällen auch erwartet. Coaching kann somit beides, Prozess- und Expertenberatung sein, aber auch Expertenberatung bleibt „Beratung": Letztlich entscheidet der Coachee, ob die Anregung für ihn passt bzw. was er damit tut. Für den Coachingprozess bedeutet das, dass im Anschluss an Expertenberatung grundsätzlich Prozessberatung stehen muss mit den Fragen, ob die Anregungen für den Coachee passen, was er damit macht, wie er entscheidet.

(5) Coaching ist professionelle Beratung, die professionelle Beratungskompetenz voraussetzt

Damit ist Coaching von Alltagsgesprächen abgegrenzt, in denen ja durchaus ein guter Freund einen Rat geben kann. Entgegen einer solchen Ausweitung des Begriffs „Coaching" wird hier Coaching als ein professionelles Handeln verstanden (ähnlich z.B. auch Rauen 2002, 14, 68ff.), das systematisch und auf der Basis von spezifischer Beratungskompetenz und/oder spezifischer Fachkompetenz (z.B. zum Thema Projektmanagement oder Führung) durchgeführt wird.

Coaching wird damit als eine bestimmte Form von Organisationsberatung verstanden. Der Begriff „Organisationsberatung" lässt jedoch offen, ob es sich hierbei um die Beratung eines einzelnen in einer Organisation, um eine Teamberatung oder um einen Organisationsentwicklungsprozess eines Unternehmens mit mehreren hundert Mitarbeitern handelt. In Abgrenzung von anderen Ansätzen von Organisationsberatung wird unter Coaching schwerpunktmäßig Einzelberatung verstanden. Daneben sind aber auch andere Formen wie Konfliktcoaching in einer Dreiersituation, Teamcoaching usw. möglich.

Gegenstand von Coaching sind Themen aus dem beruflichen Bereich. Solche Themen sind jedoch häufig Systemprobleme: Es geht um die Position einer Führungskraft in ihrem sozialen System, um die eigene Karriere in der Organisation, um den Umgang mit Mitarbeitern, Kollegen, Vorgesetzten oder Kunden. Es geht letzten Endes um die Frage, wie der Coachee in seinem sozialen System erfolgreich handeln kann. Das legt es nahe, auch hier auf systemtheoretische Ansätze zurückzugreifen.

Grundlage des Konzeptes „Systemisches Coaching" von Eckard König und Gerda Volmer (2003) ist die Personale Systemtheorie. Dabei bedeutet „Systemisches Coaching":

- Gegenstand des Coaching-Prozesses sind in besonderem Maße die jeweiligen sozialen Systeme des Coachee. Systemisches Coaching bedeutet, den Coachee zu unterstützen, sich in dem jeweiligen sozialen Systems seines beruflichen Umfelds zu positionieren.

- Systemisches Coaching bedeutet aber auch, die Beziehung zwischen Coach und Coachee als soziales System (das „Coaching-System") zu verstehen. Aufgabe des Coach ist es damit auch, dieses Coaching-System als funktionsfähiges System zu etablieren.

Zwei weitere Coaching-Konzepte, in denen auf systemtheoretische Überlegungen zurückgegriffen wird, seien hier noch erwähnt:

- Sonja Raddatz greift in dem Buch „Beraten ohne Ratschlag" (2000) auf die Kurzzeittherapie im Anschluss an Steve de Shazer zurück. Damit wird Coaching jedoch ausschließlich Prozessberatung: Coaches sollten sich „aus dem inhaltlichen Teil völlig heraushalten und ihre eigene Meinung oder ihre Hypothesen zu einer gegebenen Situation oder einer Lösungsidee des Kunden völlig zurückhalten" (2000, 111). Coaching ist damit für Raddatz gekennzeichnet durch eine Grundhaltung der Wertschätzung sowie durch die Verwendung systemischer Fragetechniken.

- Gabriele Müller (2002; 2003) greift bei systemischem Coaching auf die „Prozessorientierte Psychologie" von Arnold Mindell, auf die Lösungsorientierte Kurzzeittherapie und das Neurolinguistische Programmieren zurück. Auf dieser Basis entwickelt sie eine Reihe von konkreten Vorgehensweisen, wobei auch das Schwergewicht auf Prozessberatung liegt.

5.2.2   Die Systemebene als Gegenstand des Coaching

Erfolg im beruflichen Bereich hängt entscheidend von der Fähigkeit ab, sich im jeweiligen sozialen System (dem Unternehmen, dem Bereich, dem Team usw.) zu positionieren. Damit wird eben dies zum Thema von Coachingprozessen. Zielsetzung ist es, den Coachee dabei zu unterstützen, seine Position im sozialen System zu erkennen und zu verbessern. Grundlage dafür bieten die bereits im ersten Kapitel dargestellten Merkmale sozialer Systeme: Aufgabe des Coaching ist es, den Coachee zu unterstützen, die relevanten Faktoren seines sozialen Systems zu erkennen und in Bezug auf diese Faktoren neue Lösungen zu entwickeln. Wir beschränken uns demzufolge hier auf eine Checkliste der wichtigsten Fragen:

➢ **Wer sind die für diese Problemstellung relevanten Personen des sozialen Systems?**

Dabei sind für die jeweilige Fragestellung durchaus unterschiedliche Personen relevant. Das können die eigenen Vorgesetzten, die Kollegen, die Mitarbeiter, aber ebenso auch Teilnehmer und „Auftraggeber" bei einer Präsentation sein.

➢ **Was sind die jeweiligen subjektiven Deutungen der betreffenden Person?**
   – **Was denkt die jeweilige Person über die Sache und die Situation?**
   – **Was denkt sie über sich selbst? Wie ist ihr eigenes Selbstbild? Was sind ihre Ziele? Was möchte sie in der Situation erreichen oder vermeiden?**
   – **Was denkt diese Person über andere Personen? Wie wird z.B. der Coachee von anderen eingeschätzt?**
   – **Lassen sich die eigenen subjektiven Deutungen bzw. die anderer Personen verändern? Lässt sich die Situation anders deuten? Lässt sich das Verhalten anderer Personen positiver deuten? Gibt es andere Themen, die hierbei eine Rolle spielen?**

Dabei gelten diese Fragen gleichermaßen für die eigene Person wie auch für andere Personen: Ein Coachee muss sich ebenso über seine Ziele in der konkreten Situation klar werden wie über Ziele anderer Personen. Übrigens sind diese Ziele nur zu einem geringen Teil inhaltliche Ziele (z.B. eine Aufgabe erfolgreich abzuschließen). Entscheidend sind oft die persönlichen Ziele: Erfolg zu haben, in der Karriere vorwärts zu kommen, aber möglicherweise auch, wenig Arbeit zu haben oder einen Konkurrenten nicht zu erfolgreich werden zu lassen.

➢ **Welche sozialen Regeln gelten für diese Situation?**
   – **Sind offizielle oder geheime Regeln zu beachten?**
   – **Wofür wird man belohnt oder bestraft?**

- Mit welchen Konsequenzen ist bei Nichtbefolgung geltender Regeln zu rechnen?
- Welche Möglichkeiten hat der Coachee, geltende Regeln zu verändern, außer Kraft zu setzen oder neue Regeln einzuführen? Lässt sich der Spielraum innerhalb geltender Regeln vergrößern?

➢ Ist die Situation durch bestimmte Regelkreise gekennzeichnet?
- Gibt es typische Regelkreise, die immer wieder auftreten?
- Was waren die bisherigen Lösungsversuche?
- Was wären Lösungen 2. Ordnung, d.h. neue Handlungsmöglichkeiten in dieser Situation?
- Lässt sich die Situation anders deuten?

➢ Welche Bedeutung hat die Systemumwelt für diese Situation?
- Wie sind Arbeitszimmer, Besprechungsraum usw. eingerichtet? Bieten sie einen geeigneten Rahmen oder wäre es sinnvoll, hier Veränderungen vorzunehmen, z.B. den Besprechungstisch anders zu stellen?
- Wie ist die Sitzposition bei Besprechungen?
- Welche anderen sozialen Systeme aus der sozialen Umwelt sind hier zu beachten?
- Wie ist die Abgrenzung zu diesen Systemen?
- Sollte die Grenze durchlässiger oder weniger durchlässig sein? Was heißt das?

➢ Wie ist die bisherige Entwicklung verlaufen?
- Hat sich die Situation in der Vergangenheit verbessert oder verschlechtert? Oder ist sie durch stabile Regelkreise gekennzeichnet?
- Gab es in der bisherigen Entwicklung kontinuierliche Veränderungen oder Brüche?
- Welche zukünftigen Entwicklungen zeichnen sich ab? Was wäre eine positive Entwicklung? Was wäre worst case?
- Welche Konsequenzen lassen sich daraus ziehen? Sollte die Entwicklung vorangetrieben werden oder sollte der Coachee zunächst einmal abwarten?

Diese Fragen gelten gleichermaßen für sehr unterschiedliche Coaching-Situationen, sei es, dass es darum geht, ein neues Team zu übernehmen und hier zunächst neue Regeln einzuführen, seien es Probleme mit dem Vorgesetzten, eine neue Kunden-Strategie, die Planung eines Workshops oder eine wichtige Präsentation.

5.2.3 Das Coaching-System

Coach und Coachee und ggf. weitere Personen bilden zusammen das Coaching-System: Ein soziales System, das über bestimmte Zeit, nämlich während des Coaching-Prozesses besteht und mit Abschluss des Coachings wieder aufgelöst wird. Der Erfolg des Coaching hängt nicht zuletzt davon ab, wie weit es gelingt, das Coaching-System als stabiles und effizientes System zu etablieren. Das bedeutet jedoch, dass es sinnvoll ist, die einzelnen Faktoren dieses sozialen Systems genauer zu betrachten.

(1) Die Personen des Coaching-Systems

Personen des Coaching-Systems sind zunächst Coach und Coachee. Ggf. können auch mehrere Coachees zu dem Coaching-System gehören, oder es können Experten herangezogen werden. Wichtig ist dabei, das Coaching-System eindeutig zu definieren: Bilden z.B. zwei Kollegen das Sub-System der Coachees (d.h. werden beide gecoacht), oder ist nur einer (z.B. der Projektleiter) der Coachee, und ein anderer (z.B. ein Projektunterstützer) wird für eine bestimmte Zeit einbezogen?

(2) Die subjektiven Deutungen der Personen des Coaching-Systems

Dass der Erfolg von Beratung entscheidend von den subjektiven Deutungen der Beraterin oder des Beraters abhängt, ist seit den Arbeiten von Carl Rogers immer wieder bestätigt. Rogers setzt drei grundlegende Einstellungen des Beraters oder Therapeuten als entscheidende Erfolgsfaktoren an:

– Akzeptanz des Klienten, d.h. nicht an Bedingungen gebundene Wertschätzung des Klienten als Person: „Der therapeutische Prozess wird gefördert, wenn der Therapeut eine tiefe und aufrichtige Teilnahme für den Klienten oder die Klientin als einer Person mit vielen konstruktiven Möglichkeiten empfindet" (Rogers 1991, 199)

– Empathie als die Haltung, den anderen zu verstehen: „Empathie schließt ein, dass man empfindsam ist... gegenüber den sich verändernden gefühlten Bedeutungen, die in dieser anderen Person fließen, gegenüber der Furcht, der Wut, der Zärtlichkeit, der Verwirrung, oder was immer sie gerade fühlt" (ebd., 194).

– Echtheit oder Kongruenz in dem Sinne, dass „der Therapeut ohne Täuschung oder Fassade das ist, was er in der Beziehung ist... was bedeutet, dass dem Therapeuten, was er auf der Erlebnis oder Bauch-Ebene fühlt, in seinem Bewusstsein deutlich gegenwärtig und für direkte Kommunikation dem Klienten gegenüber verfügbar ist, wenn dies angemessen erscheint" (ebd., 201f.).

Grundsätzlich gilt auch für Coaching-Prozesse, dass das Coaching-System und damit auch der Verlauf des Coaching-Prozesses entscheidend von den subjektiven Deutungen des Coaches bestimmt ist:

– Von der Akzeptanz des Coachee als einer grundsätzlich wertvollen Person

– Von der „Neutralität" des Coaches in dem Sinne, dass ein Coach verantwortlich ist für den Prozess, neutral aber gegenüber der Lösung, dass es nicht Aufgabe des Coaches ist, dem Coachee seine Lösung zu verkaufen, sondern ihn zu unterstützen, seine eigene Lösung zu entwickeln

Was die subjektiven Deutungen des Coachee betrifft, so sind die üblicherweise in der Anfangsphase des Coaching-Prozesses von deutlicher Unsicherheit gekennzeichnet: Bin ich hier richtig? Kann er mich bei meinen Problemen unterstützen? Kann ich ihm vertrauen? Voraussetzung für erfolgreiches Coaching ist, dass es „auf der Basis einer tragfähigen und durch gegenseitige Akzeptanz gekennzeichneten... Beratungsbeziehung" stattfindet (Rauen 2002, 69). Das bedeutet, dass der Erfolg des Coaching maßgeblich durch zwei zentrale subjektive Deutungen des Coachee bestimmt ist:

– Der Coach ist kompetent und kann mich bei der Lösung meines Problems unterstützen.

– Ich kann dem Coach vertrauen, was z.B. bedeutet, dass er das, was ich ihm erzähle, nicht meinem Vorgesetzten erzählt.

Letztlich hängt es von der Einstellung, der Authentizität und der Kompetenz des Coaches ab, ob es gelingt, diese subjektiven Deutungen des Coachee zu etablieren.

(3) Soziale Regeln im Coaching

Das Coaching-System wird gesteuert durch soziale Regeln. Aufgabe des Coaches ist es, diese Regeln einzuführen, die für den Coachee zunächst fremd sind. Solche Regeln sind z.B.:

– Der Coachee soll seine Sichtweise erzählen.

– Der Coach darf dazu Fragen stellen.

– Der Coach darf Anregungen geben (wobei es zweckmäßig sein kann, dies sich dafür die Zustimmung des Coachees einzuholen).

– Der Coach hat die Aufgabe, den Coaching-Prozess zu strukturieren.

– Bei mehreren Coachees hat jeder das Recht, seine Sichtweise darzustellen, der andere darf ihn nicht unterbrechen.

– Der Coach soll neutral bleiben.

Die Einführung dieser Regeln geschieht in erster Linie durch das Handeln des Coaches: Er strukturiert den Coachingprozess in Orientierungsphase, Klärungsphase, Lösungs- und Abschlussphase, stellt Fragen, gibt Anregungen usw. Darüber hinaus kann es zweckmäßig sein, bestimmte Regeln explizit einzuführen, z.B. „ich schlage vor, dass jeder von Ihnen seine Sicht darstellt und der andere zuhört. Können Sie sich darauf einlassen?" Manchmal mag es auch notwendig sein, einzelne Regeln bei häufiger Übertretung nochmals zu thematisieren, z.B. dann, wenn ein Coachee den anderen immer wieder unterbricht.

(4) Regelkreise im Coaching-Prozess

Regelkreise im Coachingprozess können auf zwei unterschiedlichen Ebenen auftreten:

– Regelkreise zwischen zwei Coachees, z.B. indem jeder den anderen unterbricht, der eine dem anderen Vorwürfe macht und dieser abwehrt, der eine Probleme sieht, der andere nicht usw.

– Regelkreise zwischen Coach und Coachee, indem z.B. der Coach immer wieder Einwände vorbringt oder auf Fragen immer wieder lange Geschichten erzählt, die nicht zum Thema gehören usw.

Aufgabe des Coaches ist es, solche Regelkreise zu unterbrechen und Lösungen 2. Ordnung einzuführen, d.h. etwas anderes zu machen. Das kann bereits bei Regelkreisen zwischen zwei Coachees in der Durchsetzung nicht gerade leicht sein: Wie soll man zwei Coachees, die sich wechselseitig beschuldigen und dabei immer emotionaler werden, zur Ruhe bringen? Das erfordert auf jeden Fall Nachdruck und auch Sicherheit des Coachees, und es erfordert darüber hinaus die Beherrschung der entsprechenden Coaching-Verfahren (vgl. König/Volmer 2003, 89ff.).

Noch schwieriger wird es, wenn Coach und Coachee selbst miteinander in Regelkreisen verfangen sind – schwieriger deshalb, weil der Coach hier selbst Beteiligter ist und nicht aus der Distanz heraus agieren kann. Schritte hier können sein:

– Sich den Regelkreis bewusst machen: Ein erster Indikator dafür kann das eigene Gefühl sein: Das Gefühl, im Coachingprozess auf der Stelle zu treten und nicht vorwärts zu kommen, das Gefühl, dass es anstrengend wird, ist häufig ein Indikator für solche Regelkreise. Von daher gilt: auf das eigene Gefühl achten und dann analysieren, was die einzelnen Verhaltensweisen sind: Was tut der Coach, wie reagiert der Coachee, wie reagiert darauf der Coach? Was sind Muster, die sich wiederholen

– Distanz schaffen: Lösungen 2. Ordnung lassen sich in der Regel nur aus einer Position der Distanz heraus finden. Von daher kann es sinnvoll sein, den Coachingprozess kurz zu unterbrechen, eine kurze Pause zu machen, oder den Coachee einige Zeit erzählen zu lassen ohne zu intervenieren und sich dabei zu fragen: Was läuft hier ab? Was könnte eine Lösung 2. Ordnung sein?

– Eine Lösung 2. Ordnung wählen, d.h. etwas anderes tun: Was dieses andere ist, mag von Situation zu Situation unterschiedlich sein. Wenn ein Klient pausenlos redet, mag es sinnvoll sein, ihn die wichtigsten Punkte auf die Flipchart schreiben zu lassen. Wenn er alle Anregungen als nicht realisierbar ablehnt, mag es sinnvoll sein, eben diese Situation, dass es keine Lösung gibt, zum Ausgangspunkt der nächsten Phase zu machen: Was machen Sie damit, dass sich Ihr Problem nicht lösen lässt? Wenn man verbal nicht weiter kommt, mag es hilfreich sein, mit Symbolen, Bildern oder ähnlichem zu arbeiten. Oder, um eine von Schulz von Thun (1981, 91ff.) vorgeschlagene Lösung aufzugreifen, das Gespräch wechselt auf die Ebene der Meta-Kommunikation, indem man darüber redet, wie die Kommunikation bislang verlaufen ist: Was genau ist der Regelkreis, in dem sich Coach und Coachee verfangen haben? Was können Möglichkeiten sein, daraus heraus zu kommen? Was braucht der Coachee als nächsten Schritt?

(5) Die Systemumwelt

Materielle Umwelt

Die Bedeutung der materiellen Umwelt ist ein in der Coaching-Literatur durchaus geläufiges Thema:

- Wie sollte der Coaching-Raum eingerichtet sein (ruhiger, ungestörter Ort)?
- Wie ist die Sitzposition (üblicherweise wird eine Position von ca. 90° empfohlen)?
- Wie lassen sich Störungen (durch Telefon, eingehende E-mails, Besucher usw.) vermeiden?

Soziale Umwelt

Die Systemgrenze zur sozialen Umwelt betrifft insbesondere die Abgrenzung zu einzelnen beruflichen Systemen des Coachees:

- Wie weit sind die Mitarbeiter des Coaches über den Coachingprozess informiert? Ist transparent, dass der Vorgesetzte gecoacht wird? Oder soll das im Unternehmen nach Möglichkeit nicht bekannt sein?

- Wie weit ist der Vorgesetzte eingebunden? Gab es ein gemeinsames Startgespräch, in dem der Vorgesetzte seine Erwartungen an den Coachingprozess artikuliert hat? Will der Vorgesetzte immer wieder über den Stand informiert werden? Welche Sicherheit braucht der Coachee, dass nicht persönliche Themen vom Coach an den Vorgesetzten weiter gegeben werden?

(6) Die Entwicklung des Coaching-Systems

Wie jedes andere soziale System durchläuft ein Coaching-System eine bestimmte Entwicklung: Es gibt ähnlich den Phasen der Gruppenentwicklung (vgl. z.B. Langmaack/Braune-Krickau 1995, 63ff.) eine Orientierungsphase des gesamten Coachingprozesses, in dem die Beziehung abgeklärt wird und das Vorgehen sich allmählich etabliert. Es mag eine Konfliktphase geben, in der Probleme zwischen Coach und Coachee auftreten. Es gibt eine Arbeitsphase, in der die eigentliche Arbeit geleistet wird und das Coaching-System sich als funktionsfähiges System etabliert hat. Und es muss schließlich eine Abschlussphase geben. Coachingprozesse benötigen einen Abschluss, der als solcher explizit vorbereitet und bearbeitet werden muss: Was ist erreicht? Was nicht? Was braucht der Coach noch, um das Erreichte zu stabilisieren und die nächsten Schritte für sich zu gehen?

Der Erfolg des Coaching hängt nicht nur von der fachlichen Kompetenz des Coaches, seinen Fragetechniken usw. ab, sondern zumindest ebenso stark davon, dass es gelingt, das Coaching-System als erfolgreiches System zu etablieren.

5.2.4 Systemisches Coaching in der Praxis: ein Fallbeispiel

Herr Keil übernimmt eine neue Position als Abteilungsleiter. Er hatte schon zuvor in einem anderen Bereich des Unternehmens als Gruppenleiter gearbeitet, jetzt soll er eine wichtige Abteilung im Vertrieb übernehmen. Zu dem Coach, Frau Löhner, hatte er schon im anderen Bereich Kontakt und hat sie jetzt angesprochen zum Thema „Start in der neuen Abteilung". Vorausgegangen war also ein Telefongespräch, in dem ein Coachinggespräch von ca. zwei Stunden Dauer vereinbart worden ist. Das Coachinggespräch findet in dem bisherigen Büro von Herrn Keil statt. Frau Löhner gliedert das Coachinggespräch nach den vier Phasen des Beratungsprozesses: Orientierungs-, Klärungs-, Veränderungs- und Abschlussphase.

(1) Orientierungsphase

Als Frau Löhner in das Büro von Herrn Keil kommt, sitzt der an seinem Schreibtisch. Man begrüßt sich und setzt sich an den Besprechungstisch. Frau Löhner achtet darauf, eine „passende" Sitzposition zu wählen: etwas schräg, die Distanz austariert, ähnlich Herrn Keil etwas zurückgelehnt. Dabei ist dieses Austarieren der Sitzposition kein „mechanisches" Angleichen etwa der Körperhaltung, sondern ist eher ein bewusstes Wahrnehmen der Position des anderen und die Wahl einer Position, die vom Gefühl her „passend" ist: Nicht zu nah, nicht zu weit weg voneinander – so, wie es auch der Beziehung entspricht.

Frau Löhner (Coach)	*„Ich habe mich gefreut, dass Sie mich angerufen haben. Wie geht es Ihnen denn mit der neuen Aufgabe?"*
Herr Keil (Coachee)	*Der Coachee erzählt, dass er die neue Aufgabe in vier Wochen anfangen soll. Er freut sich darauf, weil es ein Schritt nach vorne und eine Herausforderung ist. Aber er hat zugleich auch ein etwas mulmiges Gefühl: Die neue Abteilung, die für den Vertrieb im Ausland zuständig ist, hat einen schlechten Ruf: Der Umsatz ist im letzten Jahr deutlich zurückgegangen, außerdem soll es Konflikte in der Abteilung mit dem bisherigen Abteilungsleiter gegeben haben.*
Frau Löhner	*„Sie sagten ja schon am Telefon, dass es um den Start in Ihrer neuen Abteilung geht. Was möchten Sie als Ergebnis des heutigen Coaching-Gesprächs haben?"*
Herr Keil	*„Ja, mir ist wichtig, in der neuen Abteilung einen guten Start zu haben. Ich möchte da nichts falsch machen."*

Frau Löhner	*„Und im Blick darauf: Was genau möchten Sie heute als Ergebnis?"*
Herr Keil	*„Eigentlich möchte ich wissen, was ich in den nächsten vier Wochen im Vorfeld tun kann."*
Frau Löhner	*„Das heißt, Ergebnis sollte ein Handlungsplan sein, was Sie in Bezug auf die neue Abteilung vor Antritt Ihrer Stelle tun können?"*
Herr Keil	*„Ja, das ist es, mir ist wichtig, die Zeit jetzt schon zu nutzen, um dann einen guten Start zu haben."*
Frau Löhner	*„Gut, dann schlage ich vor, dass wir uns zunächst anschauen, was Sie schon von der neuen Abteilung wissen und was Sie als Schritte geplant haben. Und anschließend schauen wir, was Sie sonst noch tun könnten. Dafür kann ich Ihnen auch Anregungen geben, aber wichtig ist, dass das nur Anregungen sind. Sie müssen entscheiden, was davon für Sie passt, was nicht. Als Zeitrahmen haben wir insgesamt dafür zwei Stunden angesetzt. Passt das?"*
Herr Keil	*„Ja, nach zwei Stunden habe ich einen weiteren Termin. Ansonsten passt das. Dabei wäre mir wichtig, auch von Ihnen Anregungen zu erhalten."*
Frau Löhner	*„Okay, dann gehen wir so vor."*

Hier werden die beiden Schwerpunkte der Orientierungsphase deutlich:

- Orientierung auf der Beziehungsebene: Die persönliche Begrüßung, die Orientierung auf der Ebene der nonverbalen Kommunikation durch Austarieren der Sitzposition, der Dank für das Gespräch und das erste eher informelle Erzählen von Herrn Keil, das hier weniger der Bearbeitung des Problems, sondern dem Warmwerden dient und von Frau Löhner mit Interesse, Zuhören, Nicken und an einigen Stellen interessierten Fragen begleitet wird.

- Orientierung auf der Inhaltsebene: Entscheidend ist hier die Festlegung des Ziels, wobei Frau Löhner zweimal nachfragen muss, bis das Ziel der heutigen Sitzung geklärt ist – übrigens ein Sachverhalt, der im Coaching häufig auftritt: Die genaue Klärung des Ziels ist bereits ein wichtiger Schritt der Problemlösung. Darüber hinaus macht Frau Löhner einen Vorschlag für das Vorgehen (wobei sich die Unterscheidung zwischen Klärungs- und Veränderungsphase andeutet) und stimmt den Zeitrahmen nochmals ab. Schließlich wird abgeklärt, dass die Erwartung des Coachees (auch) auf Expertenberatung ausgerichtet ist: Er will Anregungen. Frau Löhner stimmt zu, macht aber zugleich deutlich, dass Expertenberatung nicht bedeutet, Herrn Keil die Entscheidung abzunehmen. Sie kann nur Anregungen und Hinweise geben, Herr Keil muss entscheiden, was passt. Der Abschluss ist ein expliziter Kontrakt über Thema, Ziel, Vorgehen und Zeitrahmen.

(2) Klärungsphase

Frau Löhner	*„Zunächst wäre hilfreich zu klären, welche Informationen Sie bereits von dem neuen Bereich haben."*
Herr Keil	*Herr Keil erzählt, dass er ein Gespräch mit seinem neuen Vorgesetzten, dem Bereichsleiter Herrn Schmidt hatte, wobei es insbesondere um die Struktur des Bereichs Vertrieb geht (Herr Keil hat auch das Organigramm mit der Übersicht über die einzelnen Abteilungen und die jeweiligen Personen) sowie über einzelne inhaltliche Themen. Ansonsten kennt er die Kollegen und Mitarbeiter kaum (den einen oder anderen hat er mal in einer Arbeitsgruppe oder bei einem Meeting getroffen), aber die Inhalte (die Produkte, die vertrieben werden) sind ihm aus seiner bisherigen Arbeit zum großen Teil bekannt.*
Frau Löhner	*Frau Löhner hört zu, fragt an einzelnen Stellen nach*
Frau Löhner	*„Ich höre bei Ihnen heraus, dass Ihnen also die Produkte im wesentlichen vertraut sind, Sie aber von Ihrem neuen Umfeld und den jeweiligen Personen bislang wenig wissen?"*
Herr Keil	*„Ja, und es wird mir auch keine Schwierigkeiten machen, mich mit den Produkten weiter auseinander zu setzen, aber mir ist wichtig, in dem neuen Bereich nicht sofort anzuecken".*

Die Klärungsphase läuft hier relativ schnell ab. Geklärt wird, welche Informationen Herr Keil von seinen neuen Aufgaben und dem Bereich hat. Von da wechselt das Gespräch direkt in die Veränderungsphase:

(3) Lösungs- bzw. Veränderungsphase

Frau Löhner	*„Okay, darf ich Ihnen zunächst einen Vorschlag machen?"*
Herr Keil	*„Ja gerne"*
Frau Löhner	*„Ich kann mir vorstellen, dass Sie aufgrund Ihrer bisherigen Erfahrung eine Reihe von Punkten haben, die Sie in der neuen Abteilung ändern möchten. Mein Vorschlag ist, dass Sie zunächst Informationen sammeln. Ihnen ist Ihre bisherige Abteilung vertraut, Sie wissen, was hier abläuft, Sie kennen die geheimen Spielregeln, was man darf und nicht darf. Aber Sie kommen in eine neue Welt und können nicht davon ausgehen, dass hier alles so abläuft, wie Sie es gewohnt sind. Das heißt, Sie müssen Ihre neue Welt zunächst einmal kennen lernen, um abzuschätzen, was geht und was nicht geht. Können Sie damit was anfangen?"*
Herr Keil	*„So etwas Ähnliches habe ich mir auch schon gedacht. Ich kann durchaus in den kommenden vier Wochen damit schon anfangen"*
Frau Löhner	*„Gut, dann lassen Sie uns schauen, was Sie für Möglichkeiten haben, Informationen über die neue Abteilung zu bekommen. Grund-*

sätzlich bieten sich drei Möglichkeiten: Sie können Gespräche füh-
ren mit Leuten, Sie können an Besprechungen teilnehmen oder Un-
terlagen durchsehen. Dabei ist meine Empfehlung, dass Sie das
Schwergewicht auf den persönlichen Kontakt legen und nicht nur
Unterlagen lesen."

Im weiteren Verlauf der Lösungsphase wird zunächst anhand des Organigramms
abgeklärt:

- Mit wem kann bzw. sollte Herr Keil Gespräche führen: Das ist zunächst nochmals ein Gespräch mit dem Bereichsleiter und ein Gespräch mit seinem Vorgän-
  ger, anschließend auch Gespräche mit Kollegen, Mitarbeitern, der Sekretärin,
  dem Betriebsrat. Mögliche weitere wichtige Gesprächspartner wären mit dem
  Bereichsleiter abzuklären.

- Herr Keil wird an einer Bereichs- und einer Abteilungsbesprechung teilnehmen.
  Dabei kann er sich schon kurz vorstellen und sagen, dass er sich auf die neue
  Aufgabe freut, dass er auch mit allen in nächster Zeit Gespräche führen wird,
  wird sich aber ansonsten aus der inhaltlichen Diskussion heraushalten.

- Bei der Durchsicht von Unterlagen besteht die Gefahr, dass Herr Keil in der Fülle
  des Materials erstickt. Von daher werden Unterlagen gleichsam als Ergänzung zu
  persönlichen Gesprächen genommen, indem Herr Keil jeweils den Gesprächspartner fragt, was an Unterlagen besonders wichtig ist.

Bedingt durch das Thema hat diese Phase des Beratungsgesprächs einen relativ großen Anteil an Expertenberatung: Es beginnt damit, dass der Coach, Frau Löhner, als
Expertin für Übergangscoaching vorschlägt, zunächst eine Diagnosephase durchzuführen. Auch im weiteren Verlauf werden Prozess- und Expertenberatung miteinander verzahnt: Herr Keil nennt z.B. die Personen, die aus seiner Sicht und auf der Basis seines gegenwärtigen Wissens wichtig sind, Frau Löhner ergänzt – der Hinweis,
mit dem Betriebsrat zu reden, kommt von Frau Löhner, aber ist für Herrn Keil plausibel: „daran hätte ich gar nicht gedacht!". Dabei wird zugleich deutlich, dass sich an
Expertenberatung grundsätzlich immer Prozessberatung anschließt: Kann der Coachee damit etwas anfangen? Ist die Anregung für ihn plausibel? Grundsätzlich ist es
der Coachee, der entscheidet, was er tut, was nicht. Übrigens kann bei anderen Themen Expertenberatung mehr in den Hintergrund treten: Wenn es z.B. darum geht, das
von Herrn Keil angesprochene „mulmige Gefühl" zu bearbeiten, sind Anregungen
wenig hilfreich. Hier liegt das Schwergewicht auf Prozessberatung: Was genau löst
das mulmige Gefühl aus? Was könnte Herrn Keil in dieser Situation helfen?

(4) Abschlussphase

In der Abschlussphase werden die nächsten Schritte von Herrn Keil nochmals zusammengefasst:

Frau Löhner	*„Gut, wenn wir diese Anregungen nehmen, was für nächste Schritte ergeben sich?"*
Herr Keil	*„Ich werde nächste Woche noch ein Gespräch mit dem Bereichsleiter führen, in dem ich insbesondere kläre, was seine Erwartungen an mich sind und was aus seiner Sicht die ‚Fettnäpfchen' bei der neuen Aufgabe sind. Und ich werde ihn auch fragen, mit wem ich im Vorfeld reden sollte."*
Frau Löhner	*„Brauchen Sie für dieses Gespräch noch etwas?"*
Herr Keil	*„Nein, das ist klar."*
Frau Löhner	*„Und was sind die weiteren Schritte?"*
Herr Keil	*„Ich werde versuchen, an einer Bereichs- und einer Abteilungsbesprechung teilzunehmen und mit einigen weiteren Personen Gespräche zu führen. Wie viele ich da aber hinkriege, weiß ich noch nicht."*
Frau Löhner	*„Gibt es sonst noch etwas, das Sie heute brauchen?"*
Herr Keil	*„Nein, die nächsten Schritte sind mir klar. Abklären sollten wir, wie es dann weiter geht und was ich mit den Ergebnissen aus den Gesprächen mache."*

Vereinbart wird abschließend das nächste Coaching-Gespräch ca. eine Woche vor Antritt als Abteilungsleiter. Thema dabei soll die Planung der ersten Tage und auch die Auswertung der bisherigen Gespräche sein.

Coaching, so wurde eingangs definiert, ist Beratung eines (oder mehrerer) Coachees bei der Erreichung von Zielen im beruflichen Bereich. Das Ziel von Herrn Keil ist, die Anfangsphase in seiner neuen Position erfolgreich zu bewältigen. Coaching heißt, ihn dabei zu unterstützen, wobei Unterstützung sowohl Expertenberatung (d.h. Anregungen) sein kann, als auch Prozessberatung. Entscheidend ist, das wird deutlich, dass Coaching (wie Beratung überhaupt) dem Coachee die Entscheidung nicht abnehmen kann. Deutlich wird ferner, dass systemisches Coaching die Aufmerksamkeit auf das soziale System richtet: in diesem Fall das System der neuen Abteilung. Thematisiert wird hier insbesondere die Frage, welche Personen in diesem System relevant sind – eben das sind für Herrn Keil die wichtigen Gesprächspartner in der ersten Phase. Thematisiert, das wird dann in dem anschließenden nächsten Gespräch deutlich, werden aber auch die geheimen sozialen Regeln, die in dem neuen sozialen System gelten: Wofür erhält man in der neuen Abteilung Anerkennung, womit eckt man an, was sind die Fettnäpfchen, die es zu vermeiden gilt.

5.3 Organisationsentwicklung als Veränderung komplexer Systeme

Eckard König / Gerda Volmer

5.3.1 Strukturaler und Personaler Ansatz der Organisationsentwicklung

Die klassische Definition von „Organisationsentwicklung" stammt von der Deutschen Gesellschaft für Organisationsentwicklung (GOE) aus dem Jahr 1982: Die GOE versteht Organisationsentwicklung als „längerfristig angelegten organisationsumfassenden Entwicklungs- und Veränderungsprozess von Organisationen und der in ihr tätigen Menschen... sein Ziel besteht in einer gleichzeitigen Verbesserung der Leistungsfähigkeit der Organisation (Effektivität) und der Qualität des Arbeitslebens (Humanität)" (Becker/Langosch 1995, 5).

Dabei werden die klassischen Merkmale von Organisationsentwicklung deutlich, die sich in unterschiedlichen Formulierungen auch bei anderen Autoren finden (vgl. die Übersicht bei Trebesch 2000):

– Organisationsentwicklung ist ein längerfristiger Veränderungsprozess einer Organisation. Selbstverständlich geschehen Veränderungsprozesse in Organisationen auch ohne Organisationsentwicklung. Organisationsentwicklung bedeutet, dass solche Prozesse zielgerichtet durchgeführt und unterstützt werden.

– Veränderung einer Organisation bedeutet stets auch Veränderung der in ihr tätigen Menschen: Organisationsentwicklung zielt auf Veränderungen von Strukturen (der Aufbau- und Ablauforganisation) und Veränderungen des Denkens und Handelns der Menschen.

– Organisationsentwicklung verfolgt ihrem ursprünglichen Verständnis zufolge zwei Ziele: Steigerung der Effizienz sowie Verbesserung des Arbeitslebens (Humanisierung). Anliegen ist nicht nur die Steigerung der Effizienz, sondern die Verbindung von Effizienz und Humanisierung. Allerdings liegt darin zweifelsohne in der Praxis ein Problem, dass Rationalisierung und Steigerung der Effizienz allein in den Mittelpunkt gestellt werden.

In der Geschichte der Organisationsentwicklung haben sich unterschiedliche Konzepte herangebildet, die letztlich auf unterschiedlichen Vorstellungen darüber beruhen, wie Veränderung in Organisationen vonstatten geht: Muss man bei Veränderungen bei den Strukturen ansetzen oder bei der Veränderung des Denkens oder ist beides erforderlich? Daraus ergeben sich drei Hauptkonzepte von Organisationsentwicklung: ein strukturaler, ein personaler und ein systemischer Ansatz.

(1) Das Strukturale Konzept von Organisationsentwicklung

Die Hauptthese dieses Konzeptes lautet: Eine Organisation verändert sich, wenn sich die Struktur in ihr verändert. Organisationsentwicklung als Veränderung von Strukturen bedeutet dabei

– Veränderung der Aufbaustruktur (z.B. Reduzierung der Hierarchie-Ebenen, Einführung von Gruppen- und Teamarbeit, Einführung von Projektorganisation),

– Veränderung der Ablauforganisation (z.B. Veränderung von Abläufen bei Entscheidungsprozessen, Veränderung technischer Prozesse).

Der strukturale Ansatz wurde erstmals im sog. Tavistock-Projekt entwickelt (vgl. Gairing 1996, 72ff.): Hintergrund für dieses Projekt waren Probleme bei technischen Erneuerungen im englischen Bergbau. Trotz besserer Technik stieg die Produktivität nicht an, es traten eine Reihe von Problemen auf. Steigerung der Produktion, so das Ergebnis, kann offenbar nicht allein durch technische Verbesserungen erreicht werden, sondern nur durch eine Veränderung der Organisation. An die Stelle der bisherigen, stärker hierarchisch gegliederten Führungsstruktur traten so etwas wie teilautonome Arbeitsgruppen:

„Die Arbeitsorganisation im neuen Schacht war für uns ein neues Phänomen und bestand aus mehreren relativ autonomen Gruppen mit untereinander wechselnden Rollen und Schichten, die ihre Dinge untereinander mit einem Minimum an Beaufsichtigung selbst regelten. Ganz offensichtlich war eine bessere Kooperation zwischen den Aufgabengruppen vorhanden. Erkennbar waren starke persönliche Verantwortung und Zusammengehörigkeitsgefühle, geringe Abwesenheit, seltene Unfälle und hohe Produktivität" (Gairing 1996, 74).

Der strukturale Ansatz von Organisationsentwicklung ist auch in den letzten Jahren – allerdings häufig unter anderen Begriffen - verstärkt angewandt worden. Hier sind im einzelnen zu nennen (vgl. Bogaschewsky/Rollberg 1998; Schmelzer/Sesselmann 2001) :

– Business Reengineering, wobei es darum geht, gleichsam eine völlig neue Organisationsstruktur zu entwickeln

– Einführung von teilautonomen Arbeitsgruppen

– Verbesserung der Ablauforganisation

  Hier sind eine Reihe von Ansätzen wie Total Quality Management, Kontinuierlicher Verbesserungsprozess und Geschäftsprozessoptimierung zu nennen. Stets wird versucht, konkrete Abläufe zu vereinfachen. So werden z.B. im Rahmen einer Geschäftsprozessanalyse zunächst die bisherigen Abläufe dargestellt und anschließend Vereinfachungen überlegt: Müssen tatsächlich alle Ebenen einbezogen werden, können einzelne Schritte entfallen?

Gemeinsam ist diesen Ansätzen ein im wesentlichen lineares Verständnis von Veränderungen: Wenn ich bestimmte Faktoren (z.B. der Ablauforganisation) verändere, wird sich die Organisation insgesamt verändern. Sicherlich haben in der Praxis Veränderungen der Aufbau- und Ablauf-Organisation Konsequenzen. Andererseits aber zeigen praktische Erfahrungen ebenso, dass strukturelle Veränderungen der Organisation keineswegs immer zu den erwarteten Verbesserungen führen. Hierzu ein Beispiel aus der praktischen Arbeit: In einem Unternehmen wird Teamarbeit eingeführt. Doch die Ergebnisse liegen deutlich hinter den Erwartungen. Ursache dafür, so stellt sich in einer genaueren Analyse heraus, ist eine „geheime Regel", die in den Teams gilt: „Eine Krähe hackt der anderen kein Auge aus". Konsequenz dieser Regel war, dass die Teammitglieder sich in den Teamsitzungen zwar sehr gut verstanden, aber keine Kritik an anderen geäußert wurde. Eine Verbesserung wurde erst dann erzielt, als man die Aufmerksamkeit nicht nur auf die Organisation, sondern auch auf die Menschen und ihre Deutungen der Situation richtete.

(2) Das Personale Konzept von Organisationsentwicklung

Die Hauptthese dieses Ansatzes lautet: Eine Organisation verändert sich, wenn sich das Denken der Menschen in der Organisation verändert.

Auch dieser Ansatz hat eine lange Geschichte, die bis zur Entstehung der Organisationsentwicklung zurückgreift. Er findet sich erstmals in den von Kurt Lewin begründeten T-Gruppen: Lewin führt zusammen mit Lippit u.a. 1946 im State Teacher College New Brunswick in Connecticut Workshops mit pädagogischen Mitarbeitern unter der Zielsetzung durch, Ansätze zur Bekämpfung rassistischer Vorurteile zu entwickeln. Als entscheidender Faktor dieses Veränderungsprozesses erwiesen sich dabei Feed-back-Runden, bei denen Workshop-Leiter über einzelne Teilnehmer diskutierten. Grundlage für das Vorgehen ist Lewins bis heute angewandtes Modell der Veränderung von Einstellungen in den Schritten unfreezing, moving und refreezing: Vorhandene Einstellungen sind zunächst aufzubrechen – was hier durch die Konfrontation mit anderen Sichtweisen im sog. Rückspiegeln (survey-feed-back) geschieht. Wieder aufgrund der Rückspiegelung werden dann neue Einstellungen gebildet (moving) und in einem dritten Schritt schließlich stabilisiert (refreezing).

Der personale Ansatz ist neben dem strukturalen Ansatz der zweite große Organisationsentwicklungs-Ansatz, der in unterschiedlichen Formen umgesetzt wird:

– **Survey-Feedback-Verfahren**

Es werden Daten (z.B. auf der Basis von Interviews, Fragebogen usw.) erhoben und an das soziale Systeme zurückgespiegelt. Oder es wird ein sog. „Organization-Mirror" geschaffen, in dem die Organisation Feedback von Kunden, Nachbarbereichen usw. erhält.

– **Gruppendynamische Verfahren**

Grundlage dieses, auch schon auf Lewin zurückgehenden Ansatzes ist es, dass eine unstrukturierte Situation geschaffen wird mit der Zielsetzung, festgefahrene Einstellungen aufzubrechen. Beispiele dafür sind Selbsterfahrungs-Workshops, Outdoor-Aktivitäten usw.

– **Schaffung eines Leitbildes**

Dieses Verfahren wurde in den 70er Jahren bei zahlreichen Unternehmen angewandt: Man versuchte, für das Unternehmen gemeinsame Grundsätze zu formulieren, die das Handeln bestimmen.

– **Culture-Change**

Basis dafür ist die sog. kulturvergleichende Managementforschung seit Ende der 70er Jahre, die von der These ausgeht, dass erfolgreiche und nicht erfolgreiche Organisationen sich durch die jeweilige „Organisationskultur" unterscheiden. Dabei ist Kultur definiert als

- die gemeinsame Sprache
- gemeinsame Werte und gemeinsame Philosophie
- gemeinsame Denkgewohnheiten
- gemeinsame Regeln
- gemeinsame Symbole

Ein Culture-Change-Ansatz, wie er in den letzten Jahren des öfteren bei großen Unternehmen durchgeführt wurde, versucht, eine neue Kultur zu schaffen: in der Regel dadurch, dass man neue, stabile Gruppen bildet, die in großem Freiraum und damit relativ unbeeinflusst von der bestehenden Kultur eine neue Kultur entwickeln.

Allerdings haben sich auch hier die Erwartungen nicht erfüllt: Es zeigt sich, dass die Veränderung des Denkens allein nicht ausreicht, sondern dass andererseits sehr wohl die Strukturen auch die Kultur beeinflussen: Eine stark hierarchische Struktur kann verhindern, dass sich neues Denken ausbreitet.

5.3.2 Konzepte systemischer Organisationsentwicklung

Wenn man versucht, beide Ansätze zu verbinden, gelangt man letztlich zu einem systemischen Ansatz von Organisationsentwicklung: Eine Organisation wird als ein komplexes System verstanden. Organisationsentwicklung bedeutet somit die Veränderung des sozialen Systems. Dabei ergeben sich, je nachdem ob man auf die Allgemeine Systemtheorie, die Soziologische Systemtheorie in der Tradition von Luhmann oder die Personale Systemtheorie zurückgreift, andere Schwerpunkte.

(1) Systemische Organisationsentwicklung in der Tradition der Allgemeinen Systemtheorie

In der Tradition der Allgemeinen Systemtheorie (vgl. Kap. 1.1) ist ein System durch die klassischen Merkmale Element, Relation zwischen den Elementen und Systemumwelt gekennzeichnet. Organisationsentwicklung wird dann verstanden als Veränderung von Elementen, Relationen oder der Beziehung zur Systemumwelt. Oder, wie Hans Wehrmann (1995, 225) formuliert, „Organisationsentwicklung ist ein Prozess der gleichgewichtsverändernden systeminternen Umstellung, der durch eine Systemveränderung zu einer totalen oder partiellen Neuabstimmung der Input-Output-Beziehungen des Systems oder seiner Komponenten führt".

Einer der bekanntesten Autoren, der das Konzept der Allgemeinen Systemtheorie auf Organisationsentwicklungsprozesse übertragen hat, ist Gilbert Probst (z.B. Gomez/Probst 1999). Im Mittelpunkt seines Ansatzes steht die sog. Wirkungsverlaufsanalyse (vgl. Gomez/Probst 1999, 15), deren Ziel es ist, die zentralen Regelkreise einer Organisation zu erfassen, wobei – durchaus in der Tradition der Allgemeinen Systemtheorie – es jeweils von der Fragestellung abhängt, welche Elemente als Elemente in diesen Regelkreisen angesetzt werden.

Ebenso der Erfassung von Regelkreisen dient die „Einflussmatrix" im Anschluss an Frederick Vester (z.B. Vester 1999, v.a. 183ff.). Auch hier ist es Anliegen, die zentralen Regelkreise zu erfassen, wobei man zunächst die relevanten Variablen (Elemente) und im Anschluss daran ihre Wirkungen aufeinander zu identifizieren sucht. Vester gibt folgendes Beispiel einer Einflussmatrix eines Naherholungsgebietes Vester 1999, 198):

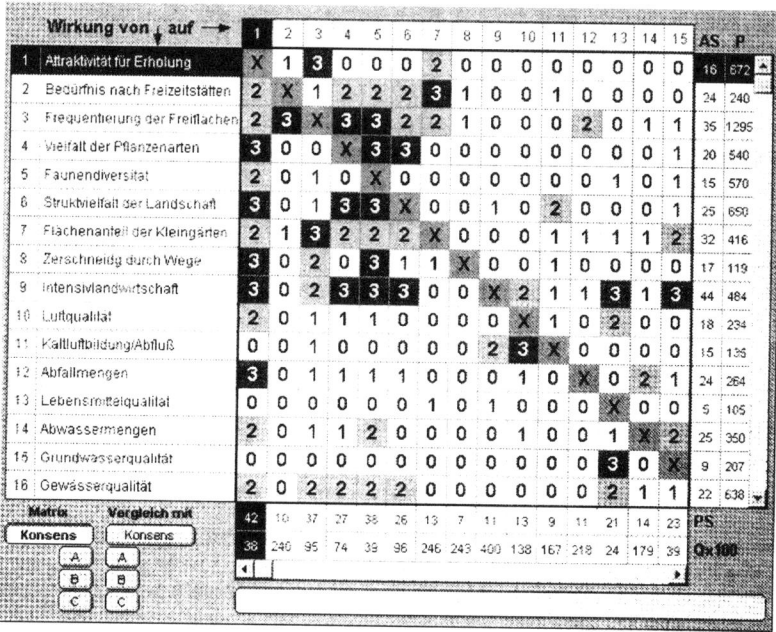

„Attraktivität für Erholung", „Frequentierung der Freiflächen", „Vielfalt der Pflanzenarten" usw. sind die relevanten Variablen in Bezug auf das Thema „Naherholung". Die Wirkung der Variablen aufeinander wird dann mit Werten zwischen 0 bis 3 bewertet: Die Vielfalt der Pflanzenarten (Variable 4) hat hohen Einfluss (Wert 3) auf die Attraktivität für Erholung, aber keinen Einfluss auf das Bedürfnis nach Freizeitstätten (Wert 0). Die Quersumme AS gibt an, in welchem Maße die einzelnen Faktoren das System insgesamt beeinflussen (den stärksten Einfluss besitzt die Variable „Abfallmenge" mit dem Wert 24), die Spaltensumme PS gibt an, wie weit die einzelnen Faktoren von anderen beeinflusst werden (am meisten wird die Variable „Frequentierung der Freiflächen" von anderen Faktoren beeinflusst).

Die Erfassung von Regelkreisen ist sicherlich ein hilfreiches Diagnoseinstrument für eine Organisationsanalyse. Aber sie lässt sich nur in geringem Maße in konkrete Interventionen umsetzen: Das Wissen, welcher Regelkreis das zentrale Problem darstellt, gibt noch keine Hinweise darauf, wie sich dieser Regelkreis konkret unterbrechen lässt. Dies bestätigen auch die bei Probst (1987, 114) aufgeführten Hinweise zum praktischen Vorgehen, die insgesamt plausibel sind, zugleich aber pauschal bleiben:
– Behandle das System mit Respekt.
– Lerne mit Mehrdeutigkeit, Unbestimmtheit und Unsicherheit umzugehen.
– Erhalte und schaffe Möglichkeiten.
– Erhöhe Autonomie und Integration.
– Nutze und fördere das Potential des Systems.
– Definiere und löse Probleme auf.
– Beachte die Ebenen und Dimensionen der Gestaltung und Lenkung.

Was heißt hier konkret, Autonomie und Integration zu erhöhen? Wie kann ein Berater in einem Organisationsentwicklungsprozess dabei vorgehen?

(2) Systemische Organisationsentwicklung in der Tradition der Soziologischen Systemtheorie von Niklas Luhmann

Luhmann definiert soziale Systeme über das Kriterium der Abgrenzung zwischen System und Umwelt, was dazu führt, dass Elemente sozialer Systeme die einzelnen Kommunikationsereignisse sind und die handelnden Personen der Systemumwelt zugeordnet werden. Für Organisationsentwicklung bedeutet das, dass die Aufmerksamkeit weniger auf die handelnden Personen, sondern auf die Kommunikation in dem jeweiligen System gerichtet ist.

Deutlich wird das bei dem Konzept der Beratergruppe Neuwaldegg, die sich explizit auf Luhmanns Systemtheorie stützt: Diagnosephase und auch Interventionen zielen auf die Kommunikation. So werden als Ergebnis einer Diagnosephase z.B. genannt (Königswieser/Exner 2002, 142):

- Es herrscht „digitales Denken" vor. Das heißt, es besteht, die Meinung, alles müsse hundertprozentig gemacht werden...

- Die individuelle Zufriedenheit der Kunden wird so ernst genommen, dass unzählige individuelle, perfekte, intelligente Lösungen geliefert werden...

- Die Geschäftsprozesse sind ineffizient gestaltet...

- Der Zickzackkurs der Geschäftsleitung vernebelt die ohnedies schon unstete Prioritätensetzung und erhöht die branchenübliche Hektik.

Bearbeitet werden in dem daran anschließenden Veränderungsprozess insbesondere Kommunikationsthemen wie z.B. das Thema „Informationsmanagement", „Zusammenarbeit", „Projektmanagement". D.h. Organisationsentwicklung setzt hier bei den Regelkreisen (z.B. einem Regelkreis, alles hundertprozentig zu machen) an. Aber zugleich zeigt die praktische Arbeit, dass die aufgrund der Zuordnung zur Systemumwelt geforderte Ausklammerung der jeweiligen Personen aus der Organisationsentwicklung praktisch nicht durchzuhalten ist: In der Diagnose wird die „individuelle Zufriedenheit der Kunden" oder die „Begeisterung und die Freude an der Arbeit" der Mitarbeiter deutlich, und Coaching (also Beratung einzelner Personen) wird eines der zentralen Instrumente des Veränderungsprozesses. D.h. bei praktischen Interventionen wird die Aufmerksamkeit zwangsläufig auf die handelnden Personen und ihre subjektiven Deutungen gelegt.

(3) Systemische Organisationsentwicklung in der Tradition der Personalen Systemtheorie

Gemäß dem in den vorausgegangenen Kapiteln entwickelten Systembegriff der Personalen Systemtheorie ist der Zustand einer Organisation von den verschiedenen Faktoren des sozialen Systems abhängig: von den handelnden Personen, ihren subjektiven Deutungen, den sozialen Regeln, den Regelkreisen, der materiellen Systemumwelt und der Abgrenzung gegenüber anderen sozialen Systemen sowie schließlich der bisherigen Entwicklung.

Systemische Organisationsentwicklung bedeutet in diesem Verständnis, die relevanten Faktoren des betreffenden Systems zu diagnostizieren und auf den verschiedenen Ebenen Ansatzpunkte zur Veränderung zu entwickeln. Ähnlich der Gliederung von Beratungsprozessen überhaupt in Klärungs- und Lösungsphase ergibt sich daraus eine Gliederung von komplexen Veränderungsprozessen in Diagnose- und Veränderungsphasen.

Aufgabe der Diagnosephase (sie ist im Grunde nichts anderes als eine ausführliche Klärungsphase des Beratungsprozesses) ist es, die für die gegenwärtige Situation der Organisation relevanten Faktoren zu erfassen. Daraus ergeben sich die klassischen Fragen für die Diagnose sozialer Systeme:

> ➤ Wer sind die für die gegenwärtige Situation relevanten Personen?

> ➤ Was sind die subjektiven Deutungen dieser Personen: Wie sehen sie die Situation des Unternehmens? Wie sehen sie sich selbst? Wie schätzen sie die Führung, die Mitarbeiter, die Kollegen ein? Wie erklären sie Erfolg oder Misserfolg der Organisation?

> ➤ Welche sozialen Regeln bestimmen die Situation der Organisation? Welche offiziellen Regeln (z.B. Regeln der Aufbau- und Ablauforganisation) bestehen? Was sind „geheime Regeln"?

> ➤ Gibt es typische Regelkreise, die immer wieder kehren?

> ➤ Welche Bedeutung hat die materielle Systemumwelt wie Technologie, Ausstattung, Räume usw.? Welchen Einfluss haben andere soziale Systeme (Gewerkschaften, Politik, Kommunen, Familien der Mitarbeiter usw.)?

> ➤ Wie ist die bisherige Entwicklung verlaufen? Gab es häufige Veränderungen oder war die bisherige Entwicklung durch Stabilität gekennzeichnet?

Die Verfahren einer solchen systemischen Organisationsdiagnose sind die bereits in Kap. 3 dargestellten Methoden:

- Qualitative Interviews mit Mitarbeitern und Führungskräften sowie ggf. Kunden, Lieferanten, Experten

- Fragebogenerhebungen

- Gruppendiskussionen z.B. im Rahmen einer Stärken-Schwächen-Analyse oder zur Analyse von Prozessen

- Beobachtung von Besprechungen usw.

- Dokumentenanalyse wie z.B. Analyse von Umsatz, Ergebnis, aber auch die Analyse von Protokollen, Rundschreiben usw.

Eine solche systemische Organisationsdiagnose ist nicht aus der Perspektive eines Beobachters möglich, sondern die Sicht des Systems selbst ist entscheidend: Der Zustand einer Organisation ergibt sich daraus, wie die jeweiligen Personen die Situation sehen. Es gilt also, im Rahmen der Diagnose eben diese Sicht z.B. mit Hilfe qualitativer Interviews möglichst unverzerrt zu erfassen.

Wenn der Zustand einer Organisation aus den verschiedenen Faktoren des sozialen Systems resultiert, können auch Veränderungen auf den unterschiedlichen Ebenen ansetzen. Organisationsentwicklung kann somit bedeuten,

- dass neue Keyplayer in das System kommen oder Personen das System verlassen oder eine andere Aufgabe erhalten,

– dass die subjektiven Deutungen der betreffenden Personen sich ändern,

– dass neue offizielle Regeln z.B. der Aufbau- und Ablauforganisation, aber auch „geheime" Regeln der Unternehmenskultur sich ändern,

– dass Regelkreise unterbrochen werden,

– dass die materielle Systemumwelt verändert wird,

– dass die Grenze zu anderen sozialen Systemen verändert, d.h. durchlässiger oder weniger durchlässig wird,

– dass die Entwicklung vorangetrieben wird, oder dass man zunächst Zeit zu einer Phase der Stabilisierung lässt.

Organisationsentwicklung bedeutet, solche Veränderungen zu entwickeln, zu planen, durchzuführen und zu evaluieren. Systemische Organisationsentwicklung bedeutet, diese Maßnahmen nicht von außen festzulegen, sondern, wie es die klassische Formulierung der Organisationsentwicklung ausdrückt, „die Betroffenen zu Beteiligten machen". Das kann im Rahmen von Workshops mit Mitarbeitern verschiedener Bereiche geschehen, in Kunden-Lieferanten-Gruppen, in kleineren Problemlösegruppen usw. oder auch im Rahmen von Teamberatung (z.B. des Leitungsteams), im Rahmen von Coaching (z.B. des Werksleiters oder einzelner Bereichsleiter).

Ein Organisationsentwicklungsprozess kann nicht linear geplant und gesteuert werden. Veränderungen in einem sozialen System ergeben sich aus hochkomplexen Zusammenhängen, wobei die Wirkung verschiedener Maßnahmen erst innerhalb des Systems definiert werden. Konsequenz davon ist, dass ein Organisationsentwicklungsprozess nicht nur eine Diagnose- und eine Veränderungsphase enthält, sondern dass sich Diagnose- und Veränderungsphasen wiederholen: Auf der Basis einer ersten Diagnose werden bestimmte Maßnahmen geplant und umgesetzt. Die Konsequenzen dieser Maßnahmen sind dann auf der Basis einer zweiten (möglicherweise kürzeren) Diagnosephase zu erfassen, woran sich eine weitere Veränderungsphase anschließt usw.

5.3.3 Systemische Organisationsentwicklung in der Praxis: ein Fallbeispiel

(1) Das Unternehmen

Es handelt sich hier um ein Werk mit ca. 3000 Mitarbeitern innerhalb eines größeren Konzerns. Ausgangspunkt für Organisationsentwicklungsmaßnahmen sind zwei Faktoren gewesen:

- Zu hohe Kosten
- Steigende Unzufriedenheit bei Mitarbeitern (dieses Argument wurde insbesondere vom Betriebsrat eingebracht)

Dabei war das Interesse des Unternehmens im Sinne klassischer Organisationsveränderung zunächst auf eine fertige Lösung von Experten ausgerichtet: „Sagen Sie uns, wie unsere Organisation aufgebaut sein soll!". Auf dem Hintergrund eines systemischen Ansatzes ist jedoch ein solches Vorgehen problematisch: Die Kompetenz eines sozialen Systems übersteigt grundsätzlich die Kompetenz eines einzelnen und damit auch eines Experten. Organisationsveränderung kann somit immer nur aus dem sozialen System heraus entwickelt werden. D.h. es ist die Sicht des sozialen Systems zu erfassen, und es sind die jeweiligen Personen bei der Planung und Umsetzung zu beteiligen.

(2) Diagnosephase

Zielsetzung der Diagnosephase war
- zu klären, wo aus Sicht der Angehörigen des Unternehmens die Hauptprobleme liegen,
- Hinweise über mögliche Verbesserungen zu erhalten.

Gewählt wurde eine Kombination von offenen Leitfrageninterviews und Gruppendiskussionen, die mit Fragebogen aus ausschließlich offenen Fragen ergänzt wurden. Befragt wurden in offenen Einzelinterviews die beiden obersten Führungsebenen, der Betriebsrat sowie aus jeder Ebene zwei Mitarbeiter. Leitfragen waren:
- Welche Stichworte fallen Ihnen spontan zu Ihrem Werk ein?
- Für wie erfolgreich schätzen Sie das Werk ein?
- Für wie effizient schätzen Sie die Organisation im Werk ein? Wo liegen Stärken, Schwachstellen, was wäre zu tun?
- Wie beurteilen Sie die Führung im Werk? Wo sind Stärken, Schwachstellen, was könnte getan werden?
- Stellen Sie sich das Werk in 5 Jahren vor: Wie würden Sie zu diesem Zeitpunkt das Werk bzw. Ihren Arbeitsbereich organisieren?

Die selben Leitfragen bildeten auch die Basis für die schriftliche Befragung, wobei die dann genannten Themen in Gruppendiskussionen noch vertieft und weiter im Blick auf Lösungen diskutiert wurden.

Befragt wurden zwanzig Mitarbeiter in Einzelinterviews sowie achtzig in Gruppendiskussionen. Überlegt wurde, dann eine Fragebogenerhebung anzuschließen (wobei die Ergebnisse der Interviews Basis für die Itembildung darstellen), was dann aber im Entscheidungsprozess des Unternehmens ausgesetzt wurde („Es muss etwas getan werden!"). Die Ergebnisse wurden inhaltsanalytisch ausgewertet. Zur Verdeutlichung sei der Auszug aus der Projektpräsentation zu dem Teilbereich „Zusammenarbeit" aufgeführt:

Ergebnisse der Befragung
Abteilungsübergreifende Zusammenarbeit

(1) Einschätzung:
  - auf der Ebene Werksleitung   ++/-
  - auf übrigen Organisationsebenen   +/- -
(2) Schwachstellen:
  - fehlende Information über Vorhaben in anderen Bereichen
  - unklare Zuständigkeiten
  - fehlende Koordination bei Arbeiten
  - Abschottung
  - wechselseitige Schuldzuweisung
  - keine direkten Absprachen (Umweg-Kommunikation)
(3) Vorschläge:
  → Delegation auf untere Ebenen
  → Festlegung fester Ansprechpartner
  → Intensivierung gemeinsamer Besprechungen
  → ggf. Zusammenlegung von Bereichen
  → stärkere Arbeit in Teams, gemeinsame Projekte

(3) Die Veränderungssphase

Ergebnisse von Befragungen in Organisationsentwicklungsprozessen können Hinweise geben, aber nicht betriebliche Entscheidungsverläufe außer Kraft setzen. D.h. an die Diagnosephase schließt sich ein längerer Entscheidungsprozess zwischen Unternehmensleitung, Betriebsrat, zusätzlichen Strategiekreisen usw. an, in dem dann letztlich folgende Ziele für eine Veränderung festgelegt wurden. In diesem Beispiel wurden folgende Ziele festgelegt:

  • Einführung einer flacheren Hierarchie
    (Streichung von 2 Ebenen)
  • Bildung fester bereichsübergreifender Teams
  • Verlagerung von Stabsaufgaben in die Linie
  • Einführung von Projekt-Management
  • Verbesserung der Ablauforganisation
  • Beteiligung aller betroffenen Ebenen und Bereiche

Daraus ergaben sich dann folgende Schwerpunkte der Intervention:

(1) Einführung der neuen Aufgabenhierarchie
- Konkretisierung und Festlegung der Aufgabenbeschreibung
- Durchführung von Qualifizierungs- und Unterstützungsmaßnahmen
- Gemeinsame Bearbeitung von Schnittstellenproblemen

(2) Bildung bereichsübergreifender Teams
- Klärung der Zusammensetzung der Teams durch die Betroffenen
- Schulung der Teams (Teamentwicklungsseminare u. dgl.)
- Schaffung organisatorischer Voraussetzungen (Räume, zeitliche Absprachen)
- Abgrenzung der Kompetenzen zwischen Teams und Linien-Vorgesetzten

(3) Verlagerung von Stabsaufgaben in die Linie
- Gemeinsame Abklärung von Kompetenzen
- Gemeinsame Bearbeitung von Schnittstellenproblemen

(4) Einführung von Projektmanagement
- Schulung von Projektleitern
- Unterstützung (Coaching) von Projektleitern

(5) Kontinuierliche Verbesserungen der Ablauforganisation (KVP)
- Analyse von Schwachstellen aus Sicht der Betroffenen
- Verbesserung von Abläufen (Verkürzung von Abläufen, Verringerung von Schnittstellenproblemen usw.) gemeinsam mit den Betroffenen

5.3.4 „Crucial Points" in Organisationsentwicklungsprozessen

Organisationsentwicklungsprozesse sind keine geradlinigen Prozesse, sondern es treten an unterschiedlichen Stellen Probleme auf, die gezielte Intervention erforderlich machen. Dabei bildet der hier eingeführte Systembegriff das begriffliche Raster, solche „Crucial Points" zu identifizieren und spezifische Lösungen zu entwickeln. Einige Beispiele dafür seien im folgenden dargestellt.

(1) Crucial Points auf der Ebene der Personen

Entscheidend für den Erfolg eines Organisationsentwicklungsprozesses sind auf jeden Fall die beteiligten Personen: Gibt es einen „Promotor", der sich engagiert und den Prozess vorantreibt? Gibt es Personen, die den Prozess blockieren? In dem genannten Beispiel gab es beides:

– Einen Werksleiter, der Interesse hatte, den Prozess anzutreiben und sich dafür engagierte sowie

– einen Bereichsleiter (Führungskraft auf der zweiten Führungsebene unterhalb des Werkleiters), der nicht bereit oder in der Lage war, sich zu ändern.

Solche Personen, die einen Prozess behindern können und trotz aller Engagements weiter blockieren („warum soll ich mich noch ändern, wenn ich in einem Jahr ohnehin in Rente gehe?") sind immer wieder in Organisationsentwicklungsprozessen zu finden. Dabei kann dann möglicherweise eine Lösung darin bestehen, die Position solcher Personen zu verändern: Der betreffende Bereichsleiter erhält eine andere Aufgabe, die Position des Bereichsleiters wird neu besetzt.

(2) Crucial Points auf der Ebene der subjektiven Deutungen

„Wenn die Menschen Dinge als real definieren, sind sie in ihren Konsequenzen real" Merton 1993, 144). Dieses sog. „Thomas-Theorem" gilt gleichermaßen für Organisationsentwicklungsprozesse: Die subjektiven Deutungen, d.h. die Gedanken der Beteiligten über ihre Situation, bestimmen ihr Handeln und schaffen damit neue Realität.

Ein typisches Beispiel aus diesem Organisationsentwicklungsprozess war die Auffassung bei Führungskräften „Mitarbeiter sind nicht in der Lage, Eigenverantwortung zu übernehmen". Dieser Satz führte dann zu fortwährenden Kontrollen der Führungskräfte. Diese Situation wurde dann von den Mitarbeitern gedeutet „wir können ohnehin nichts machen". Daraus ergab sich als Aufgabe, Vorgesetzte (und Mitarbeiter) bei der Klärung und Überprüfung ihrer subjektiven Deutungen zu unterstützen. Grundsätzlich gibt es da mehrere Möglichkeiten:

– Einzelcoaching der betreffenden Führungskraft mit der Zielsetzung, ihre Annahmen zu klären und zu verändern,

– Moderation von gemischten Arbeitsgruppen zwischen Vorgesetzten und Mitarbeitern,

– Festlegung von Regeln, die Freiraum von Mitarbeitern und gleichzeitig Kontrollmöglichkeiten für Führungskräfte genauer definieren.

(3) Crucial Points auf der Ebene von Regeln

Regeln lassen sich in offizielle und geheime Regeln unterscheiden. Beide üben entscheidenden Einfluss aus:

- Zu den offiziellen Regeln gehört z.B. die Aufbauorganisation: Es wird festgelegt, wie viele Hierarchieebenen es gibt, was Aufgabe der Verwaltung ist usw.

- Daneben können aber „geheime Regeln" einen entscheidenden Einfluss ausüben. In dem hier genannten Beispiel gab es die oben bereits erwähnte geheime Regel „eine Krähe hackt der anderen kein Auge aus". Diese Regel behinderte entscheidend die Einführung von Teamarbeit.

Aufgabe des Beraters ist hier, solche Regeln und ihre Konsequenzen aufzudecken und mit den Betroffenen Möglichkeiten der Veränderung zu überlegen: Was kann getan werden, um diese Regel außer Kraft zu setzen? Können Sanktionen verändert werden (indem man z.B. Kritik positiv bewertet)? Oder können neue Ablaufregeln festgelegt werden, indem man z.B. vereinbart, dass bei der Diskussion von Vorschlägen zunächst mögliche Kritikpunkte gesammelt werden.

(4) Crucial Points auf der Ebene der Regelkreise

Eine Interaktionsstruktur, die sich aus subjektiven Deutungen von Vorgesetzten ergibt, wurde im letzten Abschnitt schon angedeutet: Die Annahme von Vorgesetzten „die Mitarbeiter können keine Verantwortung übernehmen", führte zu verstärkter Kontrolle, was bei den Mitarbeitern zu der Annahme führte „wir dürfen ohnehin nichts machen". Es entstand, um die Terminologie von Schulz von Thun (1981, 194) aufzugreifen, ein „Teufelskreis":

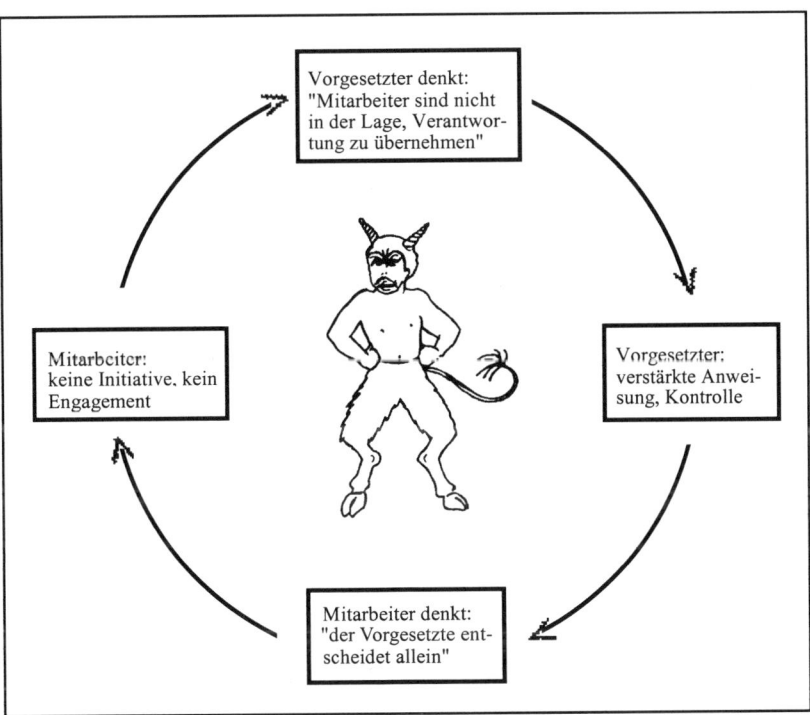

Aufgabe des Beraters ist es hier, das System zu unterstützen, solche Regelkreise zu erkennen und Möglichkeiten der Abänderung zu entwickeln – z.B. durch Coaching von Führungskräften, in gemeinsamen Workshops von Führungskräften und Mitarbeitern, in denen es um Freiraum und Kontrolle geht, oder durch Einführung von Zielvereinbarungen, d.h. neuer Regeln, die Vorgaben und den Freiraum der Mitarbeiter genauer festlegen.

(5) Crucial Points auf der Ebene der Systemumwelt

Crucial Points in Bezug auf die Systemumwelt können auf zwei unterschiedlichen Ebenen liegen: auf der Ebene der materiellen Umwelt und auf der Ebene der sozialen Umwelt:

– Auf der Ebene der materiellen Umwelt stellte sich als Problem im Verlauf des Prozesses heraus, dass die neu gebildeten Teams keine gemeinsamen Besprechungsräume hatten. Die räumliche Zusammenlegung brachte hier entscheidende Vorteile.

– Auf der Ebene der sozialen Umwelt waren insbesondere die Rahmenvorgaben des Konzerns von Belang. Da spielten eine Rolle u.a. Vorstandsvorlagen, die bestimmte Abläufe reglementieren, Betriebsvereinbarung über Gehaltszahlung wie z.B. die Zahlung von Prämien usw. Hier galt es zunächst, den Freiraum auszuloten: Welchen Spielraum bieten die Rahmenvorgaben? Was sind innerhalb dieses Rahmens Möglichkeiten? Lassen sich vielleicht auch Vorgaben verändern?

(6) Crucial Points in der Geschichte des Unternehmens

Jede Veränderung hat eine Geschichte: Es gab Erfahrungen der beteiligten Vorgesetzten und Mitarbeiter in diesem Unternehmen, Erfahrungen mit Veränderungsprozessen, Erfahrungen aber auch mit dem Scheitern von Veränderungsprozessen. Diese Vorerfahrungen bestimmen das Denken und auch das Handeln der beteiligten Personen: Erfahrungen des Scheiterns von Veränderungsprozessen führten zu der Annahme „es passiert ohnehin nichts", was seinerseits zur Resignation führt. Konsequenz war hier, im Rahmen von Organisationsentwicklung die Geschichte des Veränderungsprozesses aufzuarbeiten: Inwiefern unterscheidet sich die gegenwärtige Situation von früheren Versuchen?

Veränderung eines sozialen Systems, das zeigen diese Crucial Points, ist kein gradliniger und berechenbarer Prozess. Sondern es treten im Verlauf immer wieder unerwartete Probleme – aber auch unerwartete Chancen – auf. Aufgabe von Systemischer Organisationsentwicklung ist es, Risiken und Chancen rechtzeitig zu erkennen, d.h. kontinuierlich den Zustand des Systems zu diagnostizieren und auf der Basis dieses Wissens unter Berücksichtigung der Kompetenz des sozialen Systems die nächsten Schritte zu planen und durchzuführen.

5.4 Schulentwicklung als systemische Strategieentwicklung der Schule

Eckard König / Florian Söll

5.4.1 Konzepte der Schulentwicklung

Dass durch gesellschaftliche Veränderungen sich Veränderungsdruck auf das Schulwesen ergibt, wird in Zeiten intensiver Umwälzungen besonders deutlich. So stand nach dem zweiten Weltkrieg kurze Zeit die Einführung von Schulstrukturen nach dem Vorbild der jeweiligen Siegermächte zur Debatte (vgl. Herrlitz u.a. 1993, 159ff.; OECD 1973, 34ff.; Spies 1976, 17ff.). In den 60er Jahren wurde im Zusammenhang mit der Expansion der Wirtschaft Kritik an überkommenen Inhalten und Formen unseres Schulwesens laut, was u.a. zur Entwicklung der Gesamtschule führte (Keim 1996, 417). Nach der Wiedervereinigung wurden in den neuen Bundesländern Schulstrukturen eingeführt, die denen der alten Bundesländer nachempfunden sind.

Die Durchsetzung dieser Art von Schulentwicklung geschieht nach der Art klassischen Verwaltungshandelns „top down", per Gesetz oder Erlass, flankiert durch die Schulaufsicht. So wurde z.B. die neue Eingangsstufe in der Grundschule in NRW relativ kurzfristig top down eingeführt, ohne das Personal hinreichend vorzubereiten. Ähnliches gilt für inhaltliche Reformen: Per Richtlinie und Lehrplan wird vorgeschrieben, neue Fächer werden eingeführt oder Lernbereiche zusammengelegt. Die einzelne Schule und die jeweiligen Lehrkräfte haben anschließend solche Umgestaltungen umzusetzen.

Erst in den 90er Jahren kommt die Entwicklung der einzelnen Schule auch für die staatlichen Schulen in den Blick (Bildungskommission NRW 1995): Schulen sind gefordert, ihr eigenes Programm zu formulieren und ein bewusstes Profil zu entfalten (Behler 1998, 10; Ministerium für Schule und Weiterbildung, Wissenschaft und Forschung 1998, Abs. 14 -23.). Grundgedanke dabei ist, die aus der Organisationsentwicklung bekannten Erfahrungen auf Schule zu übertragen: In Anlehnung an Organisationsentwicklungsprozesse in anderen Organisationen wird Schulentwicklung verstanden als Entwicklung von Visionen und Leitbildern (z.B. Haenisch 1998; Schley 1998), als kollegiale Teamentwicklung in der Schule (Miller 1997; Philipp 1996), als Programmaktualisierung und Evaluation. Als eine weitere Herangehensweise hat sich die sog. pädagogische Schulentwicklung etabliert. Sie hat die Entwicklung des Unterrichts und die Förderung der Lernkultur im Blick (Bastian 1998; Klippert 2000) und legt das Schwergewicht insbesondere auf Methodentrainings für Lehrer und Schüler (Klippert 2000).

5.4.2 Die Schule als soziales System

Im Zusammenhang mit diesen Konzepten wurden in den Schulen zahlreiche Initiativen und Projekte in Gang gesetzt. Erfahrung und auch Evaluationen solcher Prozesse (vgl. z.B. Altrichter 1998) zeigen jedoch, dass Schulentwicklung keineswegs immer zu den erwarteten Ergebnissen führt, sondern in den Schulen zum Teil sehr unterschiedliche und widersprüchliche Prozesse auslöst:

Schulentwicklung ist eben nicht nach dem Vorbild technischer Veränderungsprozesse plan- und durchführbar, sondern findet in der Schule als einem komplexen sozialen System statt, in dem die Wirkungen von Interventionen durch das System selbst definiert werden. Schulentwicklung per Dienstanweisung kann somit ebenso zum Erfolg wie zu Distanz und unterschwelligen Widerständen in der Lehrerschaft gegenüber den Reformanweisungen führen (Schley 1998, 18f.; Söll 2002, 95, 144). So empfinden z.B. einige LehrerInnen die Aufforderung zur Schulentwicklung als aufgezwungene Zusatzaufgabe und Kritik an ihrer bisherigen Arbeit. Sie sehen ihre bisherige Arbeit dadurch entwertet und reagieren darauf mit Resignation oder (verdecktem) Widerstand (Söll 2002, 198f.). Oder der sog. „Dialog mit der Schulaufsicht" wird von den Schulen als Vermischung von Kontrolle und Beratung erlebt (Rosenbusch 1994; Söll 2002, 129ff.), was zu Verunsicherung und Abwehr führt.

Nun gibt es mittlerweile eine Reihe von Konzepten, in denen die sozialen Aspekte von Schulentwicklung angesprochen und aufgegriffen werden (z.B. Horster 1998; Schley 1998). Doch was sind im Einzelnen die Eckpunkte des sozialen Systems, von denen der Erfolg von Schulentwicklung abhängt?

In diesem Zusammenhang lässt sich wieder auf das in den vorausgegangenen Kapiteln entwickelte Systemmodell zurückgreifen (vgl. auch Söll 2002). Damit ergibt sich, dass der Erfolg von Schulentwicklung von einer Reihe von Faktoren abhängt:

(1) Die relevanten Personen („Stakeholder")
Jeder Veränderungsprozess hat Promotoren und Gegner: Promotoren, die diesen Prozess unterstützen und Gegner, die ihn zu verhindern oder zu blockieren suchen. Ein Schulentwicklungsprozess, der keinen Promotor besitzt, der wirklich daran Interesse hat, ist mit hoher Wahrscheinlichkeit zum Scheitern verurteilt – ebenso wie ein Schulentwicklungsprozess, in dem es nicht gelingt, Widerstände einzubinden. Dabei können neben Schulleitung und Lehrern auch Schüler, die aktive Elternschaft oder das übrige Personal, möglicherweise auch Personen aus dem kommunalen Umfeld im Blick auf den Erfolg relevant sein.

(2) Die subjektiven Deutungen dieser Personen
Alle Beteiligten haben ihre eigenen subjektiven Deutungen von der Situation, der Arbeit und der Entwicklung in der Schule. Je nachdem, ob sie Schulentwicklung als

Abwertung ihrer bisherigen Arbeit oder als neue Herausforderung deuten, werden sie zu Promotoren oder Gegnern, werden mit Engagement oder Widerstand reagieren.

(3) Die sozialen Regeln

Neben den zahlreichen Vorschriften der Schulordnung und den Erlassen, die selbstverständlich den Erfolg eines Schulentwicklungsprozesses beeinflussen, wirken in sozialen Systemen unausgesprochene soziale Regeln, die für den Erfolg oft noch entscheidender sind. Im Umgang mit neuen Vorschlägen kommt z.B. eine soziale Regel zum Tragen: „Wer neue Aktivitäten vorschlägt, soll sie gefälligst alleine umsetzen!" Diese Regel führt dazu, dass gute Vorschläge negativ sanktioniert werden: Wer eine gute Idee einbringt, bekommt zusätzliche Arbeit – man kann sich leicht vorstellen, wie sich diese Regel auf engagierte Personen auswirkt. Oder es gibt eine unausgesprochene Regel „wenn Veränderungen anstehen, verhalte dich ganz ruhig und falle möglichst wenig auf!", die dazu führt, dass neue Aktivitäten ins Leere laufen.

(4) Die Regelkreise bzw. Interaktionsstrukturen

Im Umgang zwischen Schulleitung und Kollegen, im Kollegium, zwischen Lehrerinnen und Schülern oder Eltern bilden sich regelmäßig wiederkehrende Verhaltensmuster, Regelkreise oder Interaktionsstrukturen heraus: Auf die Kritik durch die Schulleitung reagiert z. B. ein Lehrer stets beleidigt mit Rückzug. Dies wiederum trägt ihm weitere Kritik ein. Ein Thema wird in der Schulkonferenz immer wieder bis zur Ermüdung diskutiert, ohne dass man zu einem Ergebnis kommt. Ein neuer Vorschlag wird so lange problematisiert, bis er verloren geht usw.

(5) Die materielle und soziale Systemumwelt

Neben dem Schulgebäude und dem Schulgelände, den finanziellen Bedingungen usw. zählen hierzu der Schulträger, Betriebe und Vereine, der Einzugsbereich der Schule. Auch das sind Faktoren, die den Erfolg eines Schulentwicklungsprozesses mit beeinflussen.

(6) Die bisherige und zu erwartende Entwicklung

Für die jeweilige Schule und damit auch den Erfolg von Schulentwicklung spielen die bisherige Entwicklung ebenso eine Rolle wie die zu erwartende zurückgehende Schülerzahlen oder die ungewisse Zukunft von Schulen wie z.B. der Hauptschule.

Systemische Schulentwicklung bedeutet, im Rahmen von Schulentwicklung die Aufmerksamkeit nicht nur auf die Inhalte und den Prozess, sondern zugleich auf die Systemebene zu richten. Das soll im folgenden Abschnitt konkretisiert werden.

5.4.3 Schulentwicklung als systemischer Strategieprozess

Schulentwicklung bedeutet, dass sich eine Schule Ziele setzt, ein Leitbild erstellt und Maßnahmen zur Erreichung dieser Ziele entwickelt und umsetzt. Schulentwicklung ist somit letztlich Strategieentwicklung, verstanden als „das Setzen langfristiger Ziele..., die Zuteilung vorhandener und erwarteter Ressourcen, die zur Zielerreichung erforderlich sind, sowie die Wahl zieladäquater Maßnahmen" (Müller-Stevens 1992, 2346; vgl. Krech 1998, 11ff.). Ein Strategieprozess (und das gilt gleichermaßen für Schulen wie für andere Organisationen) hat grundsätzlich drei Teile:

- Die Ist-Analyse, d.h. die Diagnose der eigenen Organisation (des eigenen sozialen Systems) in Bezug auf die vorhandenen Stärken und Schwächen, aber auch die Analyse des Umfeldes und die Berücksichtigung möglicher oder wahrscheinlicher Entwicklungstrends.

- Die Klärung des Auftrags („mission"), der Vision, der Werte, des Leitbildes und daraus abgeleitet die Klärung der Ziele.

- Die Festlegung strategischer Schwerpunkte, d.h. die Planung und Durchführung von strategisch relevanten Maßnahmen.

Im Rahmen der Personalen Systemtheorie heißt das, hierbei nicht nur die „Inhalte" zu betrachten, sondern zugleich die Aufmerksamkeit auf das soziale System zu legen. Dafür ergeben sich folgende Schritte:

(1) Die Ist-Analyse

Wie auch immer sich eine Schule in einen solchen Entwicklungs- oder Strategieprozess begibt, der erste Schritt ist eine Diagnosephase. Hierzu sind eine Reihe von Methoden und Instrumenten entwickelt worden (z.B. Philipp 1998, 239ff.). Im Rahmen von Strategieprozessen wird in diesem Zusammenhang zwischen Organisationsanalyse, Stakeholder-Analyse und Umfeld-Analyse unterschieden. Auf der Basis eines systemischen Konzeptes bedeutet die Systemdiagnose jedoch, dass nicht nur Stärken und Schwächen in Bezug auf das Angebot usw., sondern auch in Bezug auf das soziale System zu untersuchen sind. Damit stellen sich für eine Ist-Analyse folgende Fragen:

> **Wer sind die „Stakeholder" für die Schulentwicklung?**
> „Stakeholder" in der Terminologie der Strategieentwicklung sind die relevanten Personen, die den Erfolg von Schule maßgeblich beeinflussen können. Der Erfolg von Schulentwicklung wird demzufolge von der Einstellung und dem Einfluss dieser Personen abhängen. Daraus ergeben sich eine Reihe weiterer Fragen (vgl. König/Volmer 2003, 159ff.):

- Welche Personen können den Erfolg der Schule bzw. der Schulentwicklung maßgeblich beeinflussen?
- Was sind die Ziele der betreffenden Personen? Was möchten sie erreichen?
- Wie ist die Einstellung dieser Personen zur Schule bzw. zur Schulentwicklung?
- Was können diese Personen durch Schulentwicklung gewinnen bzw. was verlieren sie möglicherweise?
- Wie groß ist der Einfluss dieser Personen auf die Schulentwicklung?
- Welche Veränderungen sind hinsichtlich der Stakeholder zu erwarten? Welche Lehrerinnen und Lehrer werden in Kürze ausscheiden? Steht ein Wechsel in der Schulleitung an?

➢ **Wie ist die interne Struktur des Systems Schule beschaffen?**

Bereits die Frage nach den Stakeholdern betrifft das „System Schule". Hier geht es nun um die weiteren Faktoren wie soziale Regeln, Regelkreise, Systemumwelt usw.:
- Welche offiziellen Gesetzesvorgaben, Erlasse usw. sind bei der Schulentwicklung zu beachten?
- Welche „verborgenen" Regeln bestimmen die interne Struktur des Systems Schule?
- Wie werden soziale Regeln sanktioniert?
- Gibt es bestimmte Rituale wie z.B. die Verabschiedung der Absolventinnen und Absolventen? Wie werden diese Rituale beurteilt? Sind sie nur starre Formen ohne Bedeutung oder fehlen Rituale?
- Ist der Umgang in der Schule durch bestimmte Regelkreise gekennzeichnet?
- Wie ist die bisherige Entwicklung der Schule verlaufen? Gab es eine kontinuierliche Entwicklung, gab es Krisen oder Brüche in der Entwicklung?

➢ **Was sind für die Entwicklung der Schule wichtigen Umweltfaktoren?**

Umweltfaktoren beziehen sich zum einen auf die materielle Umwelt (bauliche Faktoren, auf räumliche Ausstattung, Lage der Schule im räumlichen Umfeld), aber auch die Abgrenzung zu anderen sozialen Systemen:
- Wie ist die räumliche Situation der Schule? Wie ist ihre Ausstattung?
- Wie weit wird durch die materielle Umwelt die Atmosphäre der Schule bestimmt? Wie wirkt die materielle Umwelt: freundlich, anregend, kalt, lieblos?
- Welche Trends zeichnen sich im Umfeld der Schule ab? Welcher Rückgang an Schülerzahlen ist zu erwarten? Oder ist ein Ansteigen (z.B. durch Ausweitung eines Wohngebietes) zu erwarten?
- Welche Veränderungen sind auf politischer Ebene (z.B. im Rahmen der Schulpolitik) zu erwarten?

–   Welche anderen Schulen konkurrieren mit der Schule? Was sind ihre Stärken, was sind ihre Schwachstellen?
–   Wieweit ist die Systemgrenze zu den Eltern durchlässig? Wie kommen Informationen aus der Schule zu den Eltern bzw. werden Informationen von den Eltern in der Schule aufgenommen?
–   Wie ist die Systemgrenze zu anderen sozialen Systemen (Kommune, Verbände, Universität, mögliche Arbeitgeber der Absolventen) beschaffen? Wie weit bestehen hier Kontakte? Wie weit schottet sich die Schule ab?
–   Welches Bild gibt die Schule in der Öffentlichkeit ab? Wie wird über sie berichtet? Ist sie in Kritik geraten?

Gerade bei der Umfeldanalyse ist es wichtig, sich nicht nur auf die gegenwärtige Situation zu beschränken, sondern die bisherige Entwicklung und zukünftige Trends zu erfassen. Ein etabliertes Verfahren dafür stellt die Szenario-Technik dar (vgl. z.B. Gausemeier 1999), die ursprünglich mit sehr aufwendigen Datenerhebungen arbeitet, sich aber im Rahmen von Schulentwicklungsprozessen durchaus in vereinfachter Form anwenden lässt: Grundgedanke ist, dass man zwei oder drei unterschiedliche Trends (z.B. einen optimistischen, einen pessimistischen und. den wahrscheinlichsten Trend) zu erfassen sucht.

➤ **Was sind die Kernkompetenzen der Schule? Wo fehlen Kompetenzen?**
Der Erfolg einer Schule ist in hohem Maße von den vorhandenen Kernkompetenzen bestimmt:
–   Was sind Stärken der Schule? Wo war die Schule in der letzten Zeit erfolgreich?
–   Was sind Erfolgsfaktoren der Schule im Vergleich zu anderen Schulen?
–   Was sind bislang nicht oder wenig genutzte Kompetenzen von Lehrerinnen und Lehrern, Eltern usw.?
–   Wo fehlen Kompetenzen? Wo ist es bislang nicht gelungen, erfolgreich zu sein? Was waren Hindernisse?

In der Regel verfügt eine Schule selbst über eine ganze Fülle von Informationen, die im Rahmen der Ist-Analyse relevant sind. Als sinnvoll, das zeigen unsere Erfahrungen bei der Begleitung von solchen Prozessen, hat sich erwiesen, die Informationen nochmals gezielt zusammen zu tragen und darüber hinaus mit Hilfe verfügbarer Daten oder auf der Basis von qualitativen Interviews zusätzliche Informationen zu erheben. Gerade das qualitative Interview ist hier ein geeignetes Verfahren, die Einschätzung der Schule aus verschiedenen Perspektiven zu erfassen und dabei auch Informationen aufzudecken, die zunächst nicht auf der Oberfläche liegen. Nicht zuletzt fördern solche Interviews auch zahlreiche Ideen für die Entwicklung der Schule zu Tage, die im weiteren Verlauf des Prozesses genutzt werden können (vgl. Söll 2002, 180ff.).

(2) Erstellung der Vision

Eine Vision ist die Vorstellung einer idealen zukünftigen Situation: Wie soll die Schule in x Jahren beschaffen sein? Dabei wird in der Literatur häufig zwischen Auftrag („mission"), Vision („vision") und Werten („values") unterschieden: Was ist der besondere Auftrag der Organisation? Wie sieht das Bild der Organisation in x Jahren aus? Was sind die zentralen Werte? Das Leitbild ist dann üblicherweise die schriftliche Formulierung der Vision.

Zahlreiche Schulentwicklungsprozesse haben vergleichsweise großes Gewicht auf die Erstellung des Leitbildes gelegt. Dabei bestehen jedoch zwei Gefahren: Zum einen die Gefahr, dass die Formulierung eines Textes gegenüber der praktischen Arbeit zu großes Gewicht einnimmt. Die Erstellung eines wohlklingenden Textes für sich genommen trägt noch nichts zur Verbesserung der Schule bei. Zum anderen besteht die Gefahr, dass die Formulierung des Leitbildes als isolierter Prozess ohne Verzahnung mit dem gesamten Entwicklungsprozesses gesehen wird.

Die Formulierung eines Leitbildes ist sinnvoller Weise Teil eines Strategieprozesses und dabei Ergebnis der zweiten Phase, der Erarbeitung der Vision. Dabei gilt, dass Visionen sich schwer rational erarbeiten lassen. Eine Vision erfordert Kreativität, Intuition, erfordert die Fähigkeit, sich von Problemen der Gegenwart zu lösen und neue Wege zu denken.

Konsequenz dieser Erfahrungen ist, dass in den von uns begleiteten Strategieprozessen die Erstellung der Vision in einem ersten Schritt häufig mit Hilfe sog. analoger Verfahren durchgeführt wird. Analoge Verfahren versuchen, ein bestimmtes Thema nicht rational, sondern mit Hilfe von Symbolen, Bildern, Metaphern, szenischen Darstellungen usw. zu erarbeiten und greifen dabei auf das intuitive Wissen des einzelnen zurück (vgl. König/Volmer 2000, 102ff.). Auf die Entwicklung der Vision im Rahmen eines Schulentwicklungsprozesses könnte das z.B. bedeuten:
- Suchen Sie sich einen Gegenstand als Symbol für Ihre Schule, wie sie in 3 Jahren sein sollte.
- Erstellen Sie eine Collage, malen sie ein Bild, das ausdrückt, wie Sie sich Ihre Schule vorstellen.
- Verfassen Sie einen Pressebericht anlässlich der Erfolge Ihrer Schule in 3 Jahren
- Schreiben Sie den Brief eines zufriedenen Schülers, der rückblickend beschreibt, was er an seiner Schule erlebt hat.

All diese Vorgehensweisen (und diese Möglichkeiten lassen sich ohne Zweifel noch ergänzen) bieten den Vorteil, dass sie intuitives Wissen nutzen. Das Symbol, das z.B. ein Teilnehmer eines Strategie-Workshops für seine Schule wählt, verknüpft er intuitiv mit Ideen hinsichtlich der Vision der Schule. In einem zweiten Schritt sind dann diese Eigenschaften auf die reale Situation zu übertragen: Was bedeutet es, wenn als Symbol eine Pflanze mit vielen Blüten und Knospen gewählt wurde.

Das Leitbild schließlich ist dann die schriftliche Ausformulierung der Vision: Wie wird unsere Schule in 3 Jahren sein? Wer sind wir? Fragen für die Erstellung des Leitbildes (und zugleich Hinweise für die Übersetzung der analogen Darstellung) können dabei sein:

- Wer sind die besonderen Zielgruppen, an die wir uns wenden?
- Was ist unser besonderer Auftrag als Schule über den allgemeinen Auftrag von Schule hinaus?
- Was sind unsere zentralen Wertvorstellungen? Woran glauben wir?
- Was bieten wir den Schülerinnen und Schülern an, um sie bei ihrer Entwicklung zu unterstützen?
- Wie verstehen wir uns als soziales System? Wie gehen wir in der Schule miteinander um? Was ist unsere gemeinsame Identität?
- Wie verstehen wir uns in Beziehung zu anderen sozialen Systemen wie Schülern, Eltern, der Kommune, der Öffentlichkeit?

(3) Die Festlegung strategischer Schwerpunkte

Der dritte und abschließende Schritt eines Strategieprozesses besteht dann darin, Vision und Ist-Analyse miteinander zu verknüpfen: Welche Ziele ergeben sich daraus für die Schule? Welche Schwerpunkte sind für die Arbeit der nächsten Monate zu setzen?

Im Rahmen dieser Strategie-Umsetzung haben dann wieder viele von den in der Literatur geläufigen Vorgehensweisen ihren Platz. Schwerpunkt kann z.B. sein:
- Die Entwicklung neuer Angebote, bei denen bestimmte Schwerpunkte des Schulprofils deutlicher herausgearbeitet werden.
- Die Weiterentwicklung von Kernkompetenzen in der Schule.
- Die Weiterentwicklung des sozialen Systems Schule, in dem soziale Regeln oder Regelkreise verändert werden, Teamentwicklungsmaßnahmen durchgeführt werden usw.
- Die Veränderung von Abläufen in der Schule, indem z.B. Besprechungen verkürzt und unnötige Verwaltungsaufgaben so weit als möglich vereinfacht werden.
- Schulentwicklung als ein „Culture-Change", in dem die Angehörigen der Schule lernen, die Schule mit anderen Augen zu sehen.
- Die Veränderung der materiellen Systemumwelt durch Umgestaltung der Anlage, der Räume usw.
- Die Veränderung der Systemgrenze zur Systemumwelt, indem z.B. der Kontakt mit anderen sozialen Systemen wie mit Eltern, späteren Abnehmern von Absolventen usw. vertieft wird.
- Gezielte Personalentwicklung und Unterstützung der individuellen Entwicklung angesichts der Tatsache, dass schon jetzt ein Generationswechsel stattfindet, in den nächsten Jahren viele SchulleiterInnen in den Ruhestand gehen werden und dass es immer schwieriger wird, engagierte Lehrerinnen und Lehrer für besondere Aufgaben zu gewinnen.

5.4.4 Grundsätze für die Organisation von Schulentwicklung

Schulentwicklungsprozesse leiden häufig daran, dass immenser Aufwand betrieben wird, aber die Ergebnisse zu dem Aufwand in keinem angemessenen Verhältnis stehen. Da werden zahlreiche Besprechungen abgehalten, umfangreiche Papiere erstellt und zahllose weitere Aktivitäten gestartet – ohne dass dadurch der Unterricht letztlich „besser" wird. Das wirft die Frage auf, wie Schulentwicklung organisiert werden kann, damit eine Chance auf Erfolg besteht. Hierzu einige abschließende Thesen:

(1) Schulentwicklung ist ein Unterstützungsprozess, aber nicht der Kernprozess der Schule.

Schulentwicklungsprozesse sind manchmal in Gefahr, sich zu verselbstständigen, wobei dann der Unterricht gegenüber allen Aktivitäten bei der Erstellung des Schulprogramms, der Heranbildung des Profils, der Evaluation usw. fast in den Hintergrund gerät. Kernaufgabe von Schule ist aber nicht Schulentwicklung, sondern sind Unterricht und Erziehung. Schulentwicklung kann im Blick darauf immer nur ein sog. Unterstützungsprozess sein, d.h. ist nur so weit legitimiert, als sie tatsächlich dazu beiträgt, Unterricht und Erziehung zu verbessern. Das bedeutet zum einen, bei einzelnen Schritten im Rahmen eines Schulentwicklungsprozesses immer zu überlegen, was dieser Schritt im Blick auf Unterricht und Erziehung leistet, zum anderen, aber auch, die Zeit für Schulentwicklung knapp anzusetzen: Alle einzelnen Schritte eines Schulentwicklungsprozesses vornehmlich in Schulkonferenzen oder mit dem gesamten Kollegium durchzuführen, ist weder effizient, noch leistet dieses einen Beitrag für Unterricht und Erziehung.

(2) Systemische Schulentwicklung bedeutet, unterschiedliche Perspektiven des sozialen Systems einbeziehen.

Veränderungsprozesse leiden häufig daran, dass sie lediglich aus einer Perspektive heraus konzipiert und umgesetzt werden, dass aber jeder grundsätzlich immer nur eine eingeschränkte Perspektive besitzt. So wird eine Schulleitung zweifelsohne wichtige Aspekte in den Blick nehmen, hat aber andererseits ebenso „blinde Flecken", d.h. es bleiben bestimmte Aspekte außer Betracht. Systemisches Vorgehen geht demgegenüber von der Annahme aus, dass das Wissen des sozialen Systems das Wissen des einzelnen grundsätzlich übersteigt. Für Schulentwicklung als Veränderung eines sozialen Systems ergibt sich daraus die Forderung, die Kompetenz des sozialen Systems zu nutzen, d.h. neben Schulleitung und Lehrern auch Schüler, Eltern und ggf. weitere Personen aus dem Umfeld (z.B. Unternehmensvertreter, die Auszubildende der Schule einstellen) einzubeziehen (z.B. Müller 1996; Söll 2002, 103). Eine Möglichkeit dafür bieten kleine gemischte Gruppen, sog. Problemlösegruppen oder Multi-Focus-Gruppen: Eine kleine Gruppe von z.B. einem Lehrer, einem Elternteil, 2 Schülern entwickelt z.B. Möglichkeiten der Gestaltung des Schulgeländes.

(3) Unterstützung der Veränderung sozialer Systeme erfordert Coaching der Betroffenen.

Schulentwicklung erfordert immer auch ein Umdenken, also eine Auseinandersetzung mit den eigenen subjektiven Vorstellungen und Deutungen der beteiligten Personen. Es entstehen neue Fragen und Probleme im Veränderungsprozess. Hierfür benötigt Schulentwicklung eine qualifizierte Gesprächs- und Beratungskultur.

Eine Möglichkeit dafür ist die Etablierung von Coaching in der Schule (z.B. Bartz u.a. 2002; Mäder 2003; Pallasch/Simon 2003). Coaching ist dann Beratung von Schulleitung und bestimmten Lehrern, ggf. auch Beratung der Schulaufsicht (Bartz u.a. 2002; König/Volmer 2003). Coaching kann dabei ebenso Unterstützung bei Konflikten mit Eltern wie Unterstützung bei der Planung eines Projektes sein. Dabei kann auch hier Coaching als Experten- und Prozessberatung geschehen: Bei Expertenberatung gibt ein Coach auf der Basis seines Wissens und seiner Erfahrung Anregungen, bei Prozessberatung unterstützt der Coach den Coachee, die Situation für sich zu klären und selbst neue Lösungen zu entwickeln.

Im Rahmen von Schule sind unterschiedliche Formen des Coaching denkbar: Kollegiales Coaching zwischen Kollegen, Coaching als Aufgabe von Schulleitung oder Schulaufsicht (Bartz u. a. 2002).

(4) Für Schulentwicklung reicht allgemeines Reden nicht. Notwendig ist professionelles, methodisch geleitetes Handeln.

Dies wird bereits bei Coaching deutlich: Coaching ist kein wie auch immer geartetes Miteinander Reden, sondern erfordert Coaching- bzw. Beratungskompetenz z.B. über die Phasen eines Coachingprozesses, verschiedene Fragemöglichkeiten, um den Coachee bei der Klärung der Situation zu unterstützen, besondere Vorgehensweisen des Konfliktcoaching usw. Entsprechendes gilt für andere Vorgehensweisen: Schulentwicklung ist kein blinder Aktionismus sondern erfordert methodische Kompetenz z.B. für die Durchführung von Interviews, die Begleitung von Strategieprozessen, aber auch die Moderation von Arbeitsgruppen.

(5) Schulentwicklung erfordert pädagogische Führung der Schule.

Es ist ein Missverständnis bei manchen Schulentwicklungsprozessen, anzunehmen, dass durch Schulentwicklung die Führungsaufgabe der Schulleitung überflüssig würde. Gerade eine selbständige Schule benötigt auch Führung, Führung im Sinne der Steuerung des Gesamtprozesses und im Sinne des Coaching von Kolleginnen und Kollegen. Im Unterschied zu dem weithin noch verbreiteten Selbstverständnis von Schulleitung, sich in erster Linie in der Tradition ihrer bisherigen Aufgaben als Lehrer zu sehen (vgl. Wissinger 1994, 45f.; 1996, 156), erfordert Schulentwicklung ein neues Führungsverständnis von Schulleitung (vgl. Rosenbusch 2002; Wissinger 1996).

Wer Strategie, Organisationsentwicklung, Coaching für die Schule vorschlägt, steht häufig unter dem Vorwurf, Konzepte und Methoden aus der Industrie unbefragt auf Schule zu übertragen: „Bereits Begriffe wie Organisation, Organisationsentwicklung, Change Management klingen vielen Pädagogen schrill im Ohr. Das gehört in Unternehmen, die Profit zu erwirtschaften haben, aber nicht in Schulen. Demgegenüber wird dann eine Theaterwerkstatt oder eine Künstlervereinigung als Analogie sehr geschätzt" (Schley 1998, 15).

Zweifelsohne ist eine Schule etwas anderes als ein Industrieunternehmen, Schule verfolgt andere, pädagogische Ziele. Doch die Gemeinsamkeit besteht darin, dass es sich beide Male um soziale Systeme handelt, die von den handelnden Personen, ihren subjektiven Deutungen, aber auch von sozialen Regeln, Regelkreisen, der Umwelt und der bisherigen Geschichte bestimmt sind. Systemische Schulentwicklung, wie auch systemische Organisationsentwicklung in einem Unternehmen meint damit nicht die Umsetzung von außen beschlossenen Veränderungen, sondern ist Unterstützung eines sozialen Systems, sich selbst weiter zu entwickeln – und ist mit pädagogischen Aufgaben gut vergleichbar und vereinbar.

Kapitel 6:   Systemkompetenz

6.1   Personale Systemkompetenz

Eckard König / Gerda Volmer

6.1.1   Grundlagen

Der Erfolg einer neuen Mitarbeiterin oder eines neuen Mitarbeiters in einer neuen Position oder in einem neuen Unternehmen hängt keineswegs nur von ihrer oder seiner Fachkompetenz ab, sondern davon, wie er oder sie in dem neuen sozialen System agiert: Gelingt es ihm, von anderen akzeptiert zu werden? Erkennt er früh genug die „geheimen Regeln": Wie weit ist Kritik am Vorgesetzten legitim, wie weit ist Selbständigkeit erwünscht? Entsprechend hängt die Karriere eines Mitarbeiters oder einer Mitarbeiterin innerhalb einer Organisation, aber auch der Erfolg eines Projektes, eines Beraters oder Trainers nur zu einem Teil von seiner Fachkompetenz ab, sondern daneben in beträchtlichem Maße von seiner „Systemkompetenz", d.h. von seiner Fähigkeit, in dem betreffenden sozialen System erfolgreich zu handeln.

Der Begriff „Systemkompetenz" wurde erstmals von Günther Schiepek eingeführt (Manteufel/Schiepek 1993) und ist dann von Willy Christian Kriz (2000) aufgegriffen worden.

Schiepek definiert „Systemkompetenz" als „Kompetenz von Systemen für Systeme", d.h. als „Kompetenz von Systemen für ihr eigenes Prozessieren" und als „Kompetenz für das Prozessieren anderer Systeme in ihrer Umwelt" (Manteufel/Schiepek 1993, 25). Ähnlich formuliert Kriz (2000, 13f.): „Systemkompetenz beinhaltet Grundhaltungen, Wissen, Handlungs- und Methodenkompetenz über das Wirksamwerden von Prinzipien der Systemwissenschaften (z.B. Rückkopplung, Nichtlinearität, Selbstorganisation) in verschiedenen Lebenswelten. Bei der aktiven Gestaltung menschlicher Lebenswelten schließt systemkompetentes Wissen und Handeln insbesondere einen nachhaltigen Umgang des Menschen mit seinem Körper, seiner Psyche (kognitive und emotionale Fähigkeiten), seiner sozialen, technischen und natürlichen Umwelt mit ein."

Grundlage für beide Definitionen von Systemkompetenz ist die Allgemeine Systemtheorie. Systemkompetenz bedeutet damit Kompetenz im Umgang mit unterschiedlichen Arten von Systemen, nämlich technischen, psychischen und sozialen. Schiepek weist dabei explizit auf eine interdisziplinare Erforschung dynamischer Systeme und die Synergetik zurück und führt neben sozialen Systemen Beispiele aus der Molekularphysik oder der Neurophysiologie an (Manteufel/Schiepek 1997, 37ff.). Entsprechend bezieht Kriz (2000, 111ff.) im Rückgriff auf den Systembegriff der Allgemeinen Systemtheorie Systemkompetenz auf fünf unterschiedliche Systembereiche:

– die Natur, z.B. Ressourcen, Klima, Luft usw.

– den menschlichen Körper, z.B. Belastbarkeit, Aktivierung, physische Skills

– die Psyche, z.B. Kognitionen, Emotionen, Einstellungen

– die soziale Mitwelt, z.B. Kommunikation und Handlungsprozesse

– die Technik, z.B. Manifestierte Kultur, Gegenstände und Symbolik

Damit wird auch der Kompetenzbegriff sehr weit gefasst: Systemkompetenz in diesem Sinne umfasst bei beiden Autoren einen sehr weiten Rahmen unterschiedlicher Kompetenzen im Umgang mit unterschiedlichen Arten von Systemen. Schiepek (1997, 190f.) gibt folgende Auflistung:

(1) Berücksichtigung von Sozialstrukturen und Kontexten, z.B.
- Kompetenz-, Rollen-, Aufgaben- und Auftragsklärung, Klärung von Erwartungen,
- Erfahrung in der Arbeit mit Teams, Teamfähigkeit,
- Delegieren können

(2) Umgang mit der Dimension Zeit, z.B.
- Die Eigendynamik von Systemen kennen und nutzen,
- Perspektiven, Orientierungen, Ziele entwickeln,
- Umgang mit den Grenzen der Planung, der Vorhersage, des Wachstums, der Veränderungsmöglichkeiten

(3) Umgang mit der emotionalen Dimension, z.B.
- Selbstverstärkung, Genuss, die „Sorge um sich", Förderung der eigenen Lebensqualität,
- vorhandene Kräfte und Energien nutzen,
- Fokussieren, konzentrieren (nicht verzetteln)

(4) Soziale Konfliktfähigkeit, z.B.
- verständliche Sprache,
- Konfliktmanagement und Konfrontation,
- Interdisziplinäre Kooperationskompetenz

(5) Systemförderung, Entwicklung von Selbstorganisationsbedingungen, z.B.

- Experimentieren,
- Fehlerfreundlichkeit,
- heuristische Kompetenzen (Informationssuche, Analogiebildung, Suchraumerweiterung)

(6) Theoriewissen, systemtheoretische Methoden, z.B.

- theoretisches Wissen,
- methodisches Wissen,
- Komplexitätsreduktion (flexibel anpassbare Modelle, Handlungsorientierung)

Nicht weniger umfangreich ist die von Kriz (2000, 195ff.) zusammengestellte Übersicht:

(1) Systemisch-Konstruktivistische Grundhaltung, z.B.

- Wissen über Grundprinzipien in den Systemwissenschaften (u.a. Selbstorganisation, Rückkopplung, Nichtlinearität) zum Verständnis systemischen Denkens und Handelns;
- Wissen über wissenschafts- und erkenntnistheoretische Grundlagen (z.B. Konstruktivismus) für das Verständnis von Wissenschaft und menschlicher Erkenntnisgewinung

(2) Systemkompetenter Umgang mit körperlichen Prozessen, z.B.:

- Wissen um grundlegende biologische und physiologische Prozesse und Strukturen im Körper (u.a. zum Verständnis von Wahrnehmungsprozessen);
- Verstärkte Selbstwahrnehmung und verbesserter Umgang in Bezug auf die eigenen Energieressourcen, Vermeiden von Erschöpfung

(3) Systemkompetenter Umgang mit Natur und Technik, z.B.:

- Wissen über die Bedeutung von Nachhaltigkeit und Bewusstwerden der Notwendigkeit umweltverantwortlichen Handelns;
- Wissen über umweltpsychologische Grundbegriffe zum Verständnis von Mensch-Umwelt-Interaktionen

(4) Systemkompetenter Umgang mit psychischen Prozessen, z.B.:

- Reflexion der eigenen mentalen Modelle und Denkprozesse
- Umgang mit eigenen emotionalen Belastungen und Motivationsproblemen
- Umgang mit der Dimension Zeit, effizientes Zeitmanagement, Geduld entwickeln

(5) Systemkompetenter Umgang mit sozialen Prozessen, z.B.:

- Grundhaltungen wie Offenheit, Akzeptanz für den anderen, Wertschätzung, Echtheit, einfühlendes Verstehen entwickeln;
- Kritikfähigkeit, Kritikwilligkeit
- Wissen über verschiedene Führungstheorien, Wissen über Vor- und Nachteile verschiedener Führungsstile;
- Entwicklung von Fähigkeiten zur Bewertung von Problemlösungen und Planung von Interventionen

(6) Trainer-Kompetenzen, z.B.:

- Fähigkeiten für Leitung von Seminaren, Workshops, Konferenzen und Trainingsprogrammen entwickeln;
- Theoretisches Wissen über Lernprozesse, Gestaltung von Lernprozessen, Didaktik und Lernen lernen.

Die Schwierigkeit bei beiden Konzepten liegt darin, dass bei dieser weiten Fassung von Systemkompetenz eine Abgrenzung von anderen Kompetenzbereichen schwer möglich ist: Delegieren können, Präsentieren, Teamfähigkeit sind Kompetenzen, die üblicherweise unter der Bezeichnung „Führungskompetenz" oder „Sozialkompetenz" abgehandelt werden. Experimentieren, heuristische Kompetenz usw. fällt üblicherweise in den Bereich „Problemlösungskompetenz" Andererseits sind die von Kriz auf dem Hintergrund universitärer Lehrveranstaltungen entwickelten Ziele eines Trainings für Systemkompetenz (Kriz 2000, 193ff.) nicht verallgemeinerbar: Wissen über wissenschafts- oder erkenntnistheoretische Grundlagen (z.B. Konstruktivismus) für das Verständnis von Wissenschaft und menschlicher Erkenntnisgewinnung (Kriz 2000, 195) mag im Rahmen eines universitären Studiengangs plausibel sein, ist aber gewiss kein Lernziel von Systemkompetenz für beispielsweise Projektleiter. Schließlich ist Berater- und Trainerkompetenz eher eine Fachkompetenz für bestimmte Berufsgruppen. Eine Abteilungsleiterin innerhalb eines Produktionsbereiches hat schwerlich die Aufgabe, ihre Trainerkompetenz zu erweitern.

Gegenüber der sehr weit gefassten Bestimmung wird hier Systemkompetenz enger gefasst: Systemkompetenz oder präziser „Personale Systemkompetenz" wird definiert als die Fähigkeit, erfolgreich in sozialen Systemen zu handeln. Das bedeutet im Einzelnen:

- die Fähigkeit, Chancen und Risiken in sozialen Systemen zu erkennen,

- die Fähigkeit, Freiräume in sozialen Systemen erfolgreich zu nutzen,

- die Fähigkeit, soziale Systeme zu verändern.

Damit ist Systemkompetenz von anderen Kompetenzbereichen wie Fachkompetenz und Methodenkompetenz deutlicher abgegrenzt. Eine Abteilungsleiterin im Weiterbildungsbereich benötigt sicher Fachkompetenz (z.B. über mögliche Inhalte von Weiterbildungsmaßnahmen). Sie benötigt Methodenkompetenz wie z.B. die Fähigkeit, sich schnell neues Wissen anzueignen, oder Problemlösungsprozesse durchzuführen. Aber sie benötigt darüber hinaus Systemkompetenz, um in dem jeweiligen sozialen System (z.B. dem System des Unternehmens, dem jeweiligen Kundensystem) erfolgreich zu handeln.

In der Literatur wird in diesem Zusammenhang häufig von „Sozialkompetenz" gesprochen. Dabei bleibt jedoch der Begriff Sozialkompetenz unscharf und sehr allgemein (vgl. Kanning 2002, König 1992): Sozialkompetenz kann zum einen das Schwergewicht auf die Durchsetzung eigener Ziele legen, wie es in der klassischen Definition von Orendi u. a. (1986) zum Ausdruck kommt: Sozialkompetenz wird hier definiert als die „Fähigkeit, Ziele und Pläne in sozialen Interaktionssituationen erfolgreich zu realisieren" (Orendi 1986; ähnlich Hinsch/Pfingsten 2002). Oder Sozialkompetenz wird stärker auf die erfolgreiche Anpassung an Normen und Werte einer Gesellschaft bezogen. Kanning (2002, 155) definiert sozial kompetentes Verhalten als „Verhalten einer Person, das in einer spezifischen Situation dazu beiträgt, die eigenen Ziele zu verwirklichen, wobei gleichzeitig die soziale Akzeptanz des Verhaltens gewahrt wird". Kanning (2002, 158) führt als Dimensionen sozialer Kompetenz u.a. auf:
– Selbstaufmerksamkeit
– Personenwahrnehmung
– Kontrollüberzeugung
– Entscheidungsfreudigkeit
– Wissen
– Emotionale Stabilität
– Prosozialität
– Extraversion
– Durchsetzungsfähigkeit
– Kommunikationsfertigkeiten
– Selbststeuerung

Innerhalb eines solchen sehr weit gefassten Verständnisses von sozialer Kompetenz lenkt das Konzept „Personale Systemkompetenz" die Aufmerksamkeit darauf, dass erfolgreiches soziales Handeln stets systemabhängig ist: Je nach dem jeweiligen sozialen System, je nach Erwartungen und Zielen der beteiligten Personen, je nach den geltenden Regeln usw. kann dasselbe Verhalten mehr oder weniger erfolgreich sein. Systemkompetenz bedeutet damit, das eigene Handeln auf das soziale System auszurichten und in diesem sozialen System erfolgreich zu handeln.

6.1.2 Dimensionen Personaler Systemkompetenz

Erfolgreiches Handeln in einem sozialen System erfordert sowohl Fähigkeiten zur Diagnose des sozialen Systems als auch die Fähigkeit zur Intervention. Doch was heißt das konkret? Zur Beantwortung dieser Frage bieten wieder die in den vorausgegangenen Kapiteln eingeführten Merkmale sozialer Systeme die Grundlage: Erfolgreiches Handeln in einem sozialen System bedeutet:

- die in diesem System relevanten Personen, die „Key-Player", zu erkennen und sich ihnen gegenüber zu positionieren

- subjektive Deutungen der jeweiligen Personen zu erkennen und, soweit möglich, zu verändern, aber sich auch über die eigenen subjektiven Deutungen klar zu werden und angemessene Sichtweisen entwickeln

- soziale Regeln zu erkennen, ihren Freiraum auszunutzen und/oder sie abzuändern

- Regelkreise zu erkennen und abzuändern

- sich in der Systemumwelt einzurichten und die Grenze zu anderen sozialen Systemen adäquat zu definieren

- ein Gefühl für die Entwicklung und den „passenden Zeitpunkt" besitzen

Zur Verdeutlichung greifen wir auf das bereits in Kap. 5.2.4 erwähnte Beispiel zurück: Herr Keil übernimmt als Abteilungsleiter eine neue Abteilung. Welche Systemkompetenz benötigt er, um hier erfolgreich zu sein?

(1) Dimension „Personen": Wer sind die relevanten Personen in dem sozialen System?

Eine der wichtigsten Fragen, die sich Herr Keil in seiner neuen Position stellt, ist die Frage nach den „Key-Playern": Wer sind die Personen, von denen der Erfolg auf einer bestimmten Position oder bei einer bestimmten Aufgabe abhängt? Auf Herrn Keil bezogen: Wer sind diejenigen Personen, von denen es abhängt, ob er als neuer Abteilungsleiter Erfolg haben wird oder nicht?

Das können im Einzelnen sein:
- die eigenen Mitarbeiter, die er überzeugen, motivieren, informieren, aber auch fordern muss,
- die Kollegen,
- die Sekretärin, von deren Kompetenz und Einsatz auch sein Erfolg abhängt,
- der oder die Vorgesetzten, die über die weitere Karriere von Herrn Keil entscheiden,
- wichtige (interne oder externe) Kunden,
- wichtige Lieferanten, auf deren Unterstützung er angewiesen ist,
- wichtige Personen in anderen Bereichen, die auch über Erfolg und Misserfolg entscheiden können.

In anderen Situationen können es noch andere Personen sein, die den Erfolg in einem sozialen System maßgeblich beeinflussen: mögliche Konkurrenten, andere Gegner, andere Personen, die einen unterstützen usw.

Systemkompetenz bedeutet also in Bezug auf die Personen zunächst einmal

– die Fähigkeit, die in Bezug auf eine bestimmte Problemstellung relevanten Personen des sozialen Systems zu erkennen,

– die Fähigkeit, sich in Bezug auf die Personen in diesem System erfolgreich zu positionieren.

Eine einfache Möglichkeit, die relevanten Personen des jeweiligen sozialen Systems zu erkennen und neue Möglichkeiten der Positionierung zu entwickeln, ist die Systemvisualisierung (ausführlicher bei König/Volmer 2000, 113ff.; 2003, 62ff.). Die Schritte dabei sind:

> **Überlegen: Welche Personen sind in Bezug auf die Problemstellung relevant (wobei es zweckmäßig ist, sich auf die maximal 5 bis 8 wichtigsten zu beschränken) und die Namen (und auch den eigenen) jeweils auf eine Karte schreiben.**

> **Zu den Personen jeweils einige Stichworte aufschreiben.**

> **Die Karten auf dem Boden oder einem größeren Tisch entsprechend der Beziehung anordnen: D.h. bei einer engeren Beziehung werden die Karten enger nebeneinander gelegt, bei einer schlechteren Beziehung ist die Distanz größer.**

> **Die eigene Position reflektieren: Wie ist die eigene Position in diesem Sozialen System? Welche Chancen und welche Probleme resultieren aus dieser Position?**

> **Sich Möglichkeiten der Positionierung überlegen: In welche Richtung könnte die eigene Karte verschoben werden? Was bedeutet das?**

Für Herrn Keil könnte sich dann z.B. folgendes Bild seiner Position in Bezug auf seinen Vorgesetzten, den Hauptabteilungsleiter (HAL), seine Kollegen, die Abteilungsleiter (AL 1 bis 3) und wichtige Mitarbeiter, die Gruppenleiter 1 bis 3 (GL) ergeben:

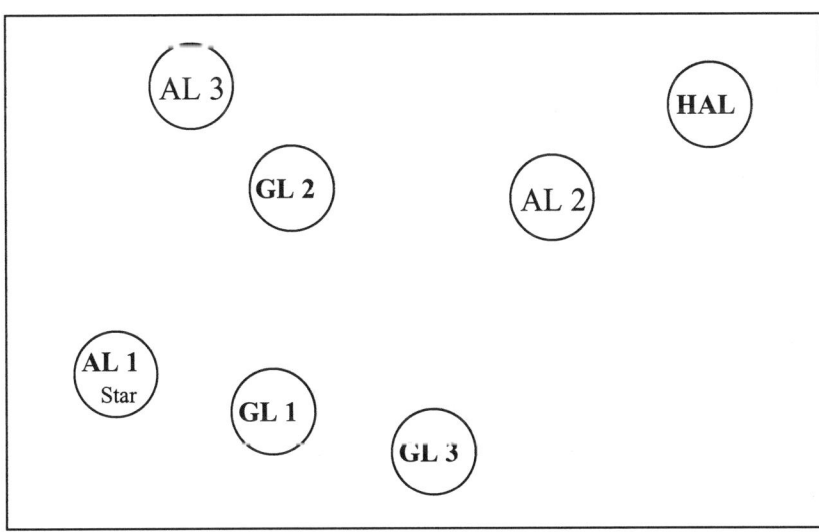

(2) Dimension „subjektive Deutungen": Was sind die eigenen subjektiven Deutungen und die der relevanten anderen Personen?

Das Verhalten eines sozialen Systems hängt entscheidend von den subjektiven Deutungen der jeweiligen Personen ab. Relevante Personen in Bezug auf den Erfolg in einem sozialen System sind aber sowohl die eigene Person als auch die übrigen Key-Player. Damit bedeutet Systemkompetenz in Bezug auf die Dimension „subjektive Deutungen":

– die eigenen subjektiven Deutungen zu klären und zu verändern,

– die subjektiven Deutungen anderer Personen zu erkennen und zu verändern.

Beides soll im Folgenden erläutert werden:

Systemkompetenz in Bezug auf die eigenen subjektiven Deutungen über die eigene Person

Erfolg in einem sozialen System hängt in starkem Maße von den eigenen subjektiven Deutungen über die eigene Person ab. Dabei lassen sich subjektive Deutungen in verschiedene Gegenstandsbereiche unterteilen:

– Subjektive Deutungen über die eigene Person: Was traut sich die Person selbst zu? Wie schätzt sie ihre eigenen Stärken und Schwächen ein?

– Subjektive Deutungen über andere Personen: Nimmt die betreffende Personen bei anderen das Positive wahr, oder fühlt sie sich von anderen bedroht?

– Subjektive Deutungen über die Sache: Wir wird z.B. eine anstehende Aufgabe eingeschätzt: als Herausforderung, als schwierig, als Bedrohung?

Systemkompetenz ist auch hier Diagnose und Veränderung:

> **Sich über die eigenen subjektiven Deutungen über die eigene Person, über andere Personen und über anstehende Aufgaben klar zu werden: Wieweit nehme ich eigene Stärken überhaupt wahr? Wie weit schreibe ich Erfolge der eigenen Fähigkeit zu und nicht äußeren Umständen wie dem Zufall usw.? Wie weit sehe ich andere Personen positiv?**

> **Die eigenen subjektiven Deutungen verändern: Wie kann ich lernen, die eigenen Stärken zu erkennen, aber auch Stärken und Schwächen realistisch einzuschätzen? Wie kann ich Zutrauen in die eigenen Fähigkeiten gewinnen oder lernen, andere Personen positiver zu sehen?**

Systemkompetenz in Bezug auf die subjektiven Deutungen über andere Personen

Systemkompetenz bedeutet hier, die subjektiven Deutungen anderer Personen zu erkennen und Veränderungen anzuregen:

> **Was sind die subjektiven Ziele anderer Personen: Was wollen sie erreichen? Welches Interesse haben sie an diesem Projekt, an dieser Aufgabe, was sind ihre Erwartungen an eine Präsentation oder ein Seminar in Erwachsenenbildung?**

> **Was denken sie über sich, über die Sache, über die eigene Person?**

> **Lassen sich die subjektiven Deutungen anderer Personen beeinflussen? Wie kann ein kritischer Linienvorgesetzter für das Projekt begeistert werden oder eine kritische Teilnehmerin in einem Kurs in Erwachsenenbildung? Wie kann ich selbst bei ihnen Akzeptanz gewinnen?**

(3) Dimension „offene und verdeckte soziale Regeln"

Erfolgreiches Handeln in einem sozialen System ist immer Handeln unter Berücksichtigung des jeweiligen geltenden Regelsystems: Wer muss bei Entscheidungen einbezogen werden? Wer muss informiert werden? Wie weit ist Kritik erlaubt? Welche Veränderungen sind legitim, bzw. wann entsteht Widerstand? Welche Regeln kann bzw. muss ein neuer Teamleiter in seinem Team einführen, damit das Team effizient arbeitet und er zugleich erforderliche Unterstützung erhält? Wie kann er diese Regeln einführen?

Systemkompetenz bedeutet damit

– die Fähigkeit, offene und geheime Regeln in einem sozialen System zu erkennen,

– die Fähigkeit, Freiräume optimal auszunutzen und zu erweitern,

– die Fähigkeit, sinnvolle neue Regeln einzuführen bzw. dysfunktionale Regeln abzuändern.

Was sich hier als Anforderung relativ einfach liest, ist in der Praxis keineswegs leicht. Dabei liegen die Schwierigkeiten bereits bei der Diagnose sozialer Regeln. Regelwissen ist implizites Wissen, das zu einem sehr geringen Teil bewusst ist und im Alltag in einem relativ langen unsystematischen Prozess erworben wird: Wer in ein neues soziales System kommt (z.B. eine neue Abteilung oder als Berufsanfänger nach dem Studium an den ersten Arbeitsplatz), kann sich eben nicht darauf verlassen, dass die Regeln des früheren Systems auch hier Geltung besitzen. Sondern er muss neue Regeln kennen lernen, z.B.

— Im Rahmen teilnehmender Beobachtung als intuitives Erfassen von neuen Regeln.

— Im Rahmen systematischer Beobachtung, indem z.B. analysiert wird, welches Verhalten positiv bzw. negativ sanktioniert wird. Wenn Kritik an Vorgesetzen negativ sanktioniert wird (durch Stirnrunzeln des Vorgesetzten oder Abwehr), so deutet das auf eine Regel „der Vorgesetzte darf nicht kritisiert werden!"

— Im Rahmen von Interviews. Auch dabei ist wieder zu beachten, dass Regelwissen zu einem großen Teil implizites Wissen und nicht direkt abfragbar ist. Die Frage „welche sozialen Regeln gelten hier?" führt vorwiegend zu offiziellen Regeln (Urlaubsregelung, Aufgabenbeschreibung usw.), aber häufig nicht zu den zumindest ebenso wichtigen „geheimen" Regeln. Geheime Regeln können besser indirekt nachgefragt werden, z.B.: „Was muss man tun, um hier vorwärts zu kommen?" „Was muss ich tun, um hier anzuecken?"

Entsprechend ist die Abänderung sozialer Regeln je nach der Position unterschiedlich durchzuführen:

— Welche Regeln können aus einer bestimmten Position vorgegeben, vorgeschlagen oder verändert werden? So kann z.B. die Leiterin eines Kurses in Erwachsenenbildung Feedback-Regeln vorgeben, z.B. positives Feedback und Anregungen einfordern. Oder die Leiterin einer Besprechung kann Brainstorming-Regeln vorgeben: Ideen zunächst lediglich zu sammeln und nicht sofort zu diskutieren. Eine Führungskraft kann bestimmte Regeln in ihrem Team einführen usw.

— Welche Regeln (und ggf. auch entsprechende Sanktionen) können gemeinsam vereinbart werden? Z.B. die Regel, dass für zu spät Kommende die Diskussion nicht noch mal aufgerollt wird, möglicherweise, dass zu spät Kommende einen Betrag in eine gemeinsame Kasse zahlen.

— Welche Regeln lassen sich durch Vormachen oder entsprechendes Sanktionieren einführen? So kann z.B. die Leiterin eines Kurses Feedback-Regeln vormachen, oder Teilnehmer können durch unruhiges Zusammenlegen ihrer Unterlagen, durch Aufstehen usw. eine Regel „Die Vorlesungszeit darf nicht überschritten werden!" einführen und stützen.

— Regeln können auch verändert werden, indem der Interpretationsspielraum verändert wird. Die Regeln „Der Vorgesetzte ist über alles wichtige zu informieren" hat keine scharfen Grenzen. Was ist so wichtig, dass es mitgeteilt werden muss? Was ist unwichtig? Offenbar ist die Grenze zwischen Wichtigem und Unwichtigem keine eindeutige und damit auch veränderbar: Eine Mitarbeiterin kann entscheiden, dass in der Zeit nichts Wichtiges vorgefallen ist und kann damit in der Tat eine Regel (schrittweise) abändern.

Bei Regelveränderung kommt üblicherweise zunächst die Top-Down-Perspektive in den Blick: Der Vorgesetzte kann die Regel abändern. Dies ist aber ein lineares Konzept, bei dem die Besonderheiten des jeweiligen sozialen Systems nicht berücksichtigt werden. Veränderung sozialer Regeln ist grundsätzlich aus jeder Position möglich (ebenso wie sie grundsätzlich aus jeder Position an Grenzen stößt), wobei die Grenze der Veränderbarkeit nicht von vorn herein definiert werden kann. Systemkompetenz bedeutet dabei

– ein Gespür für die Veränderungsmöglichkeiten eines sozialen Systems zu bekommen,

– entsprechende Freiräume auszunutzen und ggf. zu erweitern,

– zu erkennen, welche Regeln sinnvoll sind, welche nicht und entsprechende Abänderungen durchzuführen.

(4) Dimension „Regelkreise"

Das Verhalten in sozialen Systemen ist durch Regelkreise, d.h. immer wiederkehrende Interaktionsstrukturen gekennzeichnet: Immer wieder werden die selben Themen in Besprechungen neu aufgerollt, ohne dass es zu einem Ergebnis kommt, immer wieder argumentieren zwei Gesprächspartner gegeneinander, immer wieder versucht die Leiterin eines Kurses an der Volkshochschule ihr Vorgehen gegenüber den kritischen Fragen eines Teilnehmers zu begründen.

Regelkreise sind das, was ein soziales System zur Erstarrung bringen kann: Man hat das Gefühl, auf der Stelle zu treten, läuft gegen Wände, kommt nicht vorwärts. Systemkompetenz bedeutet damit

– Regelkreise in sozialen Systemen zu erkennen,

– Regelkreise abzuändern.

In vielen Situationen ist es extrem schwierig, solche Regelkreise, von denen man ja selbst betroffen ist, zu erkennen und abzuändern. In solchen Situationen tendiert man eher dazu, zu reagieren, d.h. „mehr desselben" zu tun und damit aber den Regelkreis zu verstärken bzw. zu stabilisieren. Veränderung von Regelkreisen erfordert zunächst Distanz gegenüber der konkreten Situation, um aus dieser Distanz den Regelkreis überhaupt zu erkennen und sich alternative Vorgehensweisen zu überlegen.

Systemkompetenz in Bezug auf die Regelkreise bedeutet somit:

> Bei Regelkreisen Distanz zu schaffen, sei es dadurch, dass eine Interaktion unterbrochen wird (z.B. eine Pause gemacht wird), sei es, dass man die Interaktion zunächst etwas laufen lässt und sie gleichsam von außen beobachtet

> Regelkreise erkennen: Was ist das Muster, das hier immer wieder abläuft? Ist es z.B. ein Muster von Nachfragen und Erläutern (wobei jede Erläuterung nur die nächste Nachfrage produziert), oder ist es ein Muster von Angriff und Gegenangriff oder Angriff und Verteidigung?

> Lösungen 2. Ordnung entwickeln: Was wären andere Handlungsmöglichkeiten in einer solchen Situation?

> Entwicklung eines Handlungsplans für die nächsten Schritte: Welche der Lösungen passt für die konkrete Situation?

Was das in konkreten Situationen bedeutet, ist von Fall zu Fall unterschiedlich: Für die Leiterin des Kurses mag es sinnvoll sein, bevor sie zu Einwänden eines Teilnehmers selbst Stellung bezieht, die anderen Teilnehmer nach ihrer Meinung zu fragen. Sie gewinnt damit Distanz und entwickelt zugleich eine Lösung zweiter Ordnung, indem sie aus dem Regelkreis „fragen – erklären" herauskommt und etwas anderes tut. Für Herrn Keil in dem zuvor genannten Beispiel mag die Lösung 2. Ordnung darin bestehen, dass er nicht weiter versucht, näher an seinen Vorgesetzten (HAL) zu gelangen – was stets zu neuer Abwehr von Seiten seines Kollegen, des AL 2, führt. Statt dessen wählt er eine Position zwischen AL 2 und seinen Mitarbeitern und versucht, sein Team zunächst einmal zu stabilisieren.

(5) Dimension Systemumwelt

Die Systemumwelt unterscheidet sich in materielle und soziale Umwelt. Je nachdem sind andere Kompetenzen erforderlich:

Systemkompetenz in Bezug auf die materielle Umwelt

Systemkompetenz in Bezug auf die materielle Umwelt bedeutet, sich diese Umwelt so zu gestalten bzw. sich in ihr so einzurichten, dass sie „passende" Handlungsmöglichkeiten bietet. Deutlich wird diese Aufgabe z.B. bei Präsentationen: Ein Referent präsentiert ein Konzept mit Hilfe von Overhead-Folien. Er steht dabei ganz am Rand, hat relativ große Distanz zu den Teilnehmern, wendet sich häufig der Leinwand zu. Hier fehlt Systemkompetenz: zu erkennen, welchen Platz er in Bezug auf das soziale System wählt, welche räumliche Distanz zu den Zuhörern angemessen ist usw. Ähnliche Situationen finden sich in Besprechungen: Der Besprechungsleiter sitzt am Rand, zwei Konfliktpartner einander genau gegenüber, es klingelt dauernd das Telefon, oder der PC signalisiert dauernd mit einem Tonsignal eintreffende Mails.

Daraus ergeben sich eine Reihe von Checkfragen:

- ➤ Sind wichtige Geräte erreichbar?
- ➤ Wie weit sind Störungen ausgeblendet?
- ➤ Sind Distanz und Richtung zu anderen Personen für die räumliche Umwelt passend eingerichtet?
- ➤ Ist die Sitzposition so gewählt, dass Blickkontakt zu relevanten Personen besteht und zugleich eine direkte Konfrontation vermieden wird?
- ➤ Ermöglicht die räumliche Anordnung eine sinnvolle Diskussion?
- ➤ Wie lässt sich die Systemumwelt verändern?

Systemkompetenz in Bezug auf andere soziale Systeme
Hier stellen sich grundsätzlich zwei Fragen:

- ➤ Welche anderen sozialen Systeme sind zu berücksichtigen?
- ➤ Wie ist die Systemgrenze?

Das Hauptproblem in der Praxis liegt darin, dass die Grenze zu anderen sozialen Systemen zu geschlossen oder zu durchlässig ist:

- Wie ist die Systemgrenze zwischen verschiedenen benachbarten Abteilungen? Ist sie möglicherweise zu geschlossen: Man konkurriert und übersieht dabei, dass in beiden Bereichen dieselben Probleme bearbeitet werden, wobei eine Ergänzung wesentlich sinnvoller wäre.

- Wie ist die Systemgrenze zwischen Beruflichem und Privatem beschaffen? Ist sie zu geschlossen, dergestalt, dass der Partner keinerlei Informationen über das hat, was während der Arbeit abläuft und sich ausgeschlossen fühlt? Oder ist sie zu durchlässig, indem die familiären Probleme in den Beruf hinein genommen werden und Konzentration auf die eigentliche Arbeit verhindern?

- Wie ist die Systemgrenze zwischen dem Vorgesetzten und seinen Mitarbeitern? Ist zuviel Distanz, oder fehlt die Distanz, so dass der Vorgesetzte keine Führungsaufgaben mehr ausüben kann?

- Wie ist die Systemgrenze zwischen einer Projektleiterin und dem Linienvorgesetzten? Ist sie zu wenig durchlässig? Hat sich das Projekt von der Linie abgeschottet? Welche Kontakte bestehen?

- Wie ist die Systemgrenze zwischen Leiterin und Teilnehmern in einem Seminar? Ist zu viel Distanz, oder fehlt Distanz?

Systemgrenzen sind durch Regeln definiert. Am Beispiel der Systemgrenze zwischen Vorgesetztem und Mitarbeitern verdeutlicht, heißt das:

- Darf der Vorgesetzte einen Mitarbeiter aus einer Kundenbesprechung herausholen, um mit ihm etwas zu bereden?
- Wie weit darf der Mitarbeiter den Vorgesetzten kritisieren?
- Wie weit darf der Mitarbeiter selbständig entscheiden, oder muss er jede Entscheidung mit dem Vorgesetzten absichern?

Systemkompetenz in dieser Situation bedeutet dann:
- zu erkennen, welche Regeln für den Umgang zwischen dem Vorgesetzten und Mitarbeitern gelten,

- den eigenen Freiraum auszuloten,

- dich selbst (in Kenntnis möglicher Konsequenzen) zu entscheiden, ob man die Regeln befolgt oder nicht.

Allgemein formuliert: Systemkenntnis in Bezug auf die Systemgrenze zu anderen sozialen Systemen bedeutet Überprüfung und Abänderung von Regeln:

> **Welche Regeln bestehen in Bezug auf die Abgrenzung des Systems nach außen?**

> **Welche Regeln bestehen in Bezug auf die Abgrenzung zwischen verschiedenen Subsystemen?**

> **Wie weit sind diese Abgrenzungen sinnvoll, oder bedürfen sie der Veränderung?**

(6) Dimension „Entwicklung sozialer Systeme"

Systemkompetenz in Bezug auf die Entwicklung sozialer Systeme lässt sich durch zwei Fragen präzisieren:

> **Wie ist die Entwicklungsgeschwindigkeit: Ist es sinnvoll, die Entwicklung zu verlangsamen oder voranzutreiben?**

> **Wie ist die Entwicklungsrichtung des sozialen Systems: Geht es in einem Team darum, zunächst neue Konzepte zu entwickeln, oder sollte das Schwergewicht auf Teamentwicklungsmaßnahmen liegen?**

Aus der Alltagserfahrung weiß man, dass es hier wohl auf die „richtige Geschwindigkeit" ankommt. Wenn man zu früh oder zu intensiv versucht, etwas durchzusetzen, kann gerade das zu Abwehr führen. Andrerseits gibt es durchaus Punkte, bei denen die Lösung 2. Ordnung gerade darin besteht, schnelle und gezielte Aktionen durchzuführen.

6.1.3 Förderung von Systemkompetenz

Im Alltag wird Systemkompetenz weniger durch gezielte Qualifizierungsmaßnahmen, sondern primär durch praktische Erfahrung erworben: Eine neue Studentin lernt „durch Erfahrung", sich in der Universität zurecht zu finden und in Seminaren erfolgreich zu verhalten. Sie lernt es z.B. dadurch, dass sie für unpassendes Verhalten sanktioniert wird. Oder ein neuer Mitarbeiter in einer Abteilung lernt durch intuitives Beobachten und das Erleben in dem neuen System, wo er aneckt, was er beachten muss, wie er seinen Freiraum erweitern kann.

Doch wie lässt sich Systemkompetenz fördern oder lehren? Offenbar lässt sich Systemkompetenz nicht durch isolierte Übungen, wie sie in manchen Trainingsmaßnahmen verwendet werden, lernen. Offenbar sind auch Planspiele nicht „die" Möglichkeit. Möglicherweise ist der Erwerb von Systemkompetenz (bzw. Sozialkompetenz) nicht einfach steuerbar.

Eine Ursache für diese Schwierigkeiten dürfte darin liegen, dass Systemkompetenz auf mehreren Ebenen liegt:

- Systemkompetenz erfordert zum einen Wissen, z.B. das Wissen, was Regelkreise sind und welche Auswirkungen sie auf das Verhalten in sozialen Systemen haben.

- Systemkompetenz erfordert die Beherrschung von Methoden, z.B. die Fähigkeit, Ich-Botschaften anstelle von Du-Botschaften zu formulieren.

- Systemkompetenz erfordert schließlich eine bestimmte Einstellung wie z.B. Sensibilität für das soziale System oder die Bereitschaft, tatsächlich etwas anderes zu tun.

Nun lässt sich Wissen relativ einfach vermitteln: Man kann jemandem erklären, was eine Ich-Botschaft ist. Auch Methoden lassen sich (zumindest in gewissem Rahmen) z.B. im Rahmen von Trainings einüben: Die Teilnehmer eines Seminars können in Rollenspielen Ich-Botschaften einüben. Aber ob sie solche Ich-Botschaften dann tatsächlich in der Praxis anwenden, ob sie eine entsprechende Einstellung und Bereitschaft dazu besitzen, ist damit nicht gesichert. Der Erwerb von Einstellungen lässt sich eben nicht einfach steuern, sondern hängt von einer Reihe von weiteren Faktoren wie der Verbindung mit dem eigenen Selbstkonzept, der Einschätzung der Informationsquelle (wie sympathisch oder glaubwürdig ist derjenige, der die Information gibt), von der Art der Informationsweitergabe, der emotionalen Beteiligung, der Gruppensituation, den eigenen Erfahrungen usw. ab. Einstellungen werden eben nicht einfach übernommen, sondern entstehen in einer aktiven Auseinandersetzung mit der jeweiligen Botschaft (vgl. z.B. Bohner u.a. 1999; Martens 1998, 115ff.).

Diese Überlegungen schließen allerdings nicht die Möglichkeit aus, den Erwerb von Systemkompetenz zu unterstützen. Insgesamt gibt es dafür folgende Ansatzpunkte:

(1) Erfahrungsmöglichkeiten schaffen

Wenn Systemkompetenz insbesondere durch praktische Erfahrung gelernt wird, dann ergibt sich daraus die Konsequenz, eben solche Erfahrungen zu schaffen:

- Ein Praktikum in einem anderen Unternehmen ermöglicht unmittelbar die Erfahrung neuer Personen, neuer Regeln, einer neuen Umwelt. Und durch Versuch und Irrtum, durch Bestätigung und Anecken wird Systemkompetenz erworben.

- Ein Auslandsaufenthalt, das Leben in einer neuen Umwelt ist ebenso ein Erfahren anderer Regeln.

- Eine Hospitation in einem Kurs an einer Bildungseinrichtung gibt nicht nur Informationen über mögliche Themen und das methodische Vorgehen, sondern vermittelt zugleich Systemkompetenz: Wie gehen Dozenten und Teilnehmer hier miteinander um? Welche Regelkreise entstehen? Was sind subjektive Deutungen?

(2) Vermittlung von Wissen

Systemkompetenz hat, das wurde oben gesagt, immer auch eine Wissenskomponente: das Wissen um besondere Regeln in einer Organisation, das Wissen um die Bedeutung von Regelkreisen usw. Daraus ergibt sich, dass Systemkompetenz in gewissem Umfang auch auf der Wissensebene vermittelt werden kann: Ein Vortrag kann auf besondere soziale Regeln in einer anderen Kultur aufmerksam machen, ein Buch auf die Bedeutung von Regelkreisen. Dabei sind diejenigen, die sich erfolgreich in einem sozialen System bewegen, häufig auch diejenigen, die am besten die Besonderheiten des sozialen Systems vermitteln können: Eine Studentin des Hauptstudiums kann ihr Wissen über geheime Regeln weitergeben, eine Führungskraft eine jüngere Abteilungsleiterin darüber informieren, was man in diesem System tun sollte, um vorwärts zu kommen, bzw. was man nicht tun darf.

(3) Trainingsmaßnahmen

Was die Methodenkompetenz betrifft, so sind Trainingsmaßnahmen gleichsam das klassische Instrument der Vermittlung von Systemkompetenz: In einem Training die Formulierung von Ich-Botschaften anstelle von Du-Botschaften zu üben oder Lösungen 2. Ordnung zur Auflösung von Regelkreisen zu entwickeln.

(4) Selbsterfahrungsübungen

Aus der Tradition der Selbsterfahrung, der Gruppendynamik oder der Erlebnispädagogik (vgl. z.B. Rechtien 1999; Heckmair/Michl 2002) stammen Selbsterfahrungsübungen. Letztlich geht es auch hier darum, in anderen Situationen „Systemkompetenz" zu erwerben: Teilnehmer eines Teamtrainings schätzen auf einem Arbeitsblatt ein, wie sie die anderen einschätzen und wie sie meinen, dass sie von anderen eingeschätzt werden; anschließend werden beide Einschätzungen verglichen (Hippler/Görlitz 2001, 82ff.; vgl. z.B. auch Antons 2000; Vopel 1996). Oder im Rahmen eines Outdoor-Trainings (z.B. König/König 2002) wird Teilnehmern bewusst, dass es ihnen schwer fällt, nein zu sagen. Selbstfahrungsübungen dienen dazu, Sensibilität zu fördern: bewusst zu machen, wie ich auf andere wirke oder wie mein Verhalten bei dem anderen ankommt.

(5) Coaching

Coaching ist Beratung im beruflichen Bereich. Coaching kann damit auch Unterstützung beim Erwerb von Systemkompetenz sein:

- Einen Abteilungsleiter darin zu unterstützen, seine Position in einem sozialen System zu finden.
- Einen Dozenten bei der Klärung der Erwartungen der Teilnehmer zu unterstützen bzw. dabei, sich auf die Teilnehmer einzustellen.
- Eine Mitarbeiterin beim Wechsel in eine neue Abteilung, eine neue Organisation, ein neues Unternehmen zu unterstützen.

Entscheidend dürfte aber bei allen Vorgehensweisen der Bezug auf die reale Erfahrung sein. Systemkompetenz wird eben nicht in Papier- und Bleistift-Übungen erworben oder in Rollenspielen, sondern letztlich im realen Handeln in sozialen Systemen und im Reflektieren dieses Handelns: in dem bewussten Wahrnehmen von Besonderheiten von anderen Systemen, im Lernen neuer sozialer Regeln, aber auch im Klären verdeckter Erfahrungen oder dem Reflektieren von Regelkreisen. Das deutet darauf hin, dass die Kombination von realer Erfahrung und Reflexion dieser Erfahrung z.B. im Rahmen von Coaching den aussichtsreichsten Ansatz darstellen: Coaching knüpft dabei zum einen an die realen Erfahrungen des Coachee in seinen sozialen Systemen an, zum anderen bietet es die Möglichkeit, sich diese Erfahrungen und damit auch Probleme beim Umgang in sozialen Systemen bewusst zu machen bzw. von außen Hinweise zu erhalten. Andere Formen wie die Vermittlung von Informationen, Trainingsmaßnahmen und Selbsterfahrungsübungen mögen das Erlernen von Systemkompetenz unterstützen, sie sind aber in Gefahr, sich von der realen Praxis zu lösen bzw. sind nur dann erfolgreich, wenn sie mit realen Situationen in den jeweiligen sozialen Systemen eng verknüpft sind.

6.2 Berufseinstieg als Wechsel sozialer Systeme

Eckard König / Thorsten Bührmann

Der berufliche Einstieg, die Schnittstelle zwischen Ausbildungs- und Beschäftigungssystem, wie beispielsweise der Hochschule und einem Unternehmen, ist eine entscheidende Phase für alle Beteiligten:

- Für Hochschulabsolventen stellt dieser Übergang zum einen den lang angestrebten Abschluss des Studiums dar, zum anderen den Einstieg in eine neue Lebensphase. Derartige Veränderungen sind immer auch verbunden mit einer Auseinandersetzung mit der eigenen Person, mit den eigenen Stärken und Schwächen, den eigenen Fähigkeiten und dem eigenen Selbstbewusstsein.

- Auf Seiten der Organisation, die einen Hochschulabsolventen aufnimmt, ist die Einführung neuer Mitarbeiter ebenfalls ein bedeutsamer Prozess, da hier wichtige Weichenstellungen hinsichtlich der Motivation und der Zufriedenheit des neuen Mitarbeiters stattfinden (Kieser 2003, 184ff.). In der Praxis werden zum Kennenlernen des Unternehmens häufig Trainee-Programme durchgeführt (Becker 2002, 135ff., Ferring/Staufenbiel 1993), es werden studienbegleitend organisierte Rekrutierungsstrategien eingesetzt, um möglichst früh einen erfolgreichen Berufseinstieg zu initiieren. Oder es werden, wie z.B. von Siemens und der Universität Paderborn, gemeinsame Studiengänge entwickelt, die universitäre Studieninhalte und Praxiserfahrungen im Unternehmen miteinander verzahnen.

- Auch für Hochschulen wird der erfolgreiche Berufseinstieg der jeweiligen Absolventen zunehmend zum Thema, so lässt sich inzwischen die Praxisorientierung des Studiums unter dem berufsqualifizierenden Aspekts als strategisch dringliche Aufgabe der Universitäten beschreiben: Vorbereitung angehender Absolventen auf den Berufseinstieg und die Vermittlung von fachübergreifenden Fertigkeiten, den sog. Basis- und Schlüsselqualifikationen, wird Gegenstand eigener Hochschulveranstaltungen und berufsorientierender Module im Studium, oder es werden Projekte zur Verbesserung der Kooperation zwischen Hochschule und Wirtschaft durchgeführt, um den Studierenden das aktive Kennenlernen der fachbezogenen beruflichen Praxis zu ermöglichen (vgl. z.B. Ehlert/Welbers 1999, Grühn 2001, Welbers 2003).

Die Frage ist, wie lässt sich dieser Wechsel theoretisch erklären und welche Konsequenzen ergeben sich daraus?

6.2.1 Berufseinstieg im Rahmen der Sozialisationsforschung

Zunächst liegt es nahe, den Berufseinstieg als Phase der Sozialisation zu verstehen (vgl. Heinz 1998; Kohli 1998; Lempert 1998, 174ff.). Berufseinstieg wird dann beschrieben als „Prozess der Transformation von Außenstehenden in teilnehmende und effektive Organisationsmitglieder und damit des Erwerbs der Fähigkeit zur Übernahme einer Rolle" (Drescher 1993, 5).

Im Rückgriff auf die interaktionistisch orientierte Rollentheorie ist der berufliche Einstieg ein Prozess der wechselseitigen Anpassung, d.h. es erfolgt sowohl eine Rollenübernahme als auch eine Rollengestaltung durch den Berufsanfänger (vgl. Heinz 1995, 161). So stellt sich beispielsweise der Bewerber für einen Arbeitsplatz auf die Unternehmenskultur durch eine entsprechende Umstrukturierung seines Lebenslaufes ein, während er andererseits zugleich die Organisationskultur verändert. Dabei wird in neueren Ansätzen insbesondere die Konfliktträchtigkeit dieses Prozesses betont (vgl. Heinz 1998, 401f.; Machwirth 2000, 95ff.): Die Herstellung der Balance zwischen eigener Identität und den beruflichen Anforderungen ist zugleich ein Prozess der Individuation in der beruflichen Sozialisation, wobei Individuation verstanden wird als „…Prozess und Ergebnis der konfliktreichen und desillusionierenden Auseinandersetzung mit dem Anpassungsdruck der Berufswelt" (Machwirth 2000,100): Der Hochschulabsolvent hat während des Studiums bestimmte Erwartungen, Wünsche und Hoffnungen bezüglich der beruflichen Tätigkeit aufgebaut, so vielleicht den Wunsch nach einer eigenverantwortlichen und verantwortungsvollen Aufgabe. Diese persönliche Erwartungshaltung muss während der Phase des beruflichen Einstiegs mit den realen Erfahrungen der Berufswelt abgeglichen werden. Verläuft diese Konfrontation negativ, so sind Frustration und Enttäuschungen das Ergebnis, verläuft sie positiv, so kann von einer gelungenen Sozialisation und Individuation gesprochen werden. Innerhalb dieser desillusionierenden Auseinandersetzung mit der beruflichen Sozialisation erfolgt dann die eigene Identitätsbildung: Die Identität des Berufseinsteigers, verstanden als die „…in der Persönlichkeitsstruktur verankerte und überdauernde Vorstellung von sich selbst…" (Machwirth 2000, 100), verändert sich durch die Erfahrungen, die er in dieser Übergangsphase macht. Aber diese Identitätsbildung ist zugleich ein sozialer Prozess: Identitätsbildung erfolgt in einer Gruppe von „Mitbetroffenen", die sich gegenseitig beeinflussen: „Individuation ist auch und sogar auf weite Strecken ein kollektiver Vorgang. Sie wird vom Individuum nicht ‚selbst entworfen', sondern gemeinsam in der Gruppe und in Abstimmung mit der Gruppe vollzogen" (Machwirth 2000, 101).

6.2.2   Phasen des Berufseinstiegs

Die sozial bestimmte Integration in eine neue Organisation lässt sich relativ allgemein in drei Phasen unterteilen (vgl. z.B. Heinz 1995, 161 ff.; Neuberger 1994, 122 ff.; Drescher 1993, 19 ff.):

(1) Antizipationsphase

In der ersten Phase, die vor dem eigentlichen Eintritt in die Organisation liegt, erfolgt eine Antizipation von Anforderungen und Beschäftigungskonditionen der in Frage kommenden Unternehmen. Der Berufseinsteiger informiert sich beispielsweise über die vermuteten Herausforderungen, gleicht sie mit seinen berufsbezogenen Erwartungen, Wünschen und Hoffnungen ab und befähigt sich ansatzweise für sie. Auch Organisationen stellen sich auf künftige Mitglieder ein, indem sie sich so präsentieren, dass sie für interessante Bewerber attraktiv sind. Zusammenfassend kann diese Phase demnach folgendermaßen charakterisiert werden: „Personen suchen sich ‚passende' Organisationen, passen sich ihnen an und passen sie sich an – und das Analoge tun auch Organisationen" (Neuberger 1994, 124).

(2) Eintrittsphase

Im nächsten Schritt wechselt der Hochschulabsolvent zum Berufsanfänger, von der Antizipationsphase zur Eintrittsphase. Hierbei erfolgt eine Einführung und Einarbeitung in die neue Organisation, in deren Verlauf der ‚Neuankömmling' seine Rolle im Unternehmen entwickelt. Vor allem die Anfangsphase wird dabei übereinstimmend als ein für den Berufsanfänger besonders schwieriges und belastendes Stadium der Orientierung in der neuen Organisationswelt charakterisiert: Sie geht einher mit Desorientierung, Unsicherheit, Fremdheitsgefühlen, Erleben eines Realitätsschocks usw. (vgl. Drescher 1993, 13f.; Neuberger 1994, 127ff.). Erklären lassen sich derartige Belastungen dadurch, dass die neuen Mitarbeiter sich ihrer angemessenen Rolle nicht sicher sind, sie die (Spiel-)Regeln noch nicht beherrschen und nur selten ausreichend Rückmeldung über die Angemessenheit ihrer Rollenübernahme bekommen (vgl. Heinz 1995, 161). Zudem sind in der Regel formale Probleme zu lösen, wie z.B. eine unklare Definition der Tätigkeit oder unklare Kompetenzen. Viele Organisationen versuchen, diese generelle Unsicherheit der Berufseinsteiger durch spezielle Einführungsprogramme, Paten- bzw. Mentorensysteme, Gesprächsrunden usw. aufzufangen, um so eine Entlastung für alle Beteiligten zu erreichen.

(3) Integrationsphase

Hat sich der Berufsanfänger schließlich eine Insider-Perspektive erarbeitet und ein soziales Beziehungsnetz aufgebaut, so wird aus dem „Novizen" ein Vollmitglied. Diese in der dritten Phase erfolgte Integration und Identifikation mit dem Unternehmen wird aus der Perspektive des Berufsanfängers dann erfolgreich bewertet, wenn er in der Organisation „mitspielen" und „improvisieren" kann, wenn er den Durchblick im formellen und informellen Sozialgefüge des Betriebes gewonnen hat sowie mit den herrschenden Regeln und Normen situationsangemessen umgehen kann. Die persönliche Erwartungshaltung ist dabei mit den realen Erfahrungen der Berufswelt abgeglichen worden, die Person hat sich neu „geeicht". Für die Organisation zeichnet sich das Ergebnis dieses Sozialisationsprozesses dadurch aus, dass der Mitarbeiter hohen Einsatz, Identifikation und Loyalität mit der Organisation zeigt und aktiv daran arbeitet, diese weiterzuentwickeln (vgl. Heinz 1995, 164).

6.2.3 Strategien erfolgreicher beruflicher Sozialisation

Versteht man den Berufseinstieg als Phase der Sozialisation, dann stellt sich die Frage nach Strategien, die geeignet sind, diese Sozialisationsphase erfolgreich zu bewältigen. Ziel ist, dass der Berufseinstieg nicht völlig zufällig und unkontrolliert abläuft, sondern vielmehr zielgerichtet und abschätzbar wird.

In der Literatur finden sich zahlreiche Empfehlungen, Anleitungen und Checklisten zur optimalen Gestaltung der Eintrittsphasen (vgl. z.B. Becker 2002, 290ff.; Kieser 2003, 186ff.; Neuberger 1994, 137ff.). Dabei reicht die Spannbreite von Paten- bzw. Mentorensystemen, in denen dem Berufseinsteiger ein erfahrener Mitarbeiter an die Seite gestellt wird, der dem Neuling bei allen Fragen und Problemen bezüglich der Arbeit zur Verfügung steht, bis zu alltäglichen Empfehlungen wie Informieren der künftigen Mitarbeiter, Herrichten des künftigen Arbeitsplatzes (Blumen hinstellen, Arbeitsmaterial vorbereiten etc.), Begrüßen, Vorstellen usw. Über die tatsächliche Wirksamkeit der einzelnen Verfahren liegen jedoch kaum empirische Untersuchungsergebnisse vor (vgl. Drescher 1993; Kieser u.a. 1990; Rhen 1990). Zudem wird hier kritisiert, dass kein theoretisches Modell vorliegt, auf dessen Basis dann die konkreten praktischen Empfehlungen abzuleiten wären.

Einen anderen Ansatz zur Beantwortung der Frage nach förderlichen Strategien für den Berufseinstieg bietet die in den letzten Jahren geführte Diskussion über Basis- bzw. Schlüsselqualifikationen. Ausgangspunkt ist die im Anschluss an Mertens (1974) inzwischen unbestrittene Grundannahme, dass für die Bewältigung beruflicher Situationen neben fachlichen Qualifikationen zugleich berufsübergreifende „Schlüsselqualifikationen" erforderlich sind. In Bezug auf den Berufseinstieg wird in diesem Sinne versucht, personale und soziale Kompetenzen festzulegen, die als Grundqualifikation für erfolgreiches berufliches Rollenhandeln gelten können. Derartige Schlüsselqualifikationen könnten dann gezielt bereits im Studium oder in der Eintrittsphase vermittelt werden.

Auch wenn es nicht möglich zu sein scheint, einen festen Katalog von Schlüsselqualifikationen zu definieren, so finden sich dennoch bei unterschiedlichen Autoren sehr ähnliche Formulierungen. Exemplarisch sei der Katalog von Machwirth (Machwirth

2000, 101f.) aufgeführt (vgl. z.B. auch Eilles-Matthiesssen 2002; Grühn 2001, 109ff., Lenzen 1998, 32ff). Hier werden als wichtige Schlüsselqualifikationen genannt:

- Zuverlässigkeit: Sorgfalt; Verlässlichkeit und Ausdauer bei der Durchführung übertragener Aufgaben und Arbeiten, Fähigkeit zu sachgerechtem Arbeiten

- Leistungsbereitschaft, Lernbereitschaft, selbständiges Lernen und Weiterlernen

- positive Einstellung zur Arbeit: Einsatzfreude; Motivation; Interesse; Identifikation mit der Arbeit; Aufgeschlossenheit für neue Entwicklungen und Denkansätze im Betrieb

- Verantwortungsbewusstsein

- Initiative: Kreativität; Fähigkeit zu selbständigem Handeln; selbständige Problemlösekompetenz; Risikofreude

- Kommunikatives Verhalten: Kommunikationsfähigkeit, Teamfähigkeit, Kooperationsbereitschaft

- Kritikfähigkeit: Kritik, aber auch Fähigkeit zur Selbstkritik; Fähigkeit, mit Konflikten rational umzugehen.

Speziell für den Berufseinstieg ergänzt Machwirth diese recht allgemein gehaltenen Schlüsselqualifikationen durch die Forderung nach „reflexiver Individuation" vor der „praktischen Individuierung" beim Berufseinstieg (Machwirth 2000, 100), d.h. Studierende sollten bereits im Studium, also vor dem eigentlichen Berufseinstieg, ihre Berufsbiographie antizipatorisch reflektieren. Das bedeutet für die Hochschule (Machwirth 2000, 105f.):

- Förderung individueller Lernsituationen, um so Selbstverwirklichung und Individuation im Studium zu ermöglichen: „Studierende müssen persönlich mehr gefordert werden, eigene Lernwege zu gehen und selbst zum Gestalter ihrer Lernbiographie zu werden" (Machwirth 2000, 105).

- Schaffung von offenen sozialen Situationen mit Gestaltungsmöglichkeiten und -notwendigkeiten, um so Selbstorganisation, Selbständigkeit und Verantwortungsbewusstsein zu üben.

- Eigenverantwortliche Durchführung von Projekten, damit Studierende lernen, komplexe Aufgaben im sozialen Kontext zu bewältigen.

- Etablierung einer neuen Gesprächskultur, in der Lehrende nicht nur Wissensvermittler sind, sondern sie die individuellen Lernwege und -erfahrungen der Studierenden beraten und begleiten.

6.2.4 Berufseinstieg als Wechsel in ein neues soziales System

Auf der Basis der Personalen Systemtheorie stellt sich der Berufseinstieg z.B. eines Hochschulabsolventen als ein Wechsel von einem sozialen System (z.B. der Universität) in ein anderes (z.B. ein Unternehmen) dar. Analog zu den Merkmalen sozialer Systeme bedeutet dies im Einzelnen:

(1) Personen des Systems

In dem neuen sozialen System „Unternehmen" bzw. der neuen Organisation sind andere Personen relevant als in der Universität. Waren es in der Universität insbesondere Professoren, wissenschaftliche Mitarbeiter, ggf. Mitarbeiter von Prüfungsämtern, aber auch Kommilitonen, von denen der Erfolg abhing, so spielen diese Personen im Beruf so gut wie keine Rolle mehr. An ihre Stelle treten Vorgesetzte, neue Kollegen, vielleicht die Sekretärin des Vorgesetzten, die Erfolg und Misserfolg beeinflussen. Dabei besteht das Problem darin, zu erkennen wer denn von diesen Personen „wirklich" relevant ist.

(2) Subjektive Deutungen

Weitgehend unbekannt sind auch die subjektiven Deutungen dieser Personen: Was genau sind ihre Erwartungen an die neue Mitarbeiterin oder den neuen Mitarbeiter? Sind diese Erwartungen im wesentlichen übereinstimmend oder sind sie unterschiedlich, indem z.B. ein Vorgesetzter ganz andere Erwartungen an die neue Mitarbeiterin stellt als die Kollegen im Team? Wie deuten Kollegen und Vorgesetzte den Einstieg des neuen Mitarbeiters: Als Belastung, da dieser nur fragt und als Hochschulabsolvent keine Praxiserfahrung hat? Oder als gewinnbringende Ergänzung, in Form von neuen Impulse und Ideen sowie als Entlastung in der täglichen Arbeit?

Auf der Seite des neuen Mitarbeiters bzw. der neuen Mitarbeiterin bedeutet der Berufseinstieg die Veränderung subjektiver Deutungen: Es sind neue Deutungen über die Situation und die neuen Personen im beruflichen Umfeld zu entwickeln, und es verändern sich die subjektiven Deutungen über die eigene Person. Dabei können diese subjektiven Deutungen sehr unterschiedlich sein. So beschreibt eine Berufseinsteigerin diese Phase beispielsweise rückblickend als Bedrohung, „wo ich dann das Gefühl hatte, dass es mir einfach zu viel ist". Eine andere Person dagegen spricht von einer Herausforderung und freut sich auf die neuen Aufgaben, „da ich ein sehr offener Mensch bin, der sich auch gerne auf neue Dinge einlässt und auch Spaß am Arbeiten hat, und ich auch sehr interessiert bin an neuen Bereichen".

(3) Soziale Regeln

Die wohl gravierendste Veränderung beim Berufseinstieg betrifft die sozialen Regeln, d.h. die offenen und verdeckten Anweisungen, was man tun darf, tun soll oder nicht tun darf. Universität und das neue Unternehmen unterscheiden sich dadurch, dass hier zu einem beträchtlichen Teil unterschiedliche Regeln gelten. Ein Hochschulabsolvent kennt üblicherweise am Ende seines Studiums die Regeln in seinem bisherigen Umfeld: Er weiß, an wen er sich wenden darf, er kennt die „geheimen Regeln" für Prüfungen, die z.B. (je nach Prüfer) festlegen, dass in mündlichen Prüfungen immer nach praktischen Konsequenzen oder nach empirischen Untersuchungen gefragt wird. Er kennt die Regel, dass Themen ausführlich „wissenschaftlich ausdiskutiert" werden sollen. Er hat gelernt, sich in dem sozialen System Hochschule erfolgreich zu bewegen – und kommt nunmehr mit dem Berufseinstieg in ein neues soziales System, in dem die bisherigen Regeln zu einem großen Teil nicht mehr gelten: Ein Berufsanfänger, der beginnt, eine praktische Frage ausführlich wissenschaftlich zu diskutieren, wird sehr schnell negative Sanktionen erfahren: dass sein Vorgehen viel zu theoretisch sei, dass es hier auf praktische Anwendung ankäme usw. Das bedeutet zunächst einmal Unsicherheit und in vielen Situationen die Erfahrung „immer wieder anzuecken".

Letztlich wird ein problemloser Berufseinstieg insbesondere davon abhängen, wie schnell und wie weit es einem Berufseinsteiger gelingt, die neuen sozialen Regeln zu lernen. Dabei mag es noch verhältnismäßig einfach sein, offizielle Regeln z.B. der Aufbauorganisation oder die Reisekostenregelung zu erfassen. Schwieriger, aber für den Erfolg oft entscheidender, sind die geheimen Regeln in einer Organisation:
- Darf die Vorgesetzte kritisiert werden?
- Muss der jüngste Mitarbeiter zunächst einmal die „unangenehmen" Aufgaben im Team übernehmen?
- Wen darf er um Unterstützung anfragen?
- Wie gründlich und wie schnell müssen Aufgaben abgearbeitet werden? usw.

(4) Regelkreise

Aus subjektiven Deutungen und sozialen Regeln entstehen in sozialen Systemen Regelkreise. Negative Regelkreise sind ein typisches Zeichen von nicht geglücktem Übergang, z.B.:
- Immer wieder wird der Berufsanfänger kritisiert, dass sein Vorgehen zu theoretisch zu sein.
- Immer wieder gibt er sich besondere Mühe, Aufgaben gründlich zu erledigen, aber das Ergebnis entspricht nicht den Erwartungen.
- Immer wieder fehlen ihm wichtige Informationen.

Erfolgreicher Übergang in das neue berufliche System bedeutet dem gegenüber, solche negativen Regelkreise zu vermeiden oder frühzeitig zu erkennen und „Lösungen 2. Ordnung" zu entwickeln.

(5) Systemumwelt

Der Berufseinstieg ist gekennzeichnet durch eine weitgehend neue und zunächst fremde Systemumwelt.

Dies betrifft zunächst die materielle Umwelt:
- Wo sind welche Unterlagen?
- Wo sind im Intranet wichtige Informationen zu finden?
- Wie ist der Arbeitsplatz beschaffen?
- Sind die benötigten Arbeitsmittel vorhanden bzw. wie kann der Berufseinsteiger sie bekommen? etc.

Entsprechendes gilt für die soziale Systemumwelt:
- Wer sind die Ansprechpartner für wichtige Fragen in der Personalverwaltung, in der Materialverwaltung usw.?
- Wie weit ist die Grenze zu anderen sozialen Systemen durchlässig oder geschlossen?
- Darf man bei Fragen zu einem Kollegen des benachbarten Bereichs gehen, oder sind die Abteilungen relativ geschlossene Systeme, bei denen es „verboten" ist, unmittelbar Kontakt aufzunehmen? etc.

(6) Entwicklung sozialer Systeme

Schließlich zeichnen sich soziale Systeme auch durch Entwicklung aus: Personen eines sozialen Systems wechseln, ihre subjektiven Deutungen, aber auch die Regeln und Interaktionsstrukturen verändern sich im Laufe der Zeit. Diese Entwicklung betrifft zum einen den Berufseinsteiger selbst: Berufseinstieg bedeutet Veränderung seiner Person, seiner subjektiven Deutungen, auch seiner Handlungen. Auf der anderen Seite ist der Einstieg eines neuen Mitarbeiters immer auch Veränderung des sozialen Systems: Eine neue Person gehört zu dem sozialen System, die anderen Personen (Kollegen, Vorgesetzte) werden ihre subjektiven Deutungen erweitern und teilweise verändern, es werden möglicherweise bisher geltende soziale Regeln abgeändert, es entstehen neue Regelkreise, die Systemumwelt verändert sich. Das soziale System ist nunmehr nicht mehr das alte.

6.2.5 Systemkompetenz als Voraussetzung erfolgreichen Berufseinstiegs

Auf inhaltlicher Ebene ist ein erfolgreicher Berufseinstieg durch den Erwerb der jeweils erforderlichen Fachkenntnisse gekennzeichnet: Gelingt es dem Berufseinsteiger, in kurzer Zeit die relevanten Fachkenntnisse zu erwerben? Kann er sich schnell in die verwendete Software einarbeiten? Lernt er als neuer Vertriebsmitarbeiter schnell, die besonderen Tücken z.B. bei der Erstellung eines Angebots zu beherrschen? Schafft er es, sich Informationen über die Produkte oder über das laufende Projekt zu holen?

Auf der Systemebene erfordert ein erfolgreicher Berufseinstieg, und damit können wir an das vorangegangene Kapitel anschließen, Systemkompetenz: Gelingt es der neuen Kollegin, in kurzer Zeit das neue soziale System „zu verstehen", d.h. zu erfassen, welche Faktoren in diesem System wirken und von denen ihre Position abhängt? Gelingt es ihr, ihre Position zu finden? Das bedeutet in Bezug auf die verschiedenen Dimensionen Personaler Systemkompetenz:

(1) Personen des neuen sozialen Systems

Der Einstieg in das System bedeutet für die Berufseinsteigerin oder den Berufseinsteiger zunächst, dass sie oder er auf eine Fülle neuer Personen trifft: Da gibt es neue Kollegen, neue Vorgesetzte, Ansprechpartner in anderen Abteilungen, den Betriebsrat, neue Kunden usw. Die erste Aufgabe ist, sich zunächst eine Übersicht über die wichtigen Personen zu verschaffen. Daraus ergeben sich für den Berufseinsteiger folgende Fragen:

> ➤ **Wer ist der unmittelbare Vorgesetzte? Wer sind andere wichtige Vorgesetzte, die Einfluss ausüben? Gibt es überhaupt eine klare Zuordnung – oder gibt es unterschiedliche Personen, die gleichermaßen und möglicherweise widersprüchliche Ansprüche anmelden?**

> ➤ **Wer sind die wichtigen Kollegen, sei es, dass der Berufseinsteiger mit ihnen zusammenarbeitet, sich das Büro teilt, sei es, dass auch sie Arbeit an den Neuen abschieben möchten?**

> ➤ **Wer sind wichtige Kunden bzw. Ansprechpartner in benachbarten Bereichen?**

> ➤ **Wen kann man um Hilfe fragen – und dann sicher sein, dass man wirklich Unterstützung erfährt?**

> ➤ **Gibt es Personen, die den „Neuen" als Konkurrenz erleben oder sich von ihm abgrenzen?**

Üblicherweise lernt man aufgrund von Erfahrung, wer die wichtigen Personen in dem neuen Umfeld sind – allerdings mit dem Risiko, dass ein solcher Prozess, wenn er unreflektiert erfolgt, lange dauert und durch Irrtümer gekennzeichnet sein kann. Die andere Möglichkeit ist, ihn systematisch zu gestalten, d.h.:

– In Besprechungen u. dgl. „bewusst" darauf achten, wer „wichtig" ist.

– Den unmittelbaren Vorgesetzten direkt fragen, wer die wichtigen Ansprechpartner für die neue Position sind bzw. wen er als Ansprechpartner empfiehlt. Häufig erhält man dadurch wichtige Hinweise.

– Eine bewährte Möglichkeit bieten in dieser Situation Paten- bzw. Mentoring-Programme: Einen persönlichen Ansprechpartner zugewiesen zu bekommen, an den man sich mit Fragen wenden kann und der einen zugleich dabei unterstützt, das neue soziale System kennen zu lernen und in ihm seine Position zu finden (vgl. z.B. Kieser u.a. 1990, 139ff.).

(2) Subjektive Deutungen

Subjektive Deutungen betreffen auch hier sowohl die subjektiven Deutungen anderer Personen als auch die eigenen Deutungen: Was sind die subjektiven Deutungen anderer Personen? Wie lassen sich die subjektiven Deutungen anderer Personen positiv verändern? Was sind „angemessene" eigene subjektive Deutungen?

Daraus ergeben sich folgende Checkfragen:

> **Was erwarten die anderen von mir? Wollen sie Unterstützung oder in Ruhe gelassen zu werden?**

> **Was denken die anderen von ihrer Arbeit, der Abteilung oder dem Unternehmen, in dem sie arbeiten?**

> **Was denken sie schließlich von sich selbst?**

> **Wie schätzen die anderen mich ein?**

> **Wie kann ich bei anderen einen „guten Eindruck" machen?**

Erwartungen anderer lassen sich erfragen – etwa im Rahmen des Startgesprächs oder auch in informellen Gesprächen. Aber was kann eine Berufsanfängerin tun, um bei anderen einen „guten Eindruck" zu machen?

Einen Ansatz dazu bietet die von Schulz von Thun (1981) eingeführte Unterscheidung zwischen vier Seiten einer Nachricht: der Inhalts-, Selbstoffenbarungs-, Beziehungs- und Appell-Ebene. Eine Berufseinsteigerin kann sich darüber klar werden, welche „Botschaften" sie senden möchte:

– Auf der Inhaltsebene z.B.: „Die Arbeit ist mir wichtig!", „Ich engagiere mich für meine Aufgaben!" „Es macht mir Spaß!"

– Auf der Selbstoffenbarungsebene: „Ich arbeite hier gerne!", „Ich bin kompetent!", vielleicht aber auch „Ich lasse nicht alles mit mir geschehen!"

– Auf der Beziehungsebene: „Meine Kollegen sind mir wichtig!", „Ich unterstütze sie!"

– Auf der Appell-Ebene: „Nehmt mich in Eurem System auf!"

Nun lassen sich bekanntlich solche Botschaften nicht „technisch" steuern, sondern sind entscheidend von der eigenen Einstellung geprägt: Wer mit Widerwillen an seine Arbeit geht, wird schwerlich die Botschaft senden können „die Arbeit hier macht mir Spaß". Das bedeutet für einen Berufseinsteiger bzw. eine Berufseinsteigerin zweierlei:

– Zunächst sich selbst klar werden, was das Positive an der Aufgabe und an den Kollegen ist und wo die eigenen Stärken liegen: Wo bin ich kompetent? Was kann ich Positives beitragen? Hintergrund dafür ist die These, dass es letztlich immer auch auf die „Beobachterperspektive" ankommt, ob man in einer Situation insbesondere negative Aspekte oder positive Aspekte sieht. Im Rahmen von Kognitiver Verhaltenstherapie, Neurolinguistischem Programmieren und Personaler Systemtheorie sind in diesem Zusammenhang verschiedene Möglichkeiten der „kognitiven Umstrukturierung" (Kognitive Verhaltenstherapie, vgl. z.B. Hautzinger 2000; Lückert/Lückert 1994, 228ff.), des „Reframing" (NLP; vgl. z.B. Bandler/Grinder 2001, Cameron-Bandler 2002, 119ff.) oder der „Referenztransformation" (Personale Systemtheorie, vgl. z.B. König/Volmer 2000, 86ff.) entwickelt worden.

– Der zweite Schritt ist dann, diese positiven Deutungen für sich selbst zu „kodieren" – sei es durch Selbstinstruktion (vgl. Fliegel 1998, 182ff.; Meichenbaum 1995) oder als Symbol (sog. Anker; vgl. Bandler/Grinder 2002, 101ff.; Mohl 2000, 165ff.), indem man sich z.B. ein Foto von der ersten erfolgreichen Präsentation auf den Schreibtisch stellt usw.

Sicher macht es auf der Basis eines solchen Vorgehens auch Sinn, sich von anderen Feedback zu holen. Denn auch hier gilt, dass die Wirkungen von Interventionen durch das soziale System definiert werden: Wie kommen die eigenen Botschaften bei anderen an? Wirken sie positiv oder übertrieben und unecht?

(3) Soziale Regeln

Im Alltag lernt man soziale Regeln zu einem großen Teil intuitiv, indem man in dem System lebt und positive bzw. negative Sanktionen erfährt. So lernen Kinder die geheimen Regeln der Familie weniger durch Erklärungen, sondern dadurch, dass sie in der Familie leben. Beim Wechsel in eine neue Organisation beim Berufseinstieg kommt es aber darauf an, diese Regeln möglichst schnell zu lernen, um sich in dem neuen System überhaupt zurecht zu finden. Was bedeutet das?

Ein erster Schritt besteht darin, sich klar zu machen, dass der Berufseinstieg den Wechsel in ein neues Regelsystem bedeutet, in dem die bisher vertrauten Regeln nur zu einem Teil gelten – vergleichbar vielleicht mit der Reise in ein fremdes Land mit einer anderen Kultur, wo der Reisende zunächst auch nicht weiß, was man tun darf bzw. nicht tun darf.

Der nächste Schritt besteht dann darin, die neuen sozialen Regeln zu identifizieren: So kann man beispielsweise auf der Basis von teilnehmender Beobachtung in Besprechungen darauf achten, was immer wieder oder nie geschieht und was positiv oder negativ sanktioniert wird: Wenn nie dem Vorgesetzten widersprochen wird, dann deutet das auf eine Regel hin, dass Mitarbeiter dem Vorgesetzten nicht widersprechen dürfen. Wenn Teilnehmer an Besprechungen zu unterschiedlichen Zeiten kommen oder gehen, ohne dass hier eine Reaktion erfolgt, deutet das darauf hin, dass es eine Regel gibt, „Termine brauchen nicht eingehalten zu werden!" bzw. dass ein Verstoß gegen eine mögliche Regel der Pünktlichkeit nicht sanktioniert wird.

Eine weitere Möglichkeit ist es, andere Mitarbeiter explizit nach Regeln zu fragen:

> **Worauf muss ich besonders achten, wenn ich hier anfange?**

> **Was sollte ich tun? Was sollte ich besser nicht tun?**

> **Wobei kann man hier anecken?**

> **Was muss man hier tun, um vorwärts zu kommen?**

Der Einstieg eines neuen Mitarbeiters oder einer neuen Mitarbeiterin in ein soziales System ist immer auch ein Anstoß, bisher geltende Regeln zu verändern. Allerdings wäre es sicherlich risikoreich, wenn ein neuer Mitarbeiter gleich zu Beginn versucht, Regeln abzuändern. Was hier eher geht, ist, schrittweise den Spielraum von Regeln zu erfassen und ggf. auszuweiten: Was sind die Punkte, bei denen ein neuer Mitarbeiter sich absichern muss? Was darf er alleine entscheiden? Kann er seinen Handlungsspielraum schrittweise und vielleicht unauffällig ausweiten?

(4) Regelkreise

Dass man in einen Regelkreis gefallen ist, wird für den Betroffenen zunächst dadurch erkennbar, dass er das Gefühl hat, nicht vorwärts zu kommen und auf der Stelle zu treten. Hier gilt, solche Regelkreise zu erkennen und „Lösungen 2. Ordnung" zu finden:

> **Gibt es typische Muster in dem neuen Umfeld, die immer wiederkehren? Was tut der Gesprächspartner, was ist die eigene Reaktion? Wiederholt sich dieses Muster?**

> **Was waren die bisherigen Versuche, das Problem zu lösen? – In der Regel sind solche bisherigen Lösungsversuche Teil des Regelkreises und haben nur zur Stabilisierung des Problems beigetragen.**

> **Was wäre „etwas anderes"? Kann der Berufseinsteiger, anstelle sich zu verteidigen, nicht zunächst nachfragen? Kann er jemanden um Unterstützung bitten? Macht es Sinn, sich weniger gründlich vorzubereiten?**

(5) Systemumwelt

Auf der Ebene der materiellen Systemumwelt gilt es, sich in der Umwelt einzurichten:

> ➢ Gibt es einen eigenen Arbeitsplatz, oder ist der Arbeitsplatz mit jemand anderem zu teilen?
> ➢ Lässt sich der Arbeitsplatz persönlich einrichten, z.B. durch persönliche Bilder, einen Erinnerungsgegenstand auf dem Schreibtisch? Lässt sich der Schreibtisch anders hinstellen?
> ➢ Fühle ich mich an diesem Arbeitsplatz wohl, oder was muss ich verändern?

Auf der Ebene der sozialen Systemumwelt ist die Frage der Systemgrenze zu klären:

> ➢ Welche Informationen dürfen aus dem System weitergegeben werden?
> ➢ Welche Informationen aus der Umwelt sind für die tägliche Arbeit relevant?
> ➢ Lassen sich Kontakte zu anderen Bereichen des Unternehmens knüpfen? Oder sind bestimmte Systemgrenzen zu anderen Bereichen zu beachten?

(6) Entwicklung sozialer Systeme

Berufseinstieg ist zunächst einmal Entwicklung des Berufseinsteigers oder der Berufseinsteigerin, zugleich aber immer auch Entwicklung des sozialen Systems. Was hier gilt, ist, diese Entwicklung wahrzunehmen und ein Gefühl „für den richtigen Zeitpunkt" zu entwickeln. Das heißt im einzelnen:

> ➢ Wie viel Zeit brauche ich, um mich in einem bestimmten Thema zurecht zu finden?
> ➢ Wie viel Zeit muss ich mir lassen, das System zu finden?
> ➢ Wann ist der richtige Zeitpunkt, Position zu beziehen? Oder sollte ich noch warten?
> ➢ Was verändert sich im Laufe der Zeit in dem jeweiligen System?
> ➢ Wie hat sich meine Position verändert? Ist es gelungen, sie zu festigen? Oder hat sich nichts verändert?

Systemkompetenz, damit können wir an die Überlegungen des vorausgegangenen Kapitels anknüpfen, kann gelernt bzw. unterstützt werden. Dabei können die Ansatzpunkte auf unterschiedlichen Ebenen liegen:

– Im Anschluss an Machwirth (2000) kann die Vermittlung von Systemkompetenz bereits innerhalb der Hochschule z.B. bei der Vorbereitung auf Praktika geschehen. Erfahrungen aus Praktika haben eine hohe Bedeutsamkeit für den Übergang vom Studium in den Beruf (vgl. Bührmann u.a. 2003). Im Grunde stellen sich hier die gleichen Aufgaben wie beim Berufseintritt: ein neues soziales System zu verstehen und sich in ihm zurecht zu finden. Vermittlung von Systemkompetenz kann hier bedeuten, theoretisches Wissen über soziale Regeln, Regelkreise und insgesamt den Einstieg in ein neues soziales System usw. zu vermitteln, diese Kenntnisse im Rahmen eines Praktikums unmittelbar anzuwenden und die Erfahrungen anschließend zu reflektieren.

– Auf der Seite der neuen Organisation kann die Vermittlung von Systemkompetenz Teil der praktischen Ausbildung oder Teil von Trainee-Phasen sein. Ein Beispiel dafür ist ein von der Universität Paderborn zusammen mit Siemens durchgeführtes Modellprojekt im Rahmen der Ausbildung. Anstelle allgemeiner Kommunikationstrainings, wie sie ursprünglich durchgeführt wurden, werden Auszubildende hier gezielt in der Entwicklung ihrer Systemkompetenz unterstützt: Was sind die relevanten Personen in dem neuen sozialen System? Wie lassen sich ihre Erwartungen und Einstellungen herausfinden? Was sind geheime soziale Regeln, und wie lassen sich Freiräume erkennen, ausschöpfen und möglicherweise vergrößern? Was sind typische Regelkreise und was sind Lösungen 2. Ordnung?

– Eine dritte Möglichkeit schließlich ist das sog. Transition- oder Übergangs-Coaching (vgl. König/Volmer 2003, 135ff.): einen Berufsanfänger dabei zu unterstützen, beim Wechsel in eine neue Position das neue soziale System zu erkennen und sich hier zu positionieren.

Erfolgreicher Berufseinstieg – so das Fazit – erfordert nicht nur fachliche Kompetenz bei der Beherrschung der entsprechenden Methoden, Verfahren und Inhalte. Erfolgreicher Berufseinstieg ist auch mehr als das Erlernen einer neuen Rolle. Sondern erfolgreicher Berufseinstieg bedeutet, ein neues soziales System kennen zu lernen und in ihm die eigene Position zu finden. Vorbereitung auf einen neuen Beruf ist damit grundsätzlich mehr als fachliche Qualifizierung, sondern ist daneben und möglicherweise sogar in erster Linie Vermittlung von Systemkompetenz.

Literaturverzeichnis

Agar, M.: The professional stranger. New York 1980

Altrichter, H.: Reflexion und Evaluation in Schulentwicklungsprozessen. In: Altrichter, H./Schley, W./Schratz, M. (Hrsg.): Handbuch zur Schulentwicklung. Innsbruck/Wien 1998, S. 263 - 335

Antons, K.: Praxis der Gruppendynamik. Göttingen (8. Aufl.) 2000

Atteslander, P.: Methoden der empirischen Sozialforschung. Berlin/ New York (9.Aufl.) 2000

Bachmair, S. u.a.: Beraten will gelernt sein: ein praktisches Lehrbuch für Anfänger und Fortgeschrittene. Weinheim (4. Aufl.) 1999

Bachmann, W.: Das neue Lernen. Paderborn 1991

Bandler, R./Grinder, J.: Metasprache und Psychotherapie. Paderborn (8. Aufl.) 1994

Bandler, R./Grinder, J.: Reframing. Paderborn (7. Aufl.) 2001

Bandler, R./Grinder, J.: Neue Wege der Kurzzeit-Therapie. Paderborn (13. Aufl.) 2002

Bang, R.: Hilfe zur Selbsthilfe für Klienten und Sozialarbeiter. München 1958

Bartz, A./König, E./Söll, F.: Coaching durch die Schulleitung. In: Schulverwaltung. Ausgabe Nordrhein-Westfalen, 13 (2002) 11, S. 292-295

Bastian, J. (Hrsg.): Pädagogische Schulentwicklung. Schulprogramm und Evaluation. Hamburg 1998

Bateson, G.: Ökologie des Geistes. Frankfurt am Main 1981

Bateson, G.: Geist und Natur. Frankfurt am Main 1982

Bateson, G.: Schizophrenie und Familie. Frankfurt am Main 1984

Bateson, G./Ruesch, J.: Kommunikation. Heidelberg 1995

Bayer, H.: Coaching-Kompetenz: Persönlichkeit und Führungspsychologie. München/Basel 1995

Becker, M.: Personalentwicklung. Bildung, Förderung und Organisationsentwicklung in Theorie und Praxis. Stuttgart (3. Aufl.) 2002

Becker, H./Langosch, I.: Produktivität und Menschlichkeit. Stuttgart (4. Aufl.) 1995

Behler, G.: Qualitätsentwicklung und –sicherung von Schule als Aufgabe der Schulaufsicht. In: LSW: Schulentwicklung und Schulaufsicht. Qualitätsentwicklung und Qualitätssicherung von Schule. (QUESS). Bönen/Soest 1998

Bertalanffy, L.v.: Das Biologische Weltbild. Bern 1949

Bertalanffy, L.v.: General System Theory. London/New York 1968

Bertalanffy, L.v.: ...aber vom Menschen wissen wir nichts. Düsseldorf/Wien 1970

Bertalanffy, L.v.: Gesetz oder Zufall: Systemtheorie und Selektion. In Koestler, A./ Smythies, J.R. (Hrsg.): Das neue Menschenbild. München 1970a, S. 71-95

Bertalanffy, L.v. u.a.: Systemtheorie. Berlin 1972

Bildungskommission NRW (Hrsg.): Zukunft der Bildung – Schule der Zukunft. Neuwied/Kriftel/Berlin 1995

Block, P.: Erfolgreiches Consulting. Frankfurt/New York 1997

Blumer, H.: Der methodologische Standort des Symbolischen Interaktionismus. In: Arbeitsgruppe Bielefelder Soziologen (Hrsg.): Alltagswissen, Interaktion und gesellschaftliche Wirklichkeit. Reinbek 1973, S. 80-146

Bock, M.: „Das halbstrukturiert-leitfadenorientierte Tiefeninterview". Theorie und Praxis der Methode am Beispiel von Paarinterviews. In: Hoffmeyer-Zlotnik, J.H.P. (Hrsg.): Analyse verbaler Daten. Opladen 1992, S. 90-109

Bogaschewsky, R. / Rollberg, R.: Prozessorientiertes Management. Berlin/ Heidelberg 1998

Bolbrügge, G.: Selbstorganisation und Steuerbarkeit sozialer Systeme. Weinheim 1997

Bortz, J./Döring, N.: Forschungsmethoden und Evaluation für Human- und Sozialwissenschaften. Berlin u.a. (3. Aufl.) 2002

Breloer, G.. Teilnehmerorientierung – eine neue Akzentuierung erwachsenenpädagogischen Handelns ? In: Theorie und Praxis der Erwachsenenbildung. 3/1979, S. 161-175

Breloer, G.: Aspekte einer teilnehmerorientierten Didaktik der Erwachsenenbildung. In: Breloer, G. u.a.: Teilnehmerorientierung und Selbststeuerung in der Erwachsenenbildung. Braunschweig 1980, S. 8-112

Brokmann-Nooren, Ch. u.a. (Hrsg.): NQ-Materialien: Handbuch Erwachsenenbildung. Weinheim/Basel 1995

Brommer, Ulrike: Schlüsselqualifikationen. Stuttgart 1993

Büeler, X.: System Erziehung. Bern u.a. 1994

Bührmann, Th./Frerichs, M./Kil, M.: Profilierung bereits im Studium? Diplom-Pädagogen/-innen im Übergang zum Beruf. In.: v. Friedrich, H./Schobert, B. (Hrsg.): Qualifizierte Praktika zur Berufsorientierung im geisteswissenschaftlichen Studium. Bergisch Gladbach 2003

Cameron-Bandler, L.: Wieder zusammenfinden. Paderborn (7. Aufl.) 1997

Dann, H.-D. u.a.: Analyse und Modifikation subjektiver Theorien von Lehrern. Konstanz 1982

De Shazer, S.: Muster familientherapeutischer Kurzzeit-Therapie. Paderborn (2. Aufl.) 1997

Degen, G./Zelasny, B.: Zielgruppenarbeit als Mittel zur Demokratisierung der VHS. In: Hessische Blätter zur Volksbildung 24 (1974), S. 198 – 205

Dörner, D.: Problemlösen als Informationsverarbeitung. Stuttgart (2. Aufl.) 1979

Doerry, G. u.a.: Bewegliche Arbeitsformen in der Erwachsenenbildung. Braunschweig 1981

Donnert, R.: Coaching. Die neue Form der Mitarbeiterführung. Würzburg 1998

Dreikurs, R.: Grundbegriffe der Individualpsychologie. Stuttgart (9. Aufl.) 2000

Dreikurs, R./Grey, L.: Kinder lernen aus den Folgen. Freiburg 2000

Dreikurs, R./Soltz, V.: Kinder fordern uns heraus. Stuttgart (9. Aufl.) 2001

Drescher, P.: Organisationale Sozialisation. Eine Studie über das Wohlbefinden von Betriebseinsteigern. Münster/New York 1993

Easterby-Smith, M.: The design, analysis and interpretation of repertory grids. In: Shaw, H.L.E. (Eds.): Recent advances in personal construct technology. London 1981, S. 9-30

Eberle, T.: Lebensweltanalyse und Handlungstheorie. Konstanz 2000

Eberspächer, H.: Probleme des Coaching als praktisch-psychologische Tätigkeit im Sport. In: Janssen, J.P./Hahn, E. (Hrsg.): Aktivierung, Motivation, Handlung und Coaching im Sport. Schorndorf 1983, S. 297 - 303

Ehlert, H./Welbers, U. (Hrsg.): Handbuch Praxisinitiativen an Hochschulen. Berufs- orientierende Angebote für Studierende an Universitäten. Neuwied 1999.

Eich, H.: Beiträge zu einer Ethik der Psychotherapie. In: Arnold, E./Sonntag, U. (Hrsg.): Ethische Aspekte der psychosozialen Arbeit. Tübingen 1994, S.72-82

Eilles-Matthiessen, C./El Hage, N./Janssen, S./Osterholz, A.: Schlüsselqualifikatio- nen in Personalauswahl und Personalentwicklung. Ein Arbeitsbuch für die Pra- xis. Bern 2002

Etzioni, A: Soziologie der Organisationen. München 1967

Exner, R.: Unternehmensberatung – systemisch. In: Königswieser, R./Lutz, Ch. (Hrsg.): Das systemisch evolutionäre Management. Wien 1992, S. 204 – 235

Faßnacht, G.: Systematische Verhaltensbeobachtung. München/Basel (2. Aufl.) 1995

Faulstich, P./Zeuner, C.: Erwachsenenbildung. Eine handlungsorientierte Einführung in Theorie, Didaktik und Adressaten. Weinheim/München 1999, S.99-137

Ferring, K./Staufenbiel, J.E.: Trainee-Programme. In: Strutz, H. (Hrsg.): Handbuch Personalmarketing. Wiesbaden (2. Aufl.) 1993

Flick, U.: Qualitative Sozialforschung. Eine Einführung. Reinbek (6. Aufl.) 2002

Fliegel, S.: Verhaltenstherapeutische Standardmethoden. Weinheim (4. Aufl.) 1998

Friebertshäuser, B: Interviewtechniken - ein Überblick. In: Friebertshäuser, B./ Pren- gel, A. (Hrsg.): Handbuch qualitative Forschungsmethoden in der Erziehungs- wissenschaft. Weinheim (2. Aufl.) 2003, S. 371-395

Friebertshäuser, B./Prengel, A.: Handbuch qualitative Forschungsmethoden in der Erziehungswissenschaft. Weinheim (2. Aufl.) 2003

Friedrichs, J.: Methoden der empirischen Sozialforschung. Opladen 1990

Fromm, M.: Repertory Grid Methodik. Weinheim 1995

Gairing, F.: Organisationsentwicklung als Lernprozeß von Menschen und Systemen. Weinheim 1996

Gausemeier, J./Fink, A.: Führung im Wandel – Ein ganzheitliches Modell zur zu- kunftsorientierten Unternehmensgestaltung. München/Wien 1999

Geißler, K.A.: Über soziale Probleme zu Beginn von Veranstaltungen. In: Müller, K. (Hrsg.): Kurs- und Seminargestaltung. Weinheim (5. Aufl.) 1994, S.12-20

Gergen, K. J.: An Invitation to Social Construction. London u.a. 1999.

Gergen, K. J.: Konstruierte Wirklichkeiten. Hannover 2002

Glasersfeld, E. v.: Wissen, Sprache und Wirklichkeit. Braunschweig 1987

Glasersfeld, E. v.: Radikaler Konstruktivismus. Frankfurt a.M. 1996

Götz, K./Häfner, P.: Didaktische Organisation von Lehr- und Lernprozessen. Ein Lehrbuch für Schule und Erwachsenenbildung. Weinheim (6. Aufl.) 2002

Goffman, E.: Interaktionsrituale. Über Verhalten in direkter Kommunikation. Frankfurt a.M. 1991

Goffman, E.: Rahmen-Analyse. Frankfurt 1977

Gomez, P./Probst, G.: Die Praxis des ganzheitlichen Problemlösens. Bern/Stuttgart/ Wien (3. Aufl.) 1999

Greif, S.: Bildungsbedarfsanalyse und Definition neuer Aufgaben. In: Greif, S./Kurtz, H.J. (Hrsg.): Handbuch selbstorganisiertes Lernen. Göttingen 1996, S. 197-209

Gordon, Th.: Managerkonferenz. Hamburg 1979

Gordon, Th.: Familienkonferenz. München 1989

Grochowiak, K.: Das NLP Practitioner Handbuch. Paderborn 1995

Groeben, N. u.a.: Forschungsprogramm subjektiver Theorien. Tübingen 1988

Groth, T.: Wie systemtheoretisch ist „Systemische Organisationsberatung"? Neuere Beratungskonzepte für Organisationen im Kontext der Luhmannschen Systemtheorie. Münster 1996

Grühn, D.: Praxisorientierung in Bachelorstudiengängen. In: Welbers, U. (Hrsg.): Studienreform mit Bachelor und Master. Neuwied/Kriftel 2001, S. 101-127

Gudjons, H.: Didaktik zum Anfassen. Bad Heilbrunn 1998

Habermas, J.: Vorbereitende Bemerkungen zu einer Theorie der kommunikativen Kompetenz. In: Habermas, J./Luhmann, N.: Theorie der Gesellschaft oder Sozialtechnologie. Frankfurt 1971, S. 101-141

Habermas, J.: Theorie der Gesellschaft oder Sozialtechnologie? Eine Auseinandersetzung mit Niklas Luhmann. In: Habermas, J./Luhmann, N. (Hrsg.): Theorie der Gesellschaft oder Sozialtechnologie. Frankfurt 1971a, S. 142 – 290

Habermas, J.: Erläuterungen zur Diskursethik. Frankfurt (2. Aufl.) 1992

Habermas, J.: Theorie des kommunikativen Handelns. Bd. 2, Frankfurt 1995

Habermas, J./Luhmann, N.: Theorie der Gesellschaft oder Sozialtechnologie. Was leistet die Systemforschung? Frankfurt 1971

Hackney, H./Cormier, L.S.: Beratungstrategien, Beratungsziele. München (4. Aufl.) 1998

Haenisch, H.: Wie Schulen ihr Schulprogramm entwickeln – Eine Erkundungsstudie an ausgewählten Schulen aller Schulformen. Soest/Bönen 1998

Hahn, K./Müller, F.-W. (Hrsg.): Systemische Erziehungs- und Familienberatung. Mainz (2. Aufl.) 1995

Haken, H./Wunderlin, A.: Die Selbststrukturierung der Materie. Synergetik in der unbelebten Welt. Braunschweig 1991

Hall, A.D./Fagen, R.E.: Definition of System. In: Händle, F./Jensen, S. (Hrsg.): Systemtheorie und Systemtechnik. München 1974, S.127-137

Hamann, A./Huber, J.J.: Coaching: der Vorgesetzte als Trainer. Leonberg 1997

Haupert, B.: Vom narrativen Interview zur biographischen Typenbildung. In: Garz, D./Kraimer, K. (Hrsg.): Qualitativ-empirische Sozialforschung. Opladen 1991, S. 213-254

Hautzinger, M.: Kognitive Verfahren. In: Batra, A./Wassmann, R./Buchkremer, G. (Hrsg.): Verhaltenstherapie. Grundlagen – Methoden – Anwendungsgebiete. Stuttgart 2000, S. 141-149

Heckmair, B. / Michl, W.: Erleben und Lernen. Neuwied (4. Aufl.) 2002

Heinz, W.R.: Arbeit, Beruf und Lebenslauf. Eine Einführung in die berufliche Sozialisation. Weinheim und München 1995

Heinz, W. R.: Berufliche und betriebliche Sozialisation. In: Hurrelmann, K./Ulich, D. (Hrsg.): Handbuch der Sozialisationsforschung. Weinheim (5. Aufl.) 1998, S. 397-415

Helle, H.J.: Theorie der Symbolischen Interaktion. Opladen (3. Aufl.) 2001

Hermanns, H.: Narratives Interview. In: Flick, U. u.a. (Hrsg.): Handbuch Qualitative Sozialforschung. München 1991, S. 182-185

Herrlitz, H.-G./Hopf, W./Titze, H.: Deutsche Schulgeschichte von 1800 bis zur Gegenwart. Eine Einführung. Weinheim u. München 1993

Hinsch, R./Pfingsten, U.: Gruppentraining sozialer Kompetenzen (GSK): Grundlagen, Durchführung, Anwendungsbeispiele. Weinheim (4. Aufl.) 2002

Hippler, B./Görlitz, G.: Selbsterfahrung in der Gruppe. Stuttgart 2001

Höffe, O.: Immanuel Kant. München (3. Aufl.) 1992

Hofer, M.: Sozialpsychologie erzieherischen Handelns. Toronto/Göttingen/Zürich 1986

Hohm, H.-J.: Soziale Systeme, Kommunikation, Mensch. Eine Einführung in soziologische Systemtheorie. Weinheim/München 2000

Hopf, C.: Qualitative Interviews – ein Überblick. In: Flick, U. u.a. (Hrsg.): Qualitative Forschung. Ein Handbuch. Reinbek 2000, S. 349-360

Horster, D.: Niklas Luhmann. München 1997

Horster, L.: Wie Schulen sich entwickeln können. Der Beitrag der Organisationsentwicklung für schulinterne Projekte. Bönen (4. Aufl.) 1998

Horster, L.: Auftakt und Prozeßbegleitung in der Entwicklung einer Schule. In: Altrichter, H./Schley, W./Schratz, M. (Hrsg.): Handbuch zur Schulentwicklung. Innsbruck / Wien 1998. S. 54 – 85

Huschke-Rhein, R.B.: Systemische Erziehungswissenschaft. Weinheim 1998

Huschke-Rhein, R.B.: Einführung in die systemische Pädagogik. Weinheim 2003

Hussy, W.: Denken und Problemlösen Stuttgart (2. Auf.)1998

Jürgens, G./Salm, H.: Fünf Freiheiten. In: Petzold, H. (Hrsg.): Wege zum Menschen. Bd.1. Paderborn (6.Aufl.) 1994, S. 387-450

Jüttemann, G. (Hrsg.): Komparative Kasuistik. Heidelberg 1990

Käser, R.: Neue Perspektiven der Schulpsychologie. Bern u.a. 1993

Kambartel, F.: Artikel Konsens. In: Mittelstraß, J. (Hrsg.): Enzyklopädie Philosophie und Wissenschaftstheorie. Bd. 2, Mannheim 1984, S. 439

Kamlah, W.: Philosophische Anthropologie. Mannheim 1972

Kamlah, W./Lorenzen, P.: Logische Propädeutik. Stuttgart 1973

Kanning, U. (Hrsg.): Handbuch personaldiagnostischer Instrumente. Göttingen 2002

Kant, I.: Kants Werke. Akademie Textausgabe. Berlin 1968, 9 Bde

Kaufmann, J.-C: Das verstehende Interview. Konstanz 1999

Keim, W.: 25 Jahre Gesamtschule in der Bundesrepublik – Versuch einer Standortbestimmung. In: RÖKEN, G.: Gesamtschule in Nordrhein-Westfalen. Essen 1996, S. 417 – 437

Kelly, G. A.: The psychology of personal constructs. 2 Bde. New York 1955

Kempkes, H.-G.: Teilnehmerorientierung in der Erwachsenenbildung. Bonn 1987

Kieser, A.: Einarbeitung neuer Mitarbeiter. In: von Rosenstiel, L./Regnet, E./Domsch, M. E. (Hrsg.): Führung von Mitarbeitern. Handbuch für erfolgreiches Personalmanagement. Stuttgart (5. Aufl.) 2003, S. 183-194

Kieser, A./Nagel, R./Krüger, K.-H./Hippler, G.: Die Einführung neuer Mitarbeiter in das Unternehmen. Neuwied/ Frankfurt (2. Aufl.) 1990

Klippert, H. : Pädagogische Schulentwicklung. Planungs und Arbeitshilfen zur Förderung einer neuen Lernkultur. Weinheim und Basel 2000

König, E.: Zur Legitimation von Entscheidungen des Schulleiters. In: Rosenbusch, H.S./Wissinger, J. (Hrsg.): Schulleiter-Handbuch 50/1989, S. 44-51

König, E.: Soziale Kompetenz. In: Handwörterbuch des Personalwesens. Stuttgart 1992, S. 2046-2056

König, E.: Qualitative Forschung im Bereich subjektiver Theorien. In: König, E./ Zedler, P. (Hrsg.): Qualitative Forschung. Weinheim (2. Aufl.) 2002, S. 55-69

König, E./Hillbrink, A.: Schritte der systemischen Bildungsbedarfsanalyse. In. König, E./Volmer, G.: Praxis der Systemischen Organisationsberatung. Weinheim (2. Aufl.) 1999, S. 115-130

König, E./Volmer, G.: Referenztransformation als Prinzip kognitiver Therapien. In: System Familie 2/1989, S. 12-20

König, E./Volmer, G.: Artikel „Beratung". In: H. Hierdeis (Hrsg.): Taschenbuch der Pädagogik. Hohengehren (4. Aufl.) 1996, S. 121-130

König, E./Volmer, G.: Praxis der Systemischen Organisationsberatung. Weinheim (2. Aufl.) 1999

König, E./Volmer, G.: Systemische Organisationsberatung. Weinheim (7. Aufl.) 2000

König, E./Volmer, G.: Systemisches Coaching. Handbuch für Führungskräfte, Berater und Trainer. Weinheim/Basel 2003

König, E. / Volmer, G.: Systemisches Consulting. Erscheint Weinheim/Basel 2004

König, E./Zedler, P.: Einführung in die Wissenschaftstheorie der Erziehungswissenschaft. Düsseldorf 1983

König, E./Zedler, P.: Theorien der Erziehungswissenschaft. Weinheim/Basel (2. Aufl.) 2002

König, E./Zedler, P. (Hrsg.): Qualitative Forschung. Weinheim (2. Aufl.) 2002a

König, S. / König, A.: Outdoor-Teamtrainings. Augsburg 2002

Königswieser, R./Lutz, Ch. (Hrsg.): Das systemisch evolutionäre Management. Wien 1992

Königswieser, R.: Systemische Intervention. Stuttgart (6. Aufl.) 2001

Königswieser, R./Exner, A.: Systemische Intervention. Stuttgart (7. Aufl.) 2002

Kohli, M.: Lebenslauftheoretische Ansätze in der Sozialisationsforschung. In: Hurrelmann, K./Ulich, D. (Hrsg.): Handbuch der Sozialisationsforschung. Weinheim (5. Aufl.) 1998, S. 303-317

Kommer, D.: Handlungsanforderungen beim Selbstkonfrontations-Interview. In: Breuer, F./Quekelsberghe, R.v. (Hrsg.): Studium zur Handlungstheorie und Psychotherapie. Landau 1984

Kotler, P./Bliemel, F.: Marketing-Management. Analyse, Planung und Verwirklichung. Stuttgart (10. Aufl.) 1999

Krech, J.: Grundriß der strategischen Unternehmensplanung. München/Wien 1998

Krieger, D. J.: Einführung in die allgemeine Systemtheorie. München 1996

Kriz, J.: Systemtheorie für Psychotherapeuten, Psychologen und Mediziner. Wien 1999

Kriz, W.C.: Lernziel: Systemkompetenz. Planspiele als Trainingsmethode. Göttingen 2000

Kromrey, H.: Empirische Sozialforschung. Opladen (10. Aufl.) 2002

Krüger, H.-H.,/Wensierski, H. J. v.: Biographieforschung. In: König, E./Zedler, P. (Hrsg.): Bilanz qualitativer Forschung. Weinheim 1995, Bd. 2. S. 183-223

Krüssel, H.: Unterricht als Konstruktion. In: Voß, R. (Hrsg.): Die Schule neu erfinden. Neuwied/Berlin (2. Aufl.) 1997, S. 92-104

Lamnek, S.: Qualitative Sozialforschung. Bd. 2: Methoden und Techniken. München (3. Aufl.) 1995

Lamnek, S.: Qualitative Interviews. In: König, E./Zedler, P.: Qualitative Forschung. Weinheim (2. Aufl.) 2002, S. 157-193

Landesinstitut für Schule und Weiterbildung (Hrsg.) - LSW: Schulentwicklung und Schulaufsicht. Qualitätsentwicklung und Qualitätssicherung von Schule. Ergebnisse und Materialien aus der Fortbildungsmaßnahme 'Schulentwicklung und Schulaufsicht (QUESS)'. Bönen/Soest 1998

Landsberg, M.: Das Tao des Coaching. Frankfurt/New York 1998

Langmaack, B./Braune-Krickau, M.: Wie die Gruppe laufen lernt. München (5. Aufl.) 1995

Lehner, M./Wilms, F. E. P.: Systemisch denken – klipp und klar. Zürich 2002

Lempert, Wolfgang: Berufliche Sozialisation oder Was Berufe aus Menschen machen. Hohengehren 1998.

Lenzen, A.: Erfolgsfaktor Schlüsselqualifikationen. Heidelberg 1998.

Lenzen, D./Luhmann, N. (Hrsg.): Bildung und Weiterbildung im Erziehungssystem. Frankfurt 1997

Lindner, U.: Probleme und Anforderungen von Bildungsbedarfsanalysen in prozeßorientierten Veränderungsprozessen ausgewählter Unternehmen. Erfurt 2001

Lippit, G.L./Lippit, R.: Beratung als Prozeß: Was Berater und ihre Kunden wissen sollten. Goch 1984

Looss, W.: Coaching für Manager. Landsberg 1991

Luchte, K.: Teilnehmerorientierung in der Praxis der Erwachsenenbildung. Weinheim 2001.

Lückert, H.-R./Lückert, I.: Einführung in die kognitive Verhaltenstherapie. München/Basel 1994

Lüssi, P.: Systemische Sozialarbeit. Bern/Stuttgart (Haupt, 5. Aufl.) 2001

Luhmann, N.: Soziologische Aufklärung Bd. 1: Aufsätze zur Theorie sozialer Systeme. Opladen 1970

Luhmann, N.: Soziale Systeme. Frankfurt a. M. 1984

Luhmann, N.: Neuere Entwicklungen in der Systemtheorie. In: Merkur (42) 1988, S. 292-300

Luhmann, N.: Anfang und Ende: Probleme einer Unterscheidung. In: Luhmann, N./Schorr, K.E. (Hrsg.): Zwischen Anfang und Ende. Frankfurt 1990, S. 11-23

Luhmann, N.: Soziologische Aufklärung 5. Opladen 1990a

Luhmann, N.: Soziologische Aufklärung 1. Opladen (6. Aufl.) 1991

Luhmann, N.: Soziologische Aufklärung 6. Opladen 1995

Luhmann, N.: Die Gesellschaft der Gesellschaft. Frankfurt 1997

Luhmann, N./Schorr, K.-E.: (Hrsg.): Zwischen Anfang und Ende. Frankfurt 1990

Lukesch, H.: Einführung in die pädagogisch-psychologische Diagnostik. Regensburg 1998

Lutterer, W.: Gregory Bateson. Eine Einführung in sein Denken. Heidelberg 2002

Machwirth, Eckart: Berufliche Sozialisation zwischen Individuation und Integration. In: Dewe, B. (Hrsg.): Betriebspädagogik und berufliche Weiterbildung. Wissenschaft - Forschung - Reflexion. Bad Heilbrunn 2000, S. 95-106

Mäder, K.: Der Beitrag von Coaching für die Schulentwicklung. In: Journal für Schulentwicklung 1/2003, S. 54-57

Manteufel, A./Schiepek, G.: Systemspiele und Systemkompetenz – Ein Beitrag zur systemtheoretisch begründeten Praxis. Systhema 3/1993, S. 19-27

Marc, E./Picard, D.: Bateson, Watzlawick und die Schule von PaloAlto. Frankfurt 1991

Margraf, J. (Hrsg.): Lehrbuch der Verhaltenstherapie. Bd. 1: Grundlagen – Diagnostik – Verfahren – Rahmenbedingungen. Heidelberg 1996

Martens, J. U.: Verhalten und Einstellungen ändern. Hamburg (4. Aufl.) 1998

Martin, E./Wawrinowski, U.: Beobachtungslehre. Weinheim (3. Aufl.) 2000

Marx, W./Hejj, A.: Subjektive Strukturen. Göttingen 1989

Maturana, H. R.: Erkennen: Die Organisation und Verkörperung von Wirklichkeit. Braunschweig (2. Aufl.) 1985

Maturana, H. R.: Biologie der Realität. Frankfurt a.M. 2000

Mayring, P.: Qualitative Inhaltsanalyse. Weinheim (7. Aufl.) 2000

McDermott, I./O'Connor, J.: NLP für die Management-Praxis. Paderborn 1999

Meichenbaum, D.W.: Kognitive Verhaltensmodifikation. Weinheim 1995

Merk, R.: Weiterbildungsmanagement. Neuwied 1998

Mertens, D.: Schlüsselqualifikationen. Thesen zur Schulung für eine moderne Gesellschaft. In: Mitteilungen aus der Arbeitsmarkt- und Berufsforschung 7 (1974),
S. 25-37

Merton, R.K.: Die Eigendynamik gesellschaftlicher Voraussagen. In: Topitsch, E.
(Hrsg.): Logik der Sozialwissenschaften. Frankfurt a.M. (12. Aufl.) 1993, S.
144-161

Merton, R.K./Kendall, P.L.: Das fokussierte Interview. In: Hopf, C./Weingarten, E.
(Hrsg.): Qualitative Sozialforschung. Stuttgart (3. Aufl.) 1993, S. 171-204

Meueler, E.: Erwachsene lernen. Stuttgart (4. Aufl.) 1992

Miller, R.: "Das ist ja wieder typisch", Kommunikation und Dialog in Schule und
Schulverwaltung. Weinheim (2. Aufl.) 1997

Ministerium f. Schule u. Weiterbildung, Wissenschaft und Forschung (MSWWF)
(Hrsg.): Gemeinsames Amtsblatt. Jahresbeilage: Bereinigte Amtliche Sammlung
der Schulvorschriften des Landes NRW. Düsseldorf/Frechen 1998

Minuchin, S.: Familie und Familientherapie. Freiburg 1977

Mohl, A.: Der Zauberlehrling. Paderborn (7. Aufl.) 2000

Müller, G.: Systemisches Coaching im Management. Weinheim 2003

Müller, G./Hoffmann, K.: Systemisches Coaching. Heidelberg 2002

Müller, K.: Allgemeine Systemtheorie. Opladen 1996

Müller, S.: Schulentwicklung und Schülerpartizipation. Möglichkeiten der Beteiligung von Schülerinnen und Schülern an innerschulischen Innovationsprozessen
untersucht am Fallbeispiel der Hauptschule E. Neuwied 1996

Müller-Stewens, G.: Strategie und Organisationsstruktur. In: Frese, E. (Hrsg.):
Handwörterbuch der Organisation, Stuttgart (3. Aufl.) 1992, Sp. 2344-2355

Münch, R.: Soziologische Theorie Bd. 2: Handlungstheorie. Frankfurt/New York
2003

Mummendey, H.D.: Die Fragebogen - Methode. Göttingen u.a. (3. Aufl.) 1999

Neuberger, Oswald: Personalentwicklung. Stuttgart (2. Aufl.) 1994

O'Connor, J./McDermott, I.: Die Lösung lauert überall. Kirchzarten 1998

OECD: Bildungswesen: mangelhaft. BRD-Bildungspolitik im OECD-Länderexamen.
(deutsch herausgegeben v. Hüfner, K.), Frankfurt u.a. 1973

Olbrich, J.: Erwachsenenbildung als soziales System. In: Theorie und Praxis der Erwachsenenbildung. 6 Jg. 1973, Heft 3

Olbrich, J.: Systemtheorie und Erwachsenenbildung. In: Tippelt, R. (Hrsg.): Handbuch Erwachsenenbildung/Weiterbildung. Opladen (2. Aufl.) 1999, S. 157-183

Orendi, B./Pabst, I./Udris, I.: Kooperation in Arbeitsgruppen. Zürich 1986

Pallasch, W./Simon,R.: Professionelles Coaching im Schulbereich. In: Journal für Schulentwicklung 1/2003, S. 17-26

Palmowski, W.: Der Anstoß des Steines. Systemische Beratungsstrategien im schulischen Kontext. Ein Einführungs- und Lernbuch. Borgmann (5. Aufl.) 2002

Parsons, T.: Zur Theorie sozialer Systeme. (Hrsg. Von S. Jensen). Opladen 1976

Petzold, H. (Hrsg.): Wege zum Menschen. 2 Bde. Paderborn (6. Aufl.) 1994

Philipp, E.: Teamentwicklung in der Schule. Weinheim/Basel 1996.

Philipp, E.: Organisationsdiagnose: Methoden und Konzepte. In: Altrichter, H./Schley, W./Schratz, M. (Hrsg.): Handbuch zur Schulentwicklung. Innsbruck/Wien 1998, S 239-262

Pieper, A.: Einführung in die Ethik. Tübingen (3. Aufl.) 1994

Probst, G.J.B.: Selbst-Organisation. Ordnungsprozesse in sozialen Systemen aus ganzheitlicher Sicht. Berlin 1987

Probst, G./Gomez, P.: Vernetztes Denken. Wiesbaden (2. Aufl.) 1991, S. 72

Quitmann, N.: Humanistische Psychologie. Göttingen (3. Aufl.) 1996

Raddatz, S.: Beratung ohne Ratschlag. Wien 2000.

Rapoport, A.: Allgemeine Systemtheorie. Darmstadt 1988

Rauen, C.: Coaching: Innovative Konzepte im Vergleich. Göttingen 1999

Rauen, C.: Handbuch Coaching. Göttingen u.a. (2. Aufl.) 2002

Rechtien, W.: Angewandte Gruppendynamik. München (3. Aufl.) 1999

Rehn, M.-L.: Die Einarbeitug neuer Mitarbeiter. Eine Längsschnittstudie zur Anpassung an Normen und Werte der Arbeitsgruppe. München & Mering 1990

Reich, K.: Systemisch-konstruktivistische Pädagogik. Einführung in Grundlagen einer interaktionistisch-konstruktivistischen Pädagogik. Berlin (4. Aufl.) 2002

Robinsohn, S.B.: Bildungsreform als Revision des Curriculum. Neuwied 1971

Rogers, C.R.: Therapeut und Klient. Grundlagen der Gesrpächspsychotherapie. München 1977

Rogers, C.R.: Die klientenzentrierte Gesprächspsychotherapie. Frankfurt 1983

Rogers, C.R.: Klientzentrierte Psychotherapie. In: Rogers, C./Schmid, P. F.: Personzentriert. Mainz 1991, S. 185-235

Rosenbusch, H. S.: Lehrer und Schulräte. Ein strukturell gestörtes Verhältnis. Bericht über eine empirische Untersuchung zur Einschätzung der Schulaufsicht durch Lehrer. Bad Heilbrunn 1994

Rosenbusch, H.S.: Schulleitung als Beruf. In: Schul-Management, 1/2002, S. 20-22

Saldern, M.v.: Erziehungswissenschaft und neue Systemtheorie. Berlin 1991

Saldern, M.v.: Grundlagen systemischer Organisationsentwicklung. Baltmannsweiler 1998

Satir, V.: Kommunikation, Selbstwert, Kongruenz. Konzepte und Perspektiven familientherapeutischer Praxis. Paderborn (6. Aufl.) 2001

Satir, V. u.a.: Das Satir-Modell. Familientherapie und ihre Erweiterung. Paderborn (2. Aufl.) 2000

Schanz, G.: Organisation. In: Frese, E. (Hrsg.): Handwörterbuch der Organisation. Stuttgart (3. Aufl.) 1992, S. 1459-1471

Scheiring, H.: Subjektive Theorien von Schülern über aggressives Handeln. Weinheim 1998

Schein, E.H.: Process Consultation. Bd. 1. Addison 1969

Schein, E.H.: Organisationsberatung für die neunziger Jahre. In: Fatzer, G. (Hrsg.): Organisationsentwicklung für die Zukunft. Köln 1993, S. 405-420

Schein, E.H.: Prozessberatung für die Organisation der Zukunft. Köln 2000

Scheller, R./Heil, F.E.: Beratung. In: Sarges, W./Fricke, R. (Hrsg.): Psychologie für die Erwachsenenbildung-Weiterbildung. Göttingen 1986, S. 94-98

Schiepek, G.. Systemtheorie in der Klinischen Psychologie. Braunschweig 1991

Schiepek, G. Die Grundlagen der Systemischen Therapie. Göttingen 1999

Schiersmann, Ch. Zielgruppenforschung. In: Tippelt, R. (Hrsg.): Handbuch Erwachsenenbildung. Opladen (2. Aufl.) 1999, S. 557 – 565

Schlee, J./Wahl, D.: Veränderung Subjektiver Theorien von Lehrern. Oldenburg 1987

Schley, W.: Change Management: Schule als lernende Organisation. In: Altrichter, H./Schley, W./Schratz, M. (Hrsg.): Handbuch zur Schulentwicklung. Innsbruck/Wien 1998 S. 13- 53

Schlippe, A. von/ Schweitzer, J.: Lehrbuch der systemischen Therapie und Beratung. Göttingen (8. Aufl.) 2002

Schmelzer, H.J./Sesselmann, W.: Geschäftsprozessmanagement in der Praxis. München/Wien 2001

Schnell, R. u.a.: Methoden der empirischen Sozialforschung. München (6. Aufl.) 1999.

Scholz, W.-U.: Weiterentwicklungen in der kognitiven Verhaltenstherapie. Stuttgart 2001

Schorr, A.: Die Verhaltenstherapie. Weinheim/Basel 1984

Schreyögg, A.: Supervision. Paderborn 1992

Schreyögg, G.: Organisation. Wiesbaden 1999

Schütze, F.: Zur Hervorlockung und Analyse thematisch relevanter Geschichten im Rahmen soziologischer Feldforschung. In: Arbeitsgruppe Bielefelder Soziologen (Hrsg.): Kommunikative Sozialforschung. München 1976, S. 159-260

Schuler, H. (Hrsg.): Lehrbuch Organisationspsychologie. Bern 1993

Schulz von Thun, F.: Miteinander Reden. Störungen und Klärungen. Reinbek 1981

Scott, W. R.: Grundlagen der Organisationstheorie. Frankfurt/New York 1986

Scott-Morgan, P./Little, A. D.: Die heimlichen Spielregeln. Frankfurt/New York (3. Aufl.) 1995

Selvini Palazzoli, M. u.a.: Hinter den Kulissen der Organisation. Stuttgart 1984

Shula, D./Blanchard, K.: Coaching. Erfolgsgeheimnisse aus Topmanagement und Spitzensport. Wien 2000

Siebert, H.: Teilnehmerorientierung als eine didaktische Legitimationsgrundlage. Stuttgart u.a. 1980

Siebert, H.: Didaktisches Handeln in der Erwachsenenbildung. Neuwied u.a. 1996

Siebert, H.: Konstruktivismus: Konsequenzen für Bildungsmanagement und Seminargestaltung. Frankfurt 1998

Siebert, H.: Vernetztes Lernen. Systemisch-konstruktivistische Methoden der Bildungsarbeit. München 2003

Söll, F. Was denken Lehrer/innen über Schulentwicklung. Eine qualitative Studie zu subjektiven Theorien. Weinheim/Basel 2002

Speck, O.: System Heilpädagogik. Eine ökologisch reflexive Grundlegung. München (5. Aufl.) 2003

Spies, W.E.: Bildungsplanung in der Bundesrepublik Deutschland. Kastellaun u. Saarbrücken 1976

Strzelewicz, W. u.a.: Bildung und gesellschaftliches Bewusstsein. Stuttgart 1966

Tietgens, H.: Adressatenorientierung der Erwachsenenbilung. In: Hessische Blätter für Volksbildung 4. Frankfurt 1977, S. 283-290

Tietgens, H.: Teilnehmerorientierung als Antizipation. In: Breloer, G. u.a. (Hrsg.): Teilnehmerorientierung und Selbststeuerung in der Erwachsenenbildung. Braunschweig 1980, S. 117-235

Tietgens, H.: Allgemeine Bildungsangebote. In: Weinert, F.E./Mandl, H. (Hrsg.): Enzyklopädie der Psychologie. Band 4: Psychologie der Erwachsenenbildung. Göttingen u.a. 1997, S. 469-505

Tippelt, R. (Hrsg.): Handbuch Erwachsenenbildung/Weiterbildung. Opladen (2. Aufl.) 1999

Trebesch, K.: Organisationsentwicklung. Stuttgart 2000

Tschacher, W.: Interaktion in selbstorganisierten Systemen. Heidelberg 1990

Tschacher, W.: Prozessgestalten. Die Anwendung der Selbstorganisationstheorie und der Theorie dynamischer Systeme auf Probleme der Psychologie. Göttingen 1997

Vester, F.: Unsere Welt – ein vernetztes System. München 1983

Vester, F.: Die Kunst, vernetzt zu denken. Stuttgart 1999

Vopel, K.: Themenzentriertes Teamtraining. Salzhausen (2. Aufl.) 1996, 4 Bde.

Voß, R. (Hrsg.): Die Schule neu erfinden. Systemisch-konstruktivistische Annäherungen an Schule und Pädagogik. Neuwied u.a. (2. Aufl.) 1997

Wahren, H.-K.: Coaching. Eschborn 1997

Watson, J.B.: Behaviorismus. Köln/Berlin 1968

Watzlawick, P. u.a.: Menschliche Kommunikation. Formen, Störungen, Paradoxien. Bern 1969

Watzlawick, P. u.a.: Lösungen. Zur Theorie und Praxis menschlichen Wandels. Bern 1974

Wehrmann, H.: System- und evolutionstheoretische Betrachtungen der Organisationsentwicklung. Frankfurt 1995

Weidle, R./Wagner, A. C.: Die Methode des lauten Denkens. In: Huber, G. L./Mandl, H. (Hrsg.): Verbale Daten. Weinheim (2. Aufl.) 1994, S. 81-83

Weinert, F.E./Mandl, H. (Hrsg.): Psychologie der Erwachsenenbildung. Göttingen 1997

Welbers, U.: Das KUBUS-Programm: Berufsorientierung in den Kultur-, Geistes- und Sozialwissenschaften. In: Welbers, U. (Hrsg.): Vermittlungswissenschaften. Wissenschaftsverständnis und Curriculumentwicklung. Düsseldorf 2003, S. 178-207

Werder, L. von: Alltägliche Erwachsenenbildung. Weinheim 1980

Whitmore, J.: Coaching for Performance. London (3. Aufl.) 2002

Willke, H.: Systemtheorie II: Interventionstheorie. Stuttgart (3. Aufl.) 1999

Willke, H.: Systemtheorie I: Grundlagen. Stuttgart (6. Aufl.) 2000

Willke, H.: Systemtheorie III: Steuerungstheorie. Stuttgart (3. Aufl.) 2001

Wimmer, R. (Hrsg.): Organisationsberatung. Wiesbaden 1992

Wissinger, J.: Schulleiter-Beruf und Lehreridentität - zum Rollenkonflikt von Schulleiterinnen und Schulleitern. In: Zeitschrift für Sozialisationsforschung und Erziehungssoziologie. 1/1994, S. 38-57

Wissinger, J.: Perspektiven schulischen Führungsverhaltens. Weinheim/München 1996

Wittowski, J.: Das Interview in der Psychologie. Opladen 1994

Witzel, A.: Verfahren der qualitativen Sozialforschung. Überblick und Alternativen. Frankfurt 1994

Zur Bonsen, M./Maleh, C.: Appreciative Inquiry (AI): Der Weg zur Spitzenleistung. Weinheim 2001

Zwingmann, E. u.a.: Management von Dissens. Frankfurt/New York 1998

Zygowski, H.: Grundlagen psychosozialer Beratung. Opladen 1989

Sach- und Personenregister

Die Autorinnen und Autoren

Annette Bentler, Jahrgang 1959. Studium der Erziehungswissenschaft, Psychologie, Soziologie und Betriebswirtschaftslehre an den Universitäten Paderborn und Münster. 1998 Promotion in Erziehungswissenschaft. Wissenschaftliche Mitarbeiterin am Institut für Erziehungswissenschaft der Universität Paderborn im Arbeitsbereich Weiterbildung/Organisationsberatung. Leitung von zahlreichen Projekten zu den Themen Übergangsforschung und berufliche Verbleibsforschung. Lehr- und Beratungstätigkeit in unterschiedlichen Organisationen.
Anschrift: Univcrsität Paderborn, Fakultät für Kulturwissenschaften. Warburger Straße 100, 33095 Paderborn. E-mail: bbent1@hrz.upb.de

Thorsten Bührmann, Jahrgang 1973. Studium der Erziehungswissenschaft, Psychologie und Soziologie an den Universitäten Paderborn und Bielefeld. Wissenschaftlicher Mitarbeiter am Institut für Erziehungswissenschaft der Universität Paderborn im Arbeitsbereich Weiterbildung/Organisationsberatung. Zahlreiche Projekte zu den Themen Übergangsforschung und berufliche Verbleibsforschung. Langjährige Referententätigkeit und wissenschaftliche Betreuung von Projekten in unterschiedlichen Organisationen.
Anschrift: Universität Paderborn, Fakultät für Kulturwissenschaften. Warburger Straße 100, 33095 Paderborn. E-mail: Th.Buehrmann@web.de

Eckard König, Jahrgang 1944. Studium der Philosophie, Psychologie, Erziehungswissenschaft und Betriebswirtschaftslehre an der Universität Erlangen-Nürnberg. 1969 Promotion in Philosophie, 1976 Habilitation an der Universität Erlangen-Nürnberg mit einer Arbeit zu den wissenschaftstheoretischen Grundlagen der Sozialwissenschaften. Seit 1976 Professur an der Universität Paderborn mit dem Arbeitsschwerpunkt Weiterbildung/Organisationsberatung. Beratungstätigkeit in unterschiedlichen Organisationen.
Anschrift: Universität Paderborn, Fakultät für Kulturwissenschaften. Warburger Straße 100, 33095 Paderborn. E-mail: koenig@upb.de

Katja Luchte, Jahrgang 1967. Studium der Erziehungswissenschaft an der Universität Paderborn. 1999 Promotion in Erziehungswissenschaft. Wissenschaftliche Mitarbeiterin am Institut für Erziehungswissenschaft der Universität Paderborn im Arbeitsbereich Weiterbildung/Organisationsberatung. Arbeitsschwerpunkte: Erwachsenenbildung, Forschungsmethodik, Wissenschaftliche Begleitforschung; zahlreiche

Drittmittelprojekte. Derzeit Arbeit an einer Habilitationsschrift über Implementierung pädagogischer Konzepte in sozialen Systemen.

Anschrift: Universität Paderborn, Fakultät für Kulturwissenschaften, Warburger Straße 100, 33095 Paderborn. E-mail: katja.luchte@gmx.de

Florian Söll, Jahrgang 1950, Studium der Kunstpädagogik (HdK-Berlin) und Lehramt (PH Berlin). 1999 Promotion in Erziehungswissenschaft. Lehrer im Hochschuldienst am Institut für Erziehungswissenschaft der Universität Paderborn. Arbeitsschwerpunkte in der Lehre: Schulpädagogik und Schulentwicklung. Langjährige Schulerfahrung als Hauptschullehrer und Leiter der Jugendkunstschule Köln. Beratungstätigkeit in unterschiedlichen Organisationen.

Anschrift: Universität Paderborn, Fakultät für Kulturwissenschaften, Warburger Straße 100, 33095 Paderborn. E-mail: Florian-Soell@gmx.de

Gerda Volmer, Jahrgang 1956. Studium der Erziehungswissenschaft, Psychologie und Betriebswirtschaftslehre an den Universitäten Paderborn und Hagen. 1989 Promotion an der Universität Hagen mit einer empirischen Untersuchung über Kommunikationsstrukturen. Nach mehreren Jahren Projektleitertätigkeit seit 1985 Leiterin des Wissenschaftlichen Instituts für Beratung und Kommunikation Paderborn. Arbeitsschwerpunkte: Durchführung von OE-Projekten, Teamentwicklung, Coaching, Projektmanagement. Lehrauftrag an der Universität Erfurt.

Anschrift: Neuhäuser Str. 108, 33102 Paderborn. E-mail: wibk@gmx.de

»Was ist Coaching?«

Eckard König / Gerda Volmer
Systemisches Coaching
Handbuch für Führungskräfte,
Berater und Trainer.
(System und Organisation. Bd. 8)
Beltz 2002. 192 Seiten. Gebunden.
ISBN 3-407-25266-8

»Systemisches Coaching« verbindet
eine systemtheoretische Grundlage
mit langjähriger praktischer Coaching-
Erfahrung der Autoren.
Diese Verknüpfung von Theorie und
Praxis sowie die detaillierte didaktische
Aufbereitung des Coaching-Prozesses
machen dieses Handbuch zu einem
Standardwerk für alle, die als Coaches
arbeiten oder arbeiten möchten.

»Was ist Coaching? Wie führt man
ein Coachinggespräch? Wie coacht
man Mitarbeiter? Wie coacht man bei
Konflikten? Wie lassen sich Führungs-
probleme, Schwierigkeiten im Projekt
oder beim Zeitmanagement im
Coaching bearbeiten?«
Auf diese Fragen finden Sie in diesem
Buch die Antworten. Es ist ein Handbuch, das Führungskräfte und Coaches
unterstützen, Coaching zu lernen.
Schrittweise werden Sie dazu geführt,
komplexere Coachinggespräche zu führen; konkrete Checklisten geben Hinweise darauf, was Sie beachten müssen.«
*Aus dem Vorwort von Eckard König
und Gerda Volmer*

Aus dem Inhalt:
● Grundlagen
● Der Coachingprozess
● Diagnoseverfahren im Rahmen von
● Coachingprozessen
● Coaching im komplexen Situationen
● Coaching als Expetenberatung
● Evaluation von Coachingprozessen

Info und Ladenpreis: www.beltz.de

BELTZ

Beltz Verlag · Postfach 100154 · 69441 Weinheim

Ideen sorgen für Veränderung

Gabriele Müller
**Systemisches Coaching
im Management**
Das Praxisbuch für Neueinsteiger
und Profis.
161 Seiten. Pappband.
ISBN 3-407-36398-2

Coaching ist Prozessbegleitung, in der
neue Ideen für Veränderungsprozesse
entwickelt werden. Gabriele Müller
stellt in diesem Buch ihr in Deutschland
bislang einzigartiges integratives Metho-
denkonzept vor. Das Buch richtet sich
an professionelle und angehende
Coachs, die ihre Methoden durch innovative Ideen erweitern, ergänzen oder
überprüfen möchten sowie an alle Interessierten, die sich einen Eindruck vom
systemischen Coaching verschaffen wollen.

Gabriele Müller zeigt beispielhaft, wie
Sie den Coachee an die Wurzeln seiner
Lebensthemen bringen, um nachhaltig
Veränderungsprozesse anzustoßen.
Zahlreiche Fallbeispiele, Checklisten
und Fragestellungen für den Coaching-
prozess erleichtern die Umsetzung in
die Praxis.

Aus dem Inhalt:
- Überblick über das systemische
  Coaching
- Die Akquisitionsphase
- Vorphase und Auftragsklärung
- Die Prozessphase
- Die Abschlussphase

»Auf der Basis ihrer eigenen Erfahrung
als Coach bietet sie dem Leser Übungen
und Fragebögen als praktische und direkt umsetzbare Hilfe. Sehr gut strukturiert leitet sie den Leser nach einem
Überblick über fünf theoretische
Ansätze im systemischen Coaching (...)
durch die einzelnen Phasen des
Coachings. (...) Sehr gut nachvollzieh-
barer, sinnvoller Aufbau.«
Christiane Grabow, managerSeminare

»Die Stärken des Buches liegen in der
sehr gelungenen optischen Aufbereitung
und Strukturierung, die die Lesemotiva-
tion angenehm unterstützen.«
Training aktuell

Info und Ladenpreis: www.beltz.de

BELTZ

Beltz Verlag · Postfach 100154 · 69441 Weinheim